Antike

Einführung in die Altertumswissenschaften

Akademie Studienbücher

Geschichte

Christian Mann

Antike
Einführung in die Altertumswissenschaften

Akademie Verlag

Der Autor:
PD Dr. Christian Mann, Jg. 1971, Heisenberg-Stipendiat, lehrt an den Universitäten Freiburg im Breisgau und Frankfurt am Main, derzeit Visiting Scholar an der Brown University (USA)

Bibliografische Information der Deutschen Nationalbibliothek
Die Deutsche Nationalbibliothek verzeichnet diese Publikation in der Deutschen Nationalbibliografie; detaillierte bibliografische Daten sind im Internet über http://dnb.d-nb.de abrufbar.

ISBN 978-3-05-004401-9

© Akademie Verlag GmbH, Berlin 2008

www.akademie-studienbuch.de
www.akademie-verlag.de

Das eingesetzte Papier ist alterungsbeständig nach DIN/ISO 9706.
Alle Rechte, insbesondere die der Übersetzung in andere Sprachen, vorbehalten. Kein Teil dieses Buches darf ohne schriftliche Genehmigung des Verlages in irgendeiner Form – durch Fotokopie, Mikroverfilmung oder irgendein anderes Verfahren – reproduziert oder in eine von Maschinen, insbesondere von Datenverarbeitungsmaschinen, verwendbare Sprache übertragen oder übersetzt werden.

Einband- und Innenlayout: milchhof : atelier, Hans Baltzer Berlin
Einbandgestaltung: Kerstin Protz, Berlin, unter Verwendung eines Ausschnitts aus dem Parthenonfries (447–432 v. Chr.), Ostfries, Ausschnitt: Poseidon, Apollon, Artemis. akg-images / Erich Lessing.
Satz: Druckhaus „Thomas Müntzer" GmbH, Bad Langensalza
Druck und Bindung: CS-Druck Cornelsen Stürtz GmbH, Berlin

Printed in Germany

Antike
Einführung in die Altertumswissenschaften

	Vorwort	7
1	**Die Welt des homerischen Adels**	9
1.1	Der Dichter und der Troianische Krieg	11
1.2	Die Mentalität der homerischen Helden	16
1.3	Die materielle Welt der homerischen Epen	19
2	**Hesiod und die bäuerliche Dorfgemeinschaft**	23
2.1	Siedlungsstrukturen	25
2.2	Soziale Normen in der Dorfgemeinschaft	29
2.3	Der biografische und literarische Hintergrund	32
3	**Der griechische Athletismus und die Olympischen Spiele**	37
3.1	Das Zeusfest in Olympia	39
3.2	Die Darstellung des Siegers im Epinikion	42
3.3	Sportdarstellungen in der Bildkunst	46
4	**Eine Polis im Aufbruch: Athen im 5. Jahrhundert v. Chr.**	51
4.1	Die politische Ordnung des demokratischen Athen	53
4.2	Die Polis am Tempel: Der Parthenon	59
4.3	Die Polis im Theater: Tragödie und Komödie	61
5	**Alexander der Große und sein Nachleben**	67
5.1	Der Alexanderzug	69
5.2	Alexanderbilder in der Literatur	72
5.3	Alexanderbilder in der Münzprägung	75
6	**Die hellenistische Polis**	81
6.1	Die Polis als Solidargemeinschaft	83
6.2	Das Stadtbild von Priene	87
6.3	Die Formung des Polisbürgers im Gymnasion	90
7	**Die römische *res publica***	95
7.1	Römische Frühzeit und römische Erinnerung	97
7.2	Die ‚Verfassung‘ der römischen Republik	99
7.3	Soziale Bindungen	104

INHALT

8	**Die römische Expansion**	109
8.1	Ursachen der römischen Expansion	111
8.2	Warum die Legionen siegten	114
8.3	Die Folgen der Expansion für Rom	117
9	**Politische Karrieren in der späten Republik: Pompeius**	123
9.1	Pompeius' Karriere	125
9.2	Die Selbstdarstellung in Rom	127
9.3	Cicero und Pompeius	132
10	**Augustus und das Prinzipat**	137
10.1	Die Errichtung der neuen Ordnung	139
10.2	Die Bilderwelt	142
10.3	Die Literatur	145
11	**Das Römische Reich in der Kaiserzeit**	151
11.1	Reichsverwaltung und Grenzverteidigung	153
11.2	Die Wirtschaft des Imperium Romanum	158
11.3	Die Romanisierung der Provinzen	161
12	**Regionale Identitäten im Imperium Romanum**	167
12.1	„Römer werden, Grieche bleiben"	169
12.2	Die Juden in römischer Zeit	172
12.3	Ägyptische Mumienporträts	177
13	**Die Christen und das Imperium Romanum**	183
13.1	Die frühen christlichen Gemeinden	185
13.2	Die „Konstantinische Wende"	187
13.3	Das Christentum unter Konstantin	190
14	**Das Ende Westroms – Ostrom unter Justinian**	197
14.1	Die „Völkerwanderung" und das Ende Westroms	199
14.2	Kaiser Justinian und der „Christianisierungsschub"	203
15	**Serviceteil**	213
15.1	Einführungen, Bibliografien und Lexika	213
15.2	Corpora und Handbücher	218
15.3	Forschungsinstitutionen und Web-Adressen	221
16	**Anhang**	223
16.1	Zitierte Literatur	223
16.2	Abbildungsverzeichnis	232
16.3	Verzeichnis antiker Personen, Heroen und Götter	235
16.4	Verzeichnis der Orte und Völker	237
16.5	Glossar: Sachen und Begriffe	238
16.6	Zeittafel	242

Vorwort

Der vorliegende Band stellt die Antike anhand von Schlaglichtern vor. Er liefert keinen Abriss der Geschichte des Altertums und auch keine systematische Einführung in den Studienalltag; vielmehr führt er in Gegenstand und Fragestellungen der Altertumswissenschaften exemplarisch ein, indem ausgewählte Zeugnisse der antiken Welt präsentiert und in ihren kulturellen Kontext eingeordnet werden. Besonderer Wert wurde auf die enge argumentative Verknüpfung von Texten und Bildern gelegt: Exemplarisch wird aufgezeigt, welche Erkenntnisse eine kombinierte Untersuchung der textlichen und materiellen Überlieferung unter Heranziehung kulturgeschichtlicher Fragestellungen zu erbringen vermag. Zugleich werden die antike Literatur und Kunst in der Vielfalt ihrer Gattungen vorgestellt. Die Bereitschaft und Fähigkeit, die Interpretation von Texten und Bildern zu verknüpfen, wird heutzutage stärker gefordert denn je. Die jüngsten Reformen des Hochschulstudiums – gemeinhin als Bologna-Prozess bezeichnet – haben nicht nur zu einer Stufung des Studiums geführt, sondern auch zu einer Veränderung der Fächerstruktur. Dies zeigt sich insbesondere bei den Altertumswissenschaften: Unter Namen wie „Kulturwissenschaft der Antike", „Antike Kulturen" oder „Altertumswissenschaften" sind vielerorts neue Studiengänge entstanden, die ein integriertes Studium der altertumswissenschaftlichen Disziplinen anbieten. Während Klassische Philologie, die verschiedenen archäologischen Fächer, Alte Geschichte, Ägyptologie und Altorientalistik zuvor separat studiert wurden, sind diese Fächer nun zu gemeinsamen Studiengängen vereint.

Zwar gab es auch vor der Umstrukturierung schon häufig interdisziplinäre Lehrveranstaltungen, doch die Zusammenarbeit zwischen den einzelnen Fächern erreicht mit den jüngsten Reformen ein neues Niveau. Denn in den integrierten Studiengängen ist von Beginn an eine Verständigung darüber notwendig, was alle Studierenden, ob sie nun einen archäologischen, philologischen oder historischen Schwerpunkt setzen, über das Altertum wissen und welche Methoden sie beherrschen sollen. Auch in Zukunft wird Spezialisierung möglich und notwendig sein – der Studienerfolg wird weiterhin ganz wesentlich von den ‚technischen' Fertigkeiten, d. h. (je nach Schwerpunkt) der souveränen Beherrschung der alten Sprachen oder der Fähigkeit zur stilistischen Bestimmung archäologischer Denkmäler abhängen. Gerade deshalb wird eine große Herausforderung für die Lehrenden darin bestehen, in den interdisziplinären Lehrveranstaltungen gleichzeitig der Vielfalt und dem gemeinsamen Nenner der altertumswissenschaftlichen Disziplinen gerecht zu werden.

Notwendig ist aber auch ein neuer Typus von einführender Literatur. Dieses Studienbuch erhebt nicht den Anspruch, eine Einführung in alle beteiligten Disziplinen zu sein; ein solches Unterfangen würde die Kompetenz des Autors weit übersteigen und wäre zudem überflüssig, da es bereits ausgezeichnete Einführungen gibt (→ KAPITEL 15.1). Vielmehr sollen zwischen den einzelnen Disziplinen Brücken geschlagen werden, ohne dabei zu überdecken, dass das Buch von einem Althistoriker verfasst worden ist.

Die Konzentration auf historische Kontexte und Fragestellungen bringt es mit sich, dass spezielle philologische und archäologische Methoden – wie z. B. Textkritik, Metrik- und Dialektanalyse, Grabungstechnik oder Kopienkritik – nur am Rande Erwähnung finden. Eine weitere Einschränkung betrifft die Schwerpunktsetzung innerhalb des Altertums: Im Zentrum stehen die griechische und die römische Kultur, während der Alte Orient oder das Ägypten der Pharaonen nur gestreift werden.

Zum Schluss bleibt die angenehme Pflicht, all denen Dank abzustatten, ohne die dieses Buch nicht hätte geschrieben werden können: Hans-Joachim Gehrke hat das Projekt angeregt und wertvolle Ratschläge gegeben, viele Kolleginnen und Kollegen unterschiedlicher altertumswissenschaftlicher Disziplinen haben Hinweise auf Forschungsliteratur, Quellen und Bildmaterial beigesteuert; Ralf von den Hoff verdanke ich die Druckvorlagen zahlreicher Abbildungen. Den Lektorinnen Katja Leuchtenberger und Angela Borgwardt danke ich für die hervorragende Zusammenarbeit bei der Entstehung des Bandes. Meine Frau Claudia hat alle Kapitel als ‚Testleserin' durchgearbeitet und mich in der heißen Phase der Abfassung von vielen Alltagspflichten entlastet. Und schließlich danke ich meinen Freiburger und Frankfurter Studierenden, die mich seit Jahren mit der Herausforderung konfrontieren, der sich auch dieses Buch stellt: die Phänomene der Antike verständlich und vereinfacht darzustellen und zugleich den Blick dafür zu öffnen, wie komplex und vielschichtig sie sind.

Providence, im März 2008 Christian Mann

1 Die Welt des homerischen Adels

O mir! in Unverschämtheit Gehüllter! auf Vorteil Bedachter!
Wie wird einer willig noch deinen Worten gehorchen von den
    Achaiern,
Einen Gang zu tun oder gegen Männer mit Kraft zu kämpfen?
Kam ich doch nicht der Troer wegen hierher, der Lanzenstreiter,
Um mit ihnen zu kämpfen, denn sie haben mir nichts angetan.
Nicht haben sie jemals meine Rinder hinweggetrieben oder Pferde,
Noch haben sie je in Phthia, der starkschollingen, männerernährenden,
Die Frucht verwüstet, da doch sehr viel dazwischen liegt:
Schattige Berge und das Meer, das brausende –
Sondern dir, du gewaltig Unverschämter! folgten wir, dass du dich
    freutest,
Um Ehre zu gewinnen dem Menelaos und dir, du Hundsäugiger!
Gegen die Troer. Daran kehrst du dich nicht, und es kümmert
    dich nicht!
Und da drohst du, selbst wirst du mein Ehrengeschenk mir
    fortnehmen,
Um das ich mich viel gemüht, und mir gaben es die Söhne der
    Achaier.
Habe ich doch niemals ein gleiches Ehrengeschenk wie du,
    wann immer
Die Achaier eine gutbewohnte Stadt der Troer zerstören,
Sondern den größten Teil des vielstürmenden Krieges
Besorgen meine Hände; doch kommt es dann zur Verteilung,
Dein ist das größere Ehrengeschenk, doch ich, mit einem geringen,
Mir lieben, kehre zu den Schiffen, nachdem ich mich müde gekämpft.
Nun aber gehe ich nach Phthia, da es wahrhaftig viel besser ist,
Heimzukehren mit den geschweiften Schiffen, und nicht denke ich,
Dir hier, ohne Ehre, Besitz und Reichtum aufzuhäufen.

Homer: *Ilias 1*, V. 149–171 (ca. 700 v. Chr.)

Die homerischen Helden sind keine Gentlemen. Bei ihnen gilt nicht die Norm mancher moderner Adelsgesellschaft, dass man unter allen Umständen eine lässige Souveränität bewahren müsse und die Gefühle auf keinen Fall an die Oberfläche gelangen dürften. Vielmehr leben sie ihre Emotionen exzessiv aus: Sie jammern und weinen, wenn sie trauern, und sie verleihen ihrem Zorn sichtbaren Ausdruck, wenn sie ihre Ehre angegriffen sehen.
Thema der „Ilias" (um die Wende vom 8. zum 7. Jahrhundert v. Chr.), des ältesten literarischen Werkes des europäischen Kulturkreises, ist denn auch nicht der Troianische Krieg – die Belagerung Troias durch ein Aufgebot griechischer Helden bildet lediglich den Hintergrund für die dramatische Handlung. Das zentrale Thema ist der Zorn des Achilleus, wie der Dichter gleich im ersten Vers deutlich macht: „Den Zorn singe, Göttin, des Peleus-Sohns Achilleus" (Homer, Ilias 1, 1). Während der Belagerung von Troia kam es zwischen Achilleus, dem größten Helden im griechischen Heer, und dem Heerführer Agamemnon zu einem Streit um eine erbeutete Frau, und die zitierten Verse sind die Reaktion des Achilleus auf Agamemnons Ansprüche. Zwar fährt er in der Folge nicht, wie angedroht, in seine Heimat zurück, aber er nimmt nicht mehr am Kampfgeschehen teil, sodass die Griechen ohne ihren besten Kämpfer in große Bedrängnis geraten. Ein Umschwung erfolgt, als Achilleus' Freund Patroklos vom troianischen Heerführer Hektor erschlagen wird, denn nun dürstet Achilleus nach Rache. Er söhnt sich mit Agamemnon aus, greift wieder zu den Waffen und tötet unzählige Troianer, schließlich auch Hektor selbst, dessen Leiche er sogar schändet und ihr ein Begräbnis verweigert. Erst als Hektors Vater, der greise Priamos, bei Achilleus erscheint und demütig um den Leichnam seines Sohnes bittet, erlischt Achilleus' Zorn.

Die literarische und kulturgeschichtliche Wirkung der homerischen Epen *Ilias* und *Odyssee* ist unbestritten, wie aber sieht es mit ihrem Bezug zur historischen Realität aus? Bewahren sie eine echte Erinnerung an vergangene Ereignisse oder erzählen sie erfundene Mythen? Entsprachen die ethischen Normen und die soziale Welt der homerischen Helden den zeitgenössischen Verhältnissen?

1.1 **Der Dichter und der Troianische Krieg**
1.2 **Die Mentalität der homerischen Helden**
1.3 **Die materielle Welt der homerischen Epen**

1.1 Der Dichter und der Troianische Krieg

Das zweite homerische Epos, die *Odyssee* (Anfang des 7. Jahrhunderts v. Chr.), erzählt von der Heimkehr des griechischen Helden Odysseus von Troia in seine Heimat Ithaka. Odysseus war, durch mehrfachen Schiffbruch und viele andere Widrigkeiten aufgehalten, insgesamt zehn Jahre mit seiner Flotte im Mittelmeer umhergeirrt und wurde in Ithaka von den meisten für tot gehalten; deshalb bedrängten viele Männer Odysseus' Frau Penelope, sie zu heiraten. Die Freier richteten sich in Odysseus' Abwesenheit in seinem Haus ein und verprassten seinen Besitz. Als der Totgeglaubte schließlich nach Ithaka zurückkehrte, tötete er alle Freier sowie diejenigen, die mit ihnen kooperiert hatten. Wie bei der *Ilias* der Troianische Krieg, so bilden in der *Odyssee* die „Irrfahrten des Odysseus" lediglich den Hintergrund der Erzählung, das Thema aber ist die Wiedereingliederung des lange Abwesenden in seine Heimat, die behutsame Annäherung an Sohn, Frau und Getreue sowie die brutale Abrechnung mit denjenigen, die sich seine Abwesenheit zunutze gemacht hatten.

Odyssee

Die homerischen Epen, die zusammen rund 28 000 Verse umfassen (die Einteilung in je 24 „Gesänge" wurde erst von hellenistischen Philologen vorgenommen), haben eine enorme Wirkung entfaltet. In antiken Schulen waren sie ebenso Pflichtlektüre wie in humanistischen Gymnasien, und auch in den Filmstudios Hollywoods weiß man um die öffentliche Anziehungskraft, die Homer, Troia und Odysseus ausüben. Es ist daher nicht überraschend, dass wissenschaftliche Diskussionen zu den beiden Epen auch eine Öffentlichkeit außerhalb der Fachgrenzen interessiert und polarisiert haben.

Wirkung der homerischen Epen

So erregte es großes Aufsehen, als der Philologe Friedrich August Wolf 1795 in seiner Studie *Prolegomena ad Homerum* die Einheit der Werke in Zweifel zog. Ausgehend von logischen Widersprüchen innerhalb der *Ilias* und der *Odyssee* erklärte er es für unmöglich, dass hinter jedem der Epen jeweils nur ein Erzähler stehen könne; vielmehr seien die Epen in ihrer überlieferten Form aus Partien verschiedener Autoren zusammengesetzt worden. Damit war die „Homerische Frage" aufgeworfen, eine Forschungsdiskussion zwischen den „Analytikern", die in der Nachfolge Wolfs die Epen auf Brüche absuchten und verschiedene Dichterhände zu isolieren suchten, und den „Unitariern", die dafür plädierten, dass es sich bei den Epen jeweils um die Schöpfung eines Dichters handelte.

„Homerische Frage"

Eine deutliche Verlagerung der Debatte erfolgte, als sich die Erkenntnis durchsetzte, dass die homerischen Epen auf einer langen

Oral Poetry — mündlichen Tradition beruhen („Oral Poetry", vgl. Parry 1928). Demnach hatten fahrende Improvisationskünstler, sogenannte Aöden (im Gegensatz zu Rhapsoden, deren Vortrag auf einer schriftlichen Vorlage basiert), die mythologischen Stoffe beim Vortrag immer neu komponiert. Um flüssig improvisieren zu können, verfügten sie über einen Vorrat an metrisch passenden Wörtern und Wortverbindungen, die an entsprechender Stelle eingesetzt werden konnten. Die vielen Wiederholungen von einzelnen Formeln (etwa „bauchige Schiffe") oder gar ganzer Verse in den Epen Homers erklären sich aus dieser Tradition.

Hexameter — Als Versmaß wird im griechischen Epos der Hexameter verwendet; dieser besteht aus sechs Daktylen, also aus sechs Versfüßen von je einer betonten und zwei unbetonten Silben ($-\cup\cup$), wobei der Daktylus auch durch den Spondeus ($--$) ersetzt werden kann.

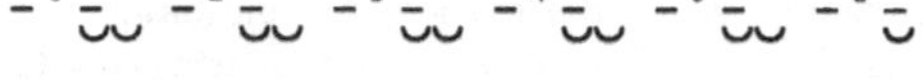

$$-^1\underset{\cup\cup}{} \; -^2\underset{\cup\cup}{} \; -^3\underset{\cup\cup}{} \; -^4\underset{\cup\cup}{} \; -^5\underset{\cup\cup}{} \; -^6\underset{\cup}{}$$

Abbildung 1: Versmaß Hexameter

Durch die Entdeckung der mündlichen Vorläufer stellte sich die „Homerische Frage" nicht mehr in ihrer ursprünglichen Form. Denn *Ilias* und *Odyssee* müssen als verschriftlichte Endprodukte einer viele Generationen zurückreichenden Überlieferung, als vielschichtige, aus unterschiedlichen Quellen gespeiste Texte angesehen werden. Auch die Texterstellung selbst war kein punktuelles Ereignis. Die erste schriftliche Fixierung ist wohl um die Wende vom 8. zum 7. Jahrhundert v. Chr. zu datieren, die heute vorliegenden Fassungen dagegen wurden erst in hellenistischer Zeit erstellt. Vor diesem Hintergrund verlagerte sich die Debatte auf die Frage, ob es bei der Verschriftlichung eine durchformende Endredaktion eines Bearbeiters gegeben hat. Viele Fernbezüge in den Epen, d. h. Bezugnahmen von Versen oder Versgruppen auf andere Teile des Werkes, legen die Existenz eines solchen Endredaktors nahe. Über die Person ist nichts bekannt, sie wird häufig der Einfachheit halber weiterhin „Homer" genannt; daneben haben sich die Bezeichnungen „Iliasdichter" bzw. „Odysseedichter" etabliert. Die Frage, ob beide Epen von derselben Person stammen, spielt in der jüngeren Forschung nur eine untergeordnete Rolle.

Ein anderes Forschungsproblem hat dagegen vor wenigen Jahren große Aufmerksamkeit auf sich gezogen, nämlich die Frage, wo Homers Troianischer Krieg zwischen den Polen „historisches Ereignis" und „dichterische Fiktion" einzuordnen sei.

Historizität des Troianischen Krieges

Der Kaufmann und Archäologe Heinrich Schliemann hatte durch seine Grabungen in den 1870er-Jahren nachgewiesen, dass der Burghügel Hisarlık, im nordwestlichen Kleinasien unweit der Einfahrt in den Hellespont gelegen, mit dem griechisch-römischen Ilion/Ilium identifiziert werden müsse, also mit jenem Ort, der in antiker Zeit als das Troia Homers betrachtet wurde. Diese Deutung war von der Fachwelt bald akzeptiert worden; Schliemanns viel weiter reichende These, Achilleus, Priamos und die anderen Protagonisten der *Ilias* habe es tatsächlich gegeben und die Handlung könne in den Ruinen von Hisarlık gleichsam am Originalschauplatz nachvollzogen werden, stieß dagegen auf viel Widerspruch.

Hisarlık als Troia

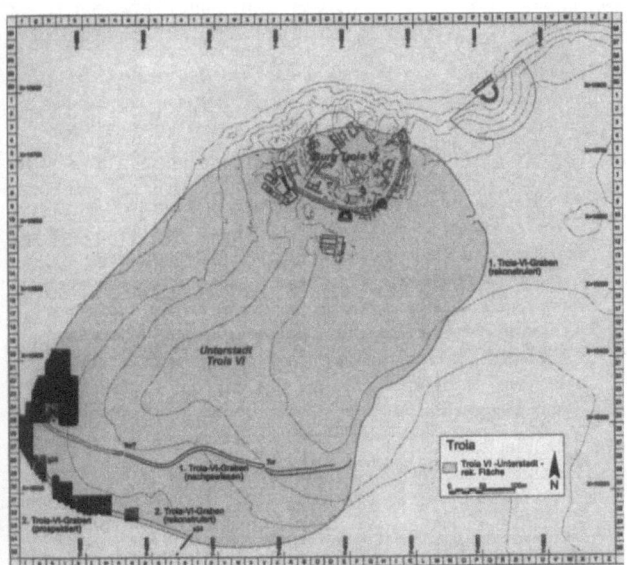

Abbildung 2: Hypothetische Ausdehnung und Befestigungsanlagen von Troia VI (Schema der sogenannten Unterstadt)

Neue Funde am Burghügel

Eine neue Dimension erreichte die Kontroverse durch die Forschungen, die seit den 1980er-Jahren durch ein internationales und interdisziplinäres Team unter Leitung des Archäologen Manfred Korfmann auf dem Burghügel und in der Umgebung durchgeführt wurden (eine Zusammenfassung der bisherigen Ergebnisse liefert der Sammelband Korfmann 2006). Für die These, bei der spätbronzezeitlichen Schicht des Hügels handle es sich um den Schauplatz der *Ilias* und bei Homer habe sich die Erinnerung an eine große Belagerung bewahrt, wurden zum Teil alte Argumente, zum Teil neue Befunde angeführt.

Beim Vergleich der Schilderung Troias in der *Ilias* und den Ruinen von Hisarlık war schon immer der Unterschied hinsichtlich Größe und Bedeutung aufgefallen. Der spätbronzezeitliche Burghügel besaß mächtige Mauern, umfasste aber lediglich 1,8 Hektar und schien damit kaum die Bedeutung einer Vormacht im nordwestlichen Anatolien haben zu können, welche Homer Troia zuschreibt; außerdem berichtet Homer ausdrücklich von einer großen Stadt. Die neuen Forschungen brachten nun vereinzelte Mauerreste knapp unterhalb des Burghügels sowie – in weiterer Entfernung – Gräben zutage, aus denen die Existenz einer großen, dicht bebauten und befestigten Unterstadt gefolgert wurde.

Wilusa-Frage

In diesem Zusammenhang wurde die alte These wieder aufgegriffen, dass das in einem Vertrag der Hethiter – diese waren in der späten Bronzezeit die stärkste Macht in Kleinasien – genannte „Wilusa" mit Troja/Ilion zu identifizieren sei; Troja sei demnach ein wichtiger Platz in der hethitischen Topographie Anatoliens gewesen und könne mit anderen Palastzentren des alten Orients verglichen werden. Die Bedeutung des Ortes entspreche also durchaus der Schilderung Homers. Und in der Klassischen Philologie wurde ebenfalls eine bereits seit langem bestehende These aktualisiert: Die Angaben, welche die *Ilias* zu Namen und Lage von Siedlungen in Griechenland mache, passten am besten zur Situation der mykenischen Zeit. Es sei also auch aus dieser Sicht plausibel, dass sich in der *Ilias* die Erinnerung an einen großen Krieg der späten Bronzezeit niedergeschlagen habe.

Das von Manfred Korfmann und seinem Team entworfene Bild, in dem archäologische und philologische Erkenntnisse in bester Harmonie vereinigt waren, stieß in der Öffentlichkeit auf großes Interesse: Eine 2001/02 an mehreren Orten gezeigte Troia-Ausstellung fand fast 900 000 Besucher, ein die Thesen bündelndes Buch von Joachim Latacz (Latacz 2005) erreichte sehr hohe Verkaufszahlen. Allerdings wurden ebenso die Zweifel, die sich in der Fachwelt schon früh geregt hatten, mit zunehmender Vehemenz artikuliert, vor allem von Frank

Kolb (Kolb 2003). Er wies darauf hin, dass eine Unterstadt in der von den Ausgräbern postulierten Form aus den Grabungsbefunden selbst nicht hergeleitet werden könne. Es seien lediglich einige Mauerreste gefunden worden, deren genaue Bestimmung noch ausstehe. Zudem sei bislang ein System von Verteidigungsanlagen nicht nachgewiesen, der besagte Graben müsse vielmehr als Teil einer Drainage angesehen werden. Damit bleibe das bronzezeitliche Troia ein kleiner Burghügel, dem zudem noch jegliche funktionale Differenzierung abgehe – so fehlten Tempel, Magazine, Archive und andere Kennzeichen der orientalischen Palastzentren. Die Differenz zwischen dem mächtigen und reichen Troia des Epos und dem Burghügel Hisarlık bleibe also bestehen, nach dem Grabungsbefund handele es sich bei Troia nicht einmal um eine Stadt (vgl. Kolb 2003).

Kolb-Korfmann-Kontroverse

Auch die Identifikation von „Wilusa" mit Troia/Ilion bleibt umstritten, und selbst wenn man sie akzeptiere, so die Kritiker, sei noch nicht bewiesen, dass Troia den Rang einer regionalen Vormacht besessen habe.

Generell wurde gegen eine Betrachtung der *Ilias* als ‚Geschichtsbuch' eingewandt, dass die Erhaltung historischen Wissens über mündliche Improvisationsepik sehr unwahrscheinlich sei. Jeder Vortrag eines Äöden sei mit einer neuen Aktualisierung des Erzählstoffes einhergegangen, und während Namen von Personen und Orten auf diese Weise durchaus über viele Generationen bewahrt werden könnten, sei eine Tradierung von Ereigniszusammenhängen kaum denkbar. Vergleiche mit anderen Versepen, etwa dem Nibelungenlied oder dem Rolandslied, zeigten, wie die historischen Ereignisse bis zur Unkenntlichkeit umgeformt seien.

Historizität der Epen

Das gewaltige mediale Echo auf den neuerlichen „Kampf um Troia" führte zu einer Verschärfung der Debatte (ein Zeugnis davon ist die Abschlussdiskussion eines Tübinger Symposions über Troia im Jahr 2002; das Video ist auf der Homepage des Troia-Projektes abrufbar → LEKTÜREEMPFEHLUNGEN; zur Entwicklung der Debatte vgl. Weber 2006) und übertönte die Konturen vieler Argumente. Trotzdem kann nun, da sich die Diskussion wieder von den Tageszeitungen auf Fachpublikationen verlagert hat, ein positives Fazit gezogen werden. Zu keinem anderen Thema haben so viele verschiedene altertumswissenschaftliche Disziplinen – Ur- und Frühgeschichte, Klassische Archäologie, Gräzistik, Altorientalistik und Alte Geschichte – eine intensive gemeinsame Diskussion geführt, und dabei wurde gerade auch der Blick für die methodischen Grundlagen der einzelnen Fächer geschärft. So muss eine deutliche Trennung vorgenom-

Interdisziplinäre Forschungsdebatte

men werden zwischen der Grabung selbst auf der einen Seite und der Deutung sowie Präsentation der Befunde auf der anderen: Hinsichtlich der Organisation eines interdisziplinären Großprojekts und der raschen und sorgfältigen Publikation der Ergebnisse wurden die Forschungen in Troia allgemein als vorbildlich gelobt, die Kritik entzündete sich indessen an den weitreichenden Schlussfolgerungen. Ebenso wie literarische Zeugnisse enthalten Grabungsbefunde an sich noch keine historischen Aussagen, diese müssen vielmehr durch Interpretationsmethoden gewonnen werden. Zugleich wurden Möglichkeiten und Grenzen einer interdisziplinären Zusammenarbeit deutlich: Eine Heranziehung von Erkenntnissen der Nachbarfächer sollte eine Selbstverständlichkeit sein, doch kann dies nur mit genauer Kenntnis für die materialspezifischen Erkenntnisgrenzen erfolgen; beispielhaft wurde klar, wie problematisch eine vorschnelle, eher assoziative Verbindung von Texten und archäologischen Überresten ist.

Interpretation von Grabungsbefunden

Und schließlich wurden die Trennlinien zwischen der öffentlichen Erwartungshaltung und den internen wissenschaftlichen Standards deutlich: So mag die Frage, nach welchen Kriterien eine Siedlung als Stadt bezeichnet werden darf, aus journalistischer Sicht eine „erkenntnistheoretische Prinzipienreiterei" sein (Brandau/Schickert/Jablonka 2004, S. 14), für die wissenschaftliche Diskussion dagegen ist ein präziser Begriffsgebrauch unerlässlich, da ansonsten eine Verständigung über die verhandelten Phänomene nicht möglich ist.

Wissenschaft und Öffentlichkeit

1.2 Die Mentalität der homerischen Helden

Jenseits der Frage, ob es einen Troianischen Krieg wirklich gegeben hat, hat sich die Forschung intensiv mit der homerischen Welt befasst, mit den sozialen Normen, politischen Strukturen und wirtschaftlichen Verhältnissen, die das Handeln der Akteure im Epos leiten. Und auch wenn nicht alle Widersprüche ausgeräumt wurden, konnte doch ein recht kohärentes Bild der homerischen Welt gezeichnet werden. Dabei ist zunächst zu berücksichtigen, dass das Heldenepos eine Distanz zwischen den Zeitgenossen und der besungenen Vergangenheit benötigt, in der die Menschen größer, die materielle Welt prächtiger und die Helden stärker erscheinen. So wird Hektor z. B. durch seine Kraft von der dichterischen Gegenwart abgehoben:

Epische Distanz

„Hektor aber raffte auf und trug einen Stein, der vor den Toren
Gestanden hatte, unten dick, doch am oberen Ende
War er scharf: den hätten auch nicht zwei Männer, die besten im Volk,

Leicht vom Boden auf einen Wagen gewuchtet,
So wie jetzt die Sterblichen sind: doch der schwang ihn leicht auch allein;
Den machte ihm leicht der Sohn des krummgesonnenen Kronos."
(Homer, *Ilias* 12, V. 445–450)

In der epischen Welt stehen die Menschen in direkter Interaktion mit den Göttern und sind so zu herausragenden Leistungen in der Lage. Eine solche Verherrlichung der Vergangenheit bestimmt den betonten Vordergrund der dichterischen Erzählung. Von besonderem Interesse bei der Analyse der homerischen Welt ist jedoch der unbetonte Hintergrund: gemeint sind die Aussagen, die eher beiläufig erfolgen und der gemeinsamen Vorstellungswelt des Dichters und seines Publikums entstammen. In der am Kapitelauftakt zitierten Passage etwa sagt Achilleus, er selbst habe keinen Anlass für einen Kriegszug gegen die Troianer besessen, denn diese hätten ihm weder Pferde oder Rinder geraubt noch die Felder verwüstet. Während die Haupthandlung der *Ilias* an einen großen Krieg angelagert ist, der durch den Raub der schönsten Frau der Welt ausgelöst wurde und riesige Kontingente weit entfernter Landschaften zusammenführte, wird aus den Worten des Achilleus die alltägliche Realität von Auseinandersetzungen deutlich: Plünderungszüge unter Nachbarn.

Zeitgenössische Vorstellungswelt

Homers Blick auf die soziale Welt ist der Blick des Adels. Zwar wird der bäuerliche Horizont nicht vollkommen ausgeblendet, doch spielt er gegenüber der Welt der Schönen, Reichen und Mächtigen eine untergeordnete Rolle.

Adelsethik

Versucht man, die Mentalität der homerischen Helden im Spannungsfeld zwischen Kompetition und Kooperation zu beschreiben, so dominiert die erstere: „Immer Bester zu sein und überlegen zu sein den anderen!" (*Ilias* 6,208; 11,784) lautet ein Leitsatz. Eine solche Norm führt zu höchstem Einsatz auf den Feldern, die für den individuellen Rang von Bedeutung sind, vor allem Krieg und sportlicher Wettkampf . Sie führt aber auch dazu, dass Streitigkeiten leicht eskalieren können. Achilleus' zornige Rede gegen Agamemnon ist ein typisches Beispiel, keine Ausnahme. Als Agamemnon in ähnlichem Ton antwortet, kann nur die herbeigeeilte Göttin Athena verhindern, dass es im Lager der Griechen zu Blutvergießen kommt.

Konkurrenzdenken

Häufig entzünden sich die Streitigkeiten an materiellen Gütern. Die Gier der homerischen Helden nach Reichtümern ist sprichwörtlich, und wie aus Achilleus' Rede hervorgeht, wird genau beobachtet, wer welchen Anteil an der Beute erhält. Allerdings ist nicht der öko-

Reichtum und Prestige

nomische Wert entscheidend, sondern der Prestigewert. Ein Beutestück, das ihm – wie Achilleus hier betont – von der Gemeinschaft zuerkannt wurde, ist ein „Ehrengeschenk" (geras), gleichsam materialisiertes Sozialprestige. Wird ihm dieses Ehrengeschenk weggenommen, so ist dies ein Angriff auf seine Ehre, der ihm insofern noch niederträchtiger erscheint, als er selbst im Zug gegen Troia die größten Leistungen im Kampf erbracht und nun bei der Beuteverteilung dennoch das Nachsehen habe; die Differenz zwischen Leistung und Prestige wird sehr genau wahrgenommen.

Von den verachteten Händlern setzen sich die Helden durch die Art und Weise ab, wie sie ihren Reichtum erwerben, nämlich nicht durch gewinnbringenden An- und Verkauf von Waren, sondern durch Beutezüge. Und sie wollen Reichtümer nicht nur besitzen, sondern stellen sie zur Schau und verschenken sie auch großzügig. Der Katalog der prestigeträchtigen Güter ist vielfältig: Rinder, Pferde und andere Tiere, kostbare Stoffe, Dreifüße und anderes Metallgerät und auch erbeutete Frauen gehören dazu. Nur wer viel besitzt, kann viel verschenken, und nur wer viel verschenkt, kann sein Prestige vermehren.

Gastfreundschaft und Gabentausch

Geschenke werden insbesondere im Rahmen einer Gastfreundschaft ausgetauscht, welche in den homerischen Epen eine Bindung besonderer Stärke darstellt. Instruktiv ist die Begegnung von Diomedes und Glaukos, ersterer ein griechischer Held, letzterer ein Verbündeter der Troianer. Diese treten während einer Schlacht gegeneinander zum Zweikampf an, doch als sich Diomedes zuvor nach Namen und Herkunft seines Gegners erkundigt, stellt er fest, dass ihre Großväter Gastfreunde gewesen waren. Sofort stellt er den Kampf ein:

„Wirklich! da bist du mir ein Gastfreund von den Vätern her, ein alter!
Denn Oineus, der göttliche, hat einst den untadligen Bellerophontes
In den Hallen bewirtet und ihn zwanzig Tage dabehalten.
[...]
So bin ich dir jetzt dein Gastfreund mitten in Argos,
Du aber in Lykien, wenn ich in das Land von denen gelange.
Aber meiden wir voneinander die Lanzen, auch im Gedränge!
Sind mir doch viele Troer und berühmte Verbündete,
Zu töten, wen immer ein Gott mir gibt und ich mit den Füßen erreiche,
Und dir wieder viele Achaier, zu erschlagen, wen Du vermagst.
Die Waffen aber lass uns miteinander tauschen, damit auch diese

Erkennen, dass wir von den Vätern her uns Gastfreunde rühmen."
(Homer, *Ilias* 6, V. 215-217; 224-231)
Obwohl die beiden Helden sich in gegnerischen Heeren befinden und sich noch nie zuvor gesehen haben, erneuern sie die ererbte Gastfreundschaftsbeziehung und dokumentieren ihre Verbundenheit durch einen Tausch der Waffen. Die persönliche Bindung wirkt weit stärker als die Solidarität innerhalb eines Heeres.

Das griechische Aufgebot vor Troia ist eher eine temporäre Interessengemeinschaft als eine Solidargemeinschaft. Die einzelnen Helden sind selbstständige Kriegsherren. Zwar hat Agamemnon – als Herrscher des mächtigen Mykene – das größte Prestige, das sich auch im größten Beuteanteil niederschlägt, aber er besitzt keine Befehlsgewalt über die anderen Helden. Diese folgen ihm nach Troia, weil sie hier die Möglichkeit sehen, Beute und Ruhm zu erwerben. Auch auf der Seite der Troianer, für die es im Epos schließlich um die Existenz ihrer Stadt geht, stehen persönliche Motive im Vordergrund. Lediglich in der Figur Hektors ist eine patriotische Gesinnung angelegt: er nennt den Kampf für das Vaterland als Kampfmotiv (*Ilias* 12,243). Bei seinem Entschluss, sich dem Duell mit Achilleus zu stellen, ist für ihn aber ebenfalls das individuelle Ehrstreben ausschlaggebend: Zwar ahnt er, dass im Falle seines Todes Troia untergehen wird, aber er möchte nicht als Feigling erscheinen.

Individualismus

Während die Solidarität innerhalb einer Siedlungseinheit in den homerischen Epen schwach ausgeprägt ist, bildet der *oikos* die wichtigste Gliederungseinheit der Gesellschaft. Der Begriff *oikos* bezeichnet bei Homer einerseits ein Haus im architektonischen Sinne, andererseits aber schließt er auch alle Güter und alle Personen des Hauswesens ein: den Oikosherrn selbst, seine Familienangehörigen, außerdem Gefolgsleute und Sklaven. Der *oikos* ist gleichermaßen eine soziale wie eine ökonomische Größe.

Oikos

1.3. Die materielle Welt der homerischen Epen

Die materielle Welt der homerischen Epen kann nicht eindeutig einer Zeit zugeschrieben werden. Vergleicht man die im Epos beschriebenen Gebäude und Artefakte mit der archäologischen Überlieferung der Bronzezeit und jener Epoche, in der die Epen verschriftlicht wurden, zeigen sich in beiden Fällen große Unterschiede. So gibt es zwar eindeutige Reminiszenzen an die Bronzezeit, wie etwa den berühmten Eberzahnhelm des Odysseus, oder den Streitwagen, der um 700 v. Chr.

Bronzezeitliche Reminiszenzen

in der griechischen Welt nicht mehr in Gebrauch war. Doch daraus lässt sich kein Argument für die These gewinnen, die Epen seien im Kern die Schilderung eines Jahrhunderte zurückliegenden historischen Ereignisses, denn Homer weiß z. B. nichts über die Funktion von Streitwagen, gegnerische Schlachtreihen aufzubrechen. Seine Helden benutzen die Streitwagen vielmehr als Transportmittel: Sie fahren mit ihnen zur Schlacht, steigen ab und kämpfen zu Fuß. Diese Verwendung entspricht eben gerade nicht der militärischen Realität der Bronzezeit. In den Text fließt insofern die Erinnerung daran ein, dass Streitwagen einst eine verbreitete Waffengattung waren – es wird aber keineswegs ein typisches bronzezeitliches Schlachtenszenario beschrieben.

Unterschiede zur Realität 700 v. Chr.

Unterschiede zwischen der erzählten Zeit des Troianischen Krieges und der Zeit des Dichters ergeben sich vor allem im Hinblick auf Größe und Pracht. Die homerischen Helden sind nicht nur gewaltig groß und stark, sie leben auch in riesigen Palästen und verfügen über unermessliche Reichtümer. Im Vergleich dazu nimmt sich die materielle Welt des späten 8. Jahrhunderts eher bescheiden aus, eine epische Distanz findet sich also ebenso auf dieser Ebene.

Gemeinsamkeiten

Betrachtet man einige geschilderte Praktiken, fallen hingegen Gemeinsamkeiten auf: So finden sich an einigen Orten Parallelen zu den bei Homer geschilderten Bestattungsritualen. In Salamis auf Zypern ging man im Lauf des 8. Jahrhunderts dazu über, Verstorbene zu verbrennen: Die Asche wurde, in Tücher gebunden, in Bronzekessel gelegt und in Grabhügeln bestattet. In den Gräbern fanden sich außerdem Pferdeknochen. Dies alles entspricht der homerischen Schilderung von Leichenfeiern.

Bei den Häusern finden sich ebenfalls funktionale Gemeinsamkeiten zwischen der homerischen Welt und der Realität um 700 v. Chr. Bei Ausgrabungen in der Siedlung Zagora auf Andros kamen neben vielen kleineren Häusern auch größere Einheiten, sogenannte Fürsten-

Repräsentation

tensitze, zum Vorschein. Einer von diesen enthielt einen zentralen Repräsentationsraum, in dem auf umlaufenden Bänken Pithoi aufgestellt waren, eigentlich Vorratsgefäße, die jedoch in diesem Kontext keine praktische Funktion besaßen . Die Pithoi waren reich dekoriert, und da die Herstellung der über einen Meter hohen Gefäße großes technisches Können erforderte, dürften sie einen hohen Wert besessen haben. Nach den Fundumständen waren sie nicht für alle Familien erschwinglich.

Aus der Art der Aufstellung – auf Podesten im zentralen Raum des *oikos* – wird die Funktion der Pithoi deutlich: Sie sollten für die

Abbildung 3: Siedlung Zagora auf Andros, Rekonstruktion des Raumes H19

Besucher sichtbar sein. Ähnlich wie die homerischen Helden ihre Beutestücke präsentierten, sollten hier die Pithoi dem Besucher den Reichtum und sozialen Rang ihres Besitzers vor Augen führen. Damit erfüllten sie dieselbe Funktion wie die Beutestücke der homerischen Helden.

Fragen und Anregungen

- Wann entstanden *Ilias* und *Odyssee*? Worin liegt die spezifische Problematik dieser Frage?
- Erläutern Sie den Begriff „epische Distanz".
- Welche Merkmale kennzeichnen die Mentalität der homerischen Helden?
- Stellen Sie dar, welche prinzipiellen Möglichkeiten bestehen, um den historischen Gehalt von *Ilias* und *Odyssee* zu bestimmen.

Lektüreempfehlungen

- **Homer: Ilias**, übersetzt von Wolfgang Schadewaldt [dt.], Frankfurt a. M. 1975, 9. Auflage 1992.
- **Homer: Odyssee**, übersetzt von Wolfgang Schadewaldt [dt.], Hamburg 1958, 14. Auflage Frankfurt a. M. 1991.

Quellen

- Homeri Ilias, recognovit Helmut van Thiel [gr.], Hildesheim 1996.
- Homeri Odyssea, recognovit Helmut van Thiel [gr.], Hildesheim 1991.
- Homers Ilias. Gesamtkommentar, herausgegeben von Jürgen Latacz, München/Leipzig 2000ff.

Forschung
- Hans-Günter Buchholz (Hg.): Archaeologia Homerica. Die Denkmäler und das frühgriechische Epos, Göttingen 1968–90. *Reihe mit dem Ziel, ausgehend von den Schilderungen der homerischen Epen die materielle Kultur von der Bronzezeit bis zur Abfassungszeit der Epen umfassend aufzuarbeiten.*
- Moses Finley: Die Welt des Odysseus [The World of Odysseus, New York 1954], Darmstadt 1968, 2. Auflage Frankfurt a. M. 1992. *Ein Klassiker der Homer-Forschung und nach wie vor das Standardwerk zur Gesellschaftsstruktur in den homerischen Epen.*
- Ian Morris/Barry Powell (Hg.): A New Companion to Homer, Leiden 1997. *Gute Einführung mit knappen Erläuterungen zu den zentralen philologischen und historischen Fragen.*
- Barbara Patzek: Homer und Mykene. Mündliche Dichtung und Geschichtsschreibung, München 1992. *Dieses Werk enthält eine ausführliche Argumentation, warum die Epen besser als Quelle für das 8. Jahrhundert v. Chr. als für die mykenische Zeit benutzt werden sollten.*
- Christoph Ulf (Hg.): Der neue Streit um Troia. Eine Bilanz, München 2003. *Resümee der Kolb-Korfmann-Kontroverse aus der Sicht der Skeptiker gegenüber den neuen Thesen.*
- Troia – Traum und Wirklichkeit. Begleitband zur Ausstellung, Darmstadt 2001. *Katalog der Ausstellung, welche die große Debatte über die Bedeutung des bronzezeitlichen Troia auslöste. Enthält eine Dokumentation der Befunde, aber auch eine Vorstellung der These eines bedeutenden bronzezeitlichen Zentrums; die Rekonstruktionen haben scharfe Kritik ausgelöst.*
- Video der Abschlussdiskussion des Tübinger Symposiums zur Troiadebatte, Web-Adresse: www.uni-tuebingen.de/troia/deu/symposium.html.

2 Hesiod und die bäuerliche Dorfgemeinschaft

_____

_____

Perses, so höre auf Dike und mehre nicht noch die Gewalttat!
Schlecht ist Gewalttat für kleinere Leute, doch der an der Spitze
Kann sie auch so leicht nicht verkraften; sie wird ihm zur Bürde,
Wenn er ins Unglück gerät. Die andere Straße führt weiter,
Besser ist die zum Recht! Denn das Recht besiegt die Gewalttat,
Schließlich setzt es sich durch. Selbst der Dumme wird klug durch
  den Schaden!
Horkos nämlich verfolgt auf der Stelle krumme Prozesse.
Murren entsteht, wird Dike gezerrt, wenn gabengefräßig
Richter sie gängeln und krumme Prozesse für rechtens erachten.
Aber sie folgt, die Stadt und Plätze der Völker beweinend,
Unsichtbar in Nebel verhüllt, und bringt Unglück den Menschen,
Die sie vertreiben und nicht in gerader Weise erteilen.
Die das Recht aber jedem, ob heimisch, ob fremd, in gerader
Weise erteilen und nirgends den Weg des Rechtes verlassen,
Denen gedeiht die Stadt und erblühn die Bewohner darinnen.
Friede beschirmt die Jugend im Land, und niemals wird ihnen
Zeus, der weithin planende, schreckliche Kriege bestimmen.
Nie kommt der Hunger zu Männern, die Recht gerade erteilen,
Niemals Ruin; sie verzehren beim Schmaus die Frucht ihrer Arbeit.
Reichliche Nahrung trägt die Erde für sie, in den Bergen
Trägt die Eiche Früchte im Wipfel und Bienen im Stamme;
Auch die flockigen Schafe sind schwer gedrückt von der Wolle.

Hesiod: *Werke und Tage*, V. 213–234 (ca. 700 v. Chr.)

Recht und Arbeit sind zwei Leitmotive des Epos „Werke und Tage" von Hesiod aus Askra in Boiotien (um 700 v. Chr.). Aus den Andeutungen des Dichters geht hervor, dass es zwischen ihm und seinem Bruder Perses zu einem Rechtsstreit um das väterliche Erbe gekommen war, in dessen Verlauf Perses versucht hatte, die Richter durch Bestechung auf seine Seite zu ziehen. Hesiod warnt eindringlich vor einer solchen ‚Krümmung' des Rechts, indem er die Folgen für die gesamte Gemeinschaft schildert: Horkos und Dike, der personifizierte Eid und das personifizierte Recht, bestrafen diejenigen, die sie nicht achten. Als Kontrast zeichnet Hesiod das Bild eines Ortes, in dem das Recht blüht: Hier sorgen die Götter für Frieden und Fruchtbarkeit und damit auch für die Möglichkeit, dass sich die Menschen durch eigener Hände Arbeit materielle Sicherheit verschaffen können.

Hesiod ist neben Homer der bedeutendste frühe griechische Epiker. In der *Theogonie* schildert er in kunstvoller Komposition die Genealogie der Götter, in *Werke und Tage* das Leben auf dem Dorf. Im Gegensatz zur homerischen Adelswelt, in der die bäuerliche Welt im Hintergrund bleibt, beschreibt Hesiod die Gesellschaft aus der Sicht des einfachen Mannes. Aufgrund dieser – in der antiken Literatur seltenen – Perspektive ist sein Werk ein geeigneter Ausgangspunkt, um die Lebensumstände und die Normenwelt der Bevölkerungsmehrheit zu untersuchen. Unter Heranziehung der archäologischen Befunde sollen zunächst einige Charakteristika der Siedlungsentwicklung dargelegt werden, ein besonderes Augenmerk gilt der Frage, welche Regeln das Zusammenleben im bäuerlichen Dorf bestimmten. Abschließend wird die Frage nach eventuellen orientalischen Vorbildern der Dichtung Hesiods behandelt.

2.1 **Siedlungsstrukturen**
2.2 **Soziale Normen in der Dorfgemeinschaft**
2.3 **Der biografische und literarische Hintergrund**

2.1 Siedlungsstrukturen

In der Welt der homerischen Epen gibt es bereits Städte. Troia und Scheria, der Hauptort der Phäaken, werden vom Dichter als von mächtigen Mauern umgebene Orte mit Tempeln und zentralen Plätzen beschrieben. Ob Homer dabei an die mykenische Vergangenheit dachte, ist unklar ; jedenfalls kann er durchaus an seine eigene Zeit, also an die Wende vom 8. zum 7. Jahrhundert, gedacht haben, in der zahlreiche Siedlungen von Mauern umgeben wurden (vgl. Lang 1996, S. 42ff.). Diese dienten sicherlich in erster Linie dem Schutz vor Überfällen durch Räuberbanden oder feindliche Heere – die Grenzen waren in der griechischen Archaik fließend –, markierten auf der anderen Seite aber auch eine symbolische Grenze zwischen dem „Drinnen" und dem „Draußen" einer Siedlung. Neben der Mauer waren sakrale Areale, zentrale Plätze und außerhalb der Mauern gelegene Nekropolen weitere wesentliche Charakteristika der frühen griechischen Stadt (vgl. Hölscher 1998).

Wichtige Impulse erhielt die urbanistische Entwicklung durch die sogenannte „Große Kolonisation" vom 8.–6. Jahrhundert v. Chr., in deren Verlauf fast alle Küsten des Mittel- und des Schwarzen Meeres von Griechen besiedelt wurden (→ ABBILDUNG 4).

Städte

„Große Kolonisation"

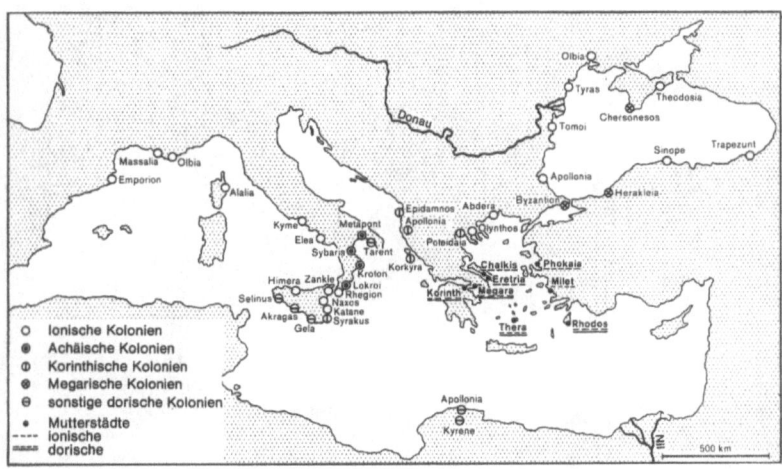

Abbildung 4: Die griechische Kolonisation (750–550 v. Chr.)

Für diesen Prozess, an dessen Ende die Griechen nach Platon um die Meere saßen „wie die Frösche um einen Teich" (*Phaidon*, 109b), gibt es ein ganzes Bündel von Ursachen: Überbevölkerung und die daraus resultierende Suche der Menschen nach Ackerland, Handelsinteressen, Sicherung von Zugangswegen zu Rohstoffen und innere Konflikte. Aus welchen Gründen auch immer die einzelnen Gründungen erfolgten, die Kolonisten schufen neue Städte, ohne auf gewachsene Strukturen zurückgreifen zu können bzw. zu müssen. Es verwundert nicht, dass sich die oben genannten urbanistischen Charakteristika bei den Neugründungen prägnanter ablesen lassen als bei den Städten des Mutterlandes: So weisen etwa griechische Städte in Sizilien neben einem orthogonalen Straßennetz klar abgetrennte Tempelbezirke auf, in denen Heiligtümer für mehrere Gottheiten vereinigt waren. Im Zentrum der Stadt wurde ein Areal für eine Agora ausgespart, einen polyfunktionalen Platz, der gleichermaßen als Ort für Volksversammlungen, Feste und Marktstände diente und auch religiöse Funktionen erfüllte (→ ABBILDUNG 5).

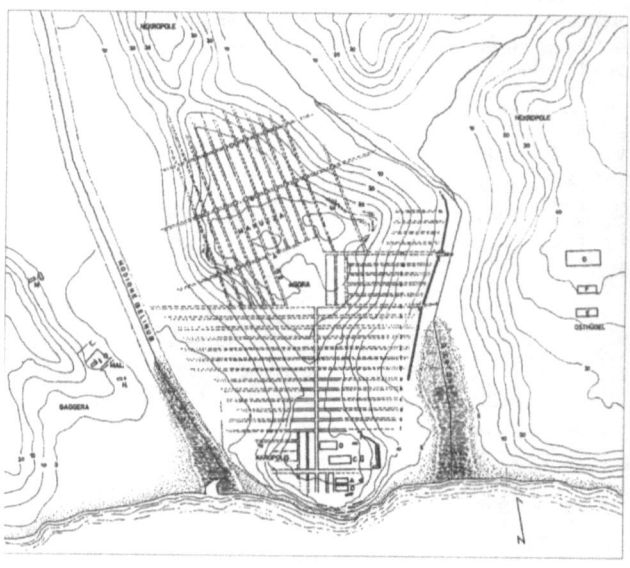

Abbildung 5: Selinunt (Sizilien): Anlage der Stadt

SIEDLUNGSSTRUKTUREN

Als wichtigste politische Formation bildete sich in der griechischen Archaik die Polis (Plural: Poleis) heraus. Dieser Begriff wird häufig mit „Stadtstaat" übersetzt, was aber falsche Vorstellungen weckt. Denn die Polis war ein Bürgerverband, zu dem die Bewohner der Stadt ebenso gehörten wie die im Umland lebenden Menschen; im antiken Griechenland markierten Stadtmauern, im Gegensatz etwa zu europäischen Städten des Mittelalters, keine politischen oder rechtlichen Grenzen. Der Anteil der Städter an der Bürgerschaft war sehr unterschiedlich: in großen Handelsstädten, etwa Ägina, war er hoch, in agrarischen Gegenden eher gering; manche Poleis, z. B. Sparta, hatten überhaupt kein ummauertes Zentrum.

Polis

Die Kenntnis der griechischen Siedlungsstruktur ist in den letzten Jahrzehnten durch viele archäologische Feldforschungen, sogenannte Surveys, verbessert worden. Dabei handelt es sich um Geländebegehungen, bei denen zum einen unter Mitwirkung von Geologen und Geografen die naturräumliche Beschaffenheit beobachtet wird, zum anderen menschliche Siedlungsspuren gesucht und dokumentiert werden: Artefakte, Mauerreste, aber auch Keramikscherben und Dachziegel. Im besten Fall werden die Geländebegehungen durch Ausgrabungen an markanten Punkten ergänzt. Durch Surveys können Veränderungen der Siedlungsstruktur festgestellt werden, etwa eine Bevölkerungszunahme oder Entwicklungen wie Ballung oder Streuung von Häusern.

Surveys

Ein Ergebnis der Surveys besteht darin, dass für das archaische Griechenland ein Nebeneinander ganz verschiedener Siedlungsformen außerhalb der Städte nachgewiesen werden konnte. So kommen geschlossene Dörfer in verschiedenen Typen vor: etwa als Einzelhaussiedlungen mit lose stehenden Häusern, als Konglomeratsiedlungen, bei denen die Häuser einen ungeordneten Komplex bilden, als Reihensiedlungen mit durch gemeinsame Mauern verbundenen Häusern und als Mischformen (vgl. Lang 1996, S. 58–63). In manchen Landstrichen hingegen gab es gar keine Dörfer, sondern nur isoliert stehende Einzelgehöfte. Aufgrund dieser Varianz kann man Hesiods Beschreibung des bäuerlichen Lebens nicht auf ganz Griechenland übertragen. Hesiods Askra war, wie nicht nur der literarische, sondern auch der archäologische Befund nahelegt, eine geschlossene Siedlung; Regionen mit Einzelgehöften mögen ganz andere soziale und mentale Strukturen hervorgebracht haben.

Dörfer und Einzelgehöfte

Die soziale Schichtung der von Hesiod beschriebenen Dorfgemeinschaft ist von Winfried Schmitz gründlich untersucht worden, der auch auf agrarsoziologische Studien zu vergleichbaren Gesellschaften zurückgriff (vgl. Schmitz 2004, S. 27ff.). Die führende Gruppe bildeten die Vollbauern, die über ein Haus und ein Stück Land verfügten, darüber hinaus über eigene Pflugochsen, einen Karren und anderes landwirtschaftliches Gerät. Im Gegensatz zu adeligen Großgrundbesitzern arbeiteten sie und ihre Familie selbst auf den Feldern, von deren Erträgen sie lebten. In guten Jahren konnte die Familie problemlos ernährt werden, Dürre, Unwetter oder Raubzüge von Feinden konnten jedoch schnell zu existenzieller Not führen. Noch gefährlicher waren die Risiken der Landwirtschaft für die Kleinbauern, die ebenfalls Haus und Land, jedoch keine eigenen Ochsen oder Wagen besaßen und deshalb auf die Hilfe der Vollbauern angewiesen waren. Durch die in Griechenland praktizierte Realteilung, d. h. die Aufteilung des Erbes unter die Söhne, konnte sich die Größe der Höfe von Generation zu Generation stark verändern. Im äußersten Fall war die Anbaufläche, die dem einzelnen Bauern zur Verfügung stand, nicht mehr ausreichend, um ihn und seine Familie zu ernähren. Hesiod rät deshalb, nur einen Sohn zu zeugen, um den Besitz zusammenzuhalten (*Werke und Tage*, V. 376f.).

Hesiod liefert keine Hinweise auf Sklavenhaltung – als zusätzliche Arbeitskräfte auf den Höfen der Vollbauern dienten vielmehr Knechte und Mägde. Diese besaßen kein eigenes Haus und keine eigene Familie – Hesiod mahnt, nur kinderlose Mägde zu beschäftigen, denn „wenn sie stillt, ist sie kaum eine Hilfe". (*Werke und Tage*, V. 603) Knechte und Mägde wohnten auf dem Hof des Bauern und wurden von diesem auch ernährt, und offenbar wurde der Bedarf an Arbeitskräften jedes Jahr neu kalkuliert. Hesiod nennt als bestes Datum für die Einstellung von Knechten die Zeit nach der Einbringung der Ernte. Sobald sich Veränderungen ergaben, z. B. wenn eigene Kinder herangewachsen und damit zur Feldarbeit geeignet waren, wurden Bedienstete entlassen bzw. je nach Bedarf weitere eingestellt. Knechte und Mägde verbrachten also nicht ihr ganzes Leben auf demselben Hof.

Außerdem gab es im Dorf noch Handwerker, etwa Schmiede, Töpfer oder Zimmerleute. Ob diese zusätzlich noch Arbeiten auf den Feldern verrichteten, geht aus den Quellen nicht hervor. Ihr Ansehen war gering, da sie über kein eigenes Land verfügten, das gemeinhin die Grundlage für sozialen Status war. Am untersten Ende der Skala standen die Bettler, die zu verhöhnen Hesiod verbietet (*Werke und Tage*, V. 717f.) – sie waren also ebenfalls ein akzeptierter Bestandteil der dörflichen Gemeinschaft.

2.2 Soziale Normen in der Dorfgemeinschaft

Die Regeln der sozialen Kommunikation reflektiert der Dichter in vielfältigen literarischen Kurzformen, die in sein Epos eingewoben sind: Das Spektrum reicht von direkten Mahnungen, häufig an den Bruder Perses adressiert, über Fabeln und Gleichnisse bis hin zu Sprichwörtern. Gerade letztere sind besonders geeignet, die Gedankenwelt der Gemeinschaft zu analysieren, denn sie drücken nicht lediglich die Meinung eines Einzelnen, sondern kollektives ‚Wissen' in zugespitzter Form aus. Signifikant für Hesiods Werke ist das gehäufte Auftreten von Sprichwörtern. Offensichtlich gedeihen sie besonders gut in einer relativ geschlossenen bäuerlichen Gesellschaft, deren Mitglieder eine gemeinsame Erfahrungswelt aufweisen. Je intensiver die Menschen verschiedene Lebensformen kennenlernen, desto geringer sind die Möglichkeiten, die individuellen Erfahrungen in einzelnen Sätzen zu komprimieren (vgl. Schmitz 2004, S. 42ff.).

Sprichwörter

Sprichwörter spiegeln auch Autoritätsstrukturen wider: Sie werden aus der Sicht des Höherstehenden formuliert. So enthalten die *Werke und Tage* zahlreiche Sprichwörter über Frauen aus der Sicht des Mannes, die gegenläufige Perspektive dagegen kommt nicht vor. Die misogyne Tendenz der Sprichwörter ist offensichtlich:

Misogyne Tendenz

„Lass Dich von keinem Weib mit üppigem Hintern betören, heuchlerisch schwätzend und doch nur deinen Speicher durchwühlend. Wer einem Weib sein Vertrauen schenkt, der schenkt es Betrügern!" (Hesiod, *Werke und Tage*, V. 373–375)

Solche und andere ‚Weisheiten' richten sich nicht gegen Frauen an sich, sondern allein gegen Ehefrauen. Hesiod nimmt hier häufig gebrauchte mündliche Formulierungen auf. Offenbar wurde es vom männlichen Teil der Dorfgemeinschaft für wichtig gehalten, die Dominanz des Mannes über seine Ehefrau durch derlei Sprüche zu untermauern, die zugleich eine Mahnung an alle verheirateten Männer waren, diese Dominanz im eigenen Hause durchzusetzen.

Wie die homerische Gesellschaft ist auch die bäuerliche Welt Hesiods von einer starken Konkurrenz geprägt, diese hat jedoch eine andere Bedeutung:

„Nein, es erwuchs nicht nur eine Art der Eris, es wirken
Zwei in der Welt. Und wer recht sie erkannt, wird diese Art loben,
Jene verurteilen. Völlig entgegengesetzt ist ihr Trachten.
Jene bringt einzig Hader hervor und ruchlose Kriege,

Scheußlich; es ist kein Mensch, der sie liebt. Doch nach Ratschluss der Götter
Zollen sie, wenn auch mit Zwang, der belastenden Eris die Ehren.
Aber die andre, die Nyx (= Nacht), die finstere, früher geboren,
Hat der Kronide (= Zeus), der hoch im Äther wohnt und dort waltet,
Tief in die Wurzeln der Erde versenkt, für die Menschen viel besser:
Treibt sie gleichwohl doch auch Untätige selbst an die Arbeit.
Eigene Arbeit verlangend, erblickt er nämlich den anderen,
Reicher als er, der fleißig sich müht zu pflügen, zu pflanzen,
Wohl zu bestellen das Haus; nacheifert der Nachbar dem andern,
Der um Wohlstand sich müht – die Eris ist gut für die Menschen."

(Hesiod, *Werke und Tage*, V. 11–24)

Zwei Formen der Eris

Eris, die Personifikation des Streites, erscheint hier in zweierlei Form: Auf der einen Seite steht die schlechte Eris als rein destruktive Kraft, auf der anderen die gute Eris als Antriebsfeder für die Menschen: Sie sorgt dafür, dass jeder sich abmüht, im Vergleich zu anderen Menschen besser oder zumindest nicht schlechter abzuschneiden. Diese

Konkurrenz

Auffassung erinnert an moderne Wirtschaftstheorien, in denen Konkurrenz und neidvoller Vergleich als Basis für Produktivität und den Wohlstand der Gemeinschaft betrachtet werden – doch ist dabei ein wichtiger Unterschied zu berücksichtigen: Gutes Ackerland als einziger ‚harter' Besitz ist begrenzt und deshalb nur zu gewinnen, wenn ein anderer es verliert. Die gute Eris erscheint als Ansporn in einem Nullsummenspiel, wenn Hesiod als Ziel der Mühen formuliert, „dass du ein Landlos von andern erwirbst, nicht andere deines" (*Werke und Tage*, V. 341).

Im Gegensatz zu den homerischen Helden zielt die Wettbewerbsethik in der Dorfgemeinschaft Hesiods nicht auf das Anhäufen von Luxusgütern oder auf Heldentaten im Krieg, sondern auf die Sicherung der materiellen Existenz. Die Gefahr von Verelendung und Hunger klingt in *Werke und Tage* immer wieder an. Abhilfe

Lob der Arbeit

kann nach Aussage des Dichters nur beständige Arbeit schaffen:

„Du sei beständig eingedenk meiner mahnenden Worte,
Perses, Du göttliches Blut, und arbeite, dass dich der Hunger
Hasse und dass dich die würdige, herrlich bekränzte Demeter
Liebe und dir mit der nötigen Nahrung fülle die Scheuer.
Hunger ist stets Begleiter des arbeitsscheuen Gesellen!
Der ist bei Göttern und Menschen verhasst, der arbeitsscheu hinlebt,

So in der Art den stachellosen Drohnen vergleichbar,
Die, selbst arbeitsscheu, der Bienen Mühe sich nehmen,
Um sie zu fressen. Doch du mach dich gern an die Arbeit, die Not tut,
Dass von den Früchten der Jahreszeiten die Scheuern dir voll sind.
Arbeit allein macht die Menschen reich an Herden und Gütern,
Und wer da arbeitet, ist viel lieber den ewigen Göttern."
(Hesiod, *Werke und Tage*, V. 298–309)

Wenn ein Mitglied der Dorfgemeinschaft faul ist und deswegen in Schwierigkeiten gerät, gilt dies nicht nur als persönliches Problem, sondern als Gefahr für die gesamte Gemeinschaft, denn ein Mann, der Hunger leidet, kommt „auf vielerlei schlimme Gedanken" (*Werke und Tage*, V. 499).

Damit es nicht so weit kommt, übt die Gemeinschaft starken Druck aus, sich an soziale Normen zu halten. Wer etwa nicht fleißig arbeitet, muss damit rechnen, dass über ihn schlecht geredet wird. In einer überschaubaren Dorfgemeinschaft, in der sich sozialer Austausch allein durch mündliche Kommunikation vollzieht, ist dies ein Angriff auf die Ehre des Einzelnen und damit eine harte Sanktion. Zeitigt diese keinen Erfolg, können die Strafen bis hin zum sozialen Ausschluss reichen, d. h. zum Abbruch jeglicher Kommunikation. Um eine solche Exklusion zu vermeiden, ermahnt Hesiod mehrfach zu normenkonformem Verhalten: Man solle sich unbedingt so verhalten, dass erst gar kein Gerede entsteht.

_{Normativer Druck der Gemeinschaft}

Wer sich an die Regeln hält, kann hingegen – trotz allen Konkurrenzdenkens und dem Streben nach ökonomischer Autarkie – auf die Solidarität der Gemeinschaft hoffen. In Notsituationen wird Hilfe vor allem von den Nachbarn erwartet, d. h. von den Bauern des eigenen Dorfes, weniger von den Verwandten in den umliegenden Dörfern: „Denn wenn bei dir auf dem Hof sich einmal ein Unglück ereignet, kommen die Nachbarn auch ungegürtet, gegürtet die Vettern", letztere lassen sich also Zeit (*Werke und Tage*, V. 344f.). Ein gutes Verhältnis zu den Nachbarn hat oberste Priorität, denn die Nachbarn leisten Schutz gegen Raub und Übergriffe, und sie helfen auch aus, wenn beispielsweise das Saatgut knapp geworden ist. Solidarität hat also in der Welt Hesiods ebenso ihren Platz wie Konkurrenz.

_{Solidarität unter Nachbarn}

Rechtsinstrumente zur Konfliktlösung, die über sozialen Druck hinausgehen, hat die Dorfgemeinschaft Hesiods nicht entwickelt. Recht gesprochen wurde von adeligen Großgrundbesitzern, die außerhalb des Dorfes wohnten. Hesiod ist auf diese Richter wegen der eigenen

"Gabenfressende" Richter

Erfahrungen im Streit mit seinem Bruder Perses nicht gut zu sprechen. Er bezeichnet sie als „gabenfressend" und ihre Urteile als „krumm" (*Werke und Tage*, V. 39, 221, 264); damit spielt er offenbar auf ihre Bestechlichkeit an. Doch so oft Hesiod auch auf das Recht zu sprechen kommt, das er sogar als menschliche Errungenschaft im Gegensatz zur Gewalttätigkeit unter Tieren preist (*Werke und Tage*, V. 276–281) – inhaltlich bleiben seine Vorstellungen vage; es bleibt offen, nach welchen Kriterien „krumme" von „geraden" Urteilen unterschieden werden könnten. Ebenso wenig fordert er die Dorfgemeinschaft auf, eigene Verfahren zu entwickeln, um sich aus der Abhängigkeit von den adeligen Richtern zu lösen. Er akzeptiert prinzipiell ihre Rolle, seine Kritik setzt vielmehr daran an, dass sie ihre Aufgabe aus Gier nicht gewissenhaft erfüllen.

2.3 Der biografische und literarische Hintergrund

Hesiods Biografie

Zu Hesiods Herkunft und Leben gibt es keine zuverlässigen Zeugnisse außerhalb seiner eigenen Dichtung. Im Gegensatz zu vielen Autoren der Moderne bildet in diesem Fall nicht die Kenntnis der Biografie eine Voraussetzung für das Verständnis der Schriften, sondern die Überlegungen zur Person des Autors müssen auf der Kenntnis der Schriften aufbauen. Nach Hesiods Angaben stammte sein Vater aus Kyme an der kleinasiatischen Küste, wo er sich im Seehandel versuchte. Offenbar blieb ihm ökonomischer Erfolg in diesem Metier versagt, sodass er sich im bäuerlichen Askra in Boiotien fernab des Meeres niederließ (*Werke und Tage*, V. 630–40). Dennoch schien die Familie nicht völlig verarmt gewesen zu sein, denn Hesiod selbst gehörte zur Gruppe der Vollbauern: So setzen seine Ratschläge sowohl den Besitz eigener Pflugochsen als auch in Dienst genommene Knechte voraus (*Werke und Tage*, V. 436f., 459). Auch die Schilderung eines Mahles bei der Beschreibung der Sommerhitze (*Werke und Tage*, V. 588ff.) lässt auf einen gewissen Wohlstand schließen.

Bauer oder Aristokrat?

Diese Passagen und die dichterische Qualität haben verschiedene Forscher dazu gebracht, die Zugehörigkeit Hesiods zur Bauernschaft in Zweifel zu ziehen. Hesiod habe vielmehr in aristokratischen Kreisen gelebt und an der bäuerlichen Welt nur als poetisch konstruierte Person partizipiert (vgl. Griffith 1983). Doch gegen diese These ist zu Recht eingewandt worden, dass Hesiod nach eigener Schilderung bei landwirtschaftlichen Arbeiten selbst Hand anlegte, was einen markanten Unterschied zum Verhalten von Großgrundbesitzern darstelle; auch sei seine Polemik gegen die „gabenfressenden Richter" nicht zu verstehen, wenn er dieser Gruppe tatsächlich nahegestanden hätte. Außerdem sei seine Beschreibung der Werte und Normen einer Dorfgemeinschaft zu dicht und konzise, als dass sie aus der Perspektive eines Außenstehenden verfasst sein könnte (vgl. Millett 1984, S. 90ff.).

Wenn Hesiods Epen somit nicht von einem professionellen Dichter verfasst wurden, ist ihre literarische Qualität umso bemerkenswerter. Die *Werke und Tage* (zur Komposition der *Theogonie* vgl. Hallof/ Hallof 1994, S. XVff.) erhielten ihren Titel, weil sie eine Art Bauernkalender enthalten, also Vorschriften, die festlegen, welche landwirtschaftlichen Arbeiten zu welchem Zeitpunkt des Jahres erledigt werden sollten; chronologische Orientierungspunkte bieten dabei die Sternzeichen: „Wenn die von Atlas gezeugten Pleiaden am Nachthimmel aufgehen, ist zu beginnen das Mähen, wenn sie untergehen, das Pflügen." (*Werke und Tage*, V. 383f.) In diese Anweisungen sind poetische Stimmungsbilder der verschiedenen Jahreszeiten eingeflochten. Weitere inhaltliche Komponenten sind die schon erwähnten Mahnungen, Sprichwörter und Fabeln. Im Gegensatz zu den homerischen Epen, deren Verfasser ganz hinter der Erzählung zurücktritt, kommt Hesiod auch auf seine eigene Person zu sprechen: In *Werke und Tage* verweist er mehrfach auf den Prozess gegen Perses, und in der *Theogonie* schildert er, wie ihm einst die Musen selbst eine göttliche Stimme einhauchten, damit er die Wahrheit verkünde (V. 22–34).

Literarischer Aufbau

Eine intensive Forschungsdebatte gibt es zur Frage eines orientalischen Einflusses auf Hesiods Dichtung. Diese Auseinandersetzung betrifft sowohl die literarische Form – etwa die Verflechtung von Fabeln, Sprichwörtern und landwirtschaftlichen Regeln mit einem aus der Ich-Perspektive geschilderten Rechtsfall – als auch die inhaltliche Ebene. Parallelen zur Kosmologie und zur Ethik Hesiods finden sich in der sogenannten „Weisheitsliteratur" des Alten Orients und Ägyptens, beispielsweise im „Buch der Sprichwörter" des Alten Testaments, das eine Mahnung zur Arbeit (*Spr* 20,4: „Der Faule pflügt nicht im Herbst; sucht er in der Erntezeit, so ist nichts da.") oder ein Lob der Nachbarn gegenüber entfernt wohnenden Verwandten (*Spr* 27,10: „Besser ein Nachbar in der Nähe als ein Bruder in der Ferne.") enthält. Beide Passagen erinnern an die oben zitierten Sprichwörter Hesiods.

Orientalischer Einfluss?

Was lässt sich aus diesem Befund schließen? Aus literaturwissenschaftlicher Perspektive postulierte einer der besten Kenner der *Werke und Tage*, die zahlreichen formalen und inhaltlichen Parallelen deuteten auf eine direkte Abhängigkeit Hesiods von orientalischen Vorbildern hin (vgl. West 1978; 1997, S. 306ff.). Andere dagegen deuten die Ähnlichkeiten als Hinweis auf vergleichbare gesellschaftliche Entwicklungen und Spannungen (vgl. Seybold/von Ungern-Sternberg 1993 zum Vergleich der israelitischen und griechischen Gesellschaft im 8. Jahrhundert v. Chr.). Diese Forschungen haben wichtige Korrekturen an dem lange Zeit allzu philhellenischen und eurozentrischen Bild der westlichen Geschichtsforschung mit sich gebracht, jedoch ist es wichtig, die Besonderheiten der Dichtung Hesiods zu betonen. So ist dessen Werk viel fester in einer bäuerlichen Gemeinschaft verwurzelt als die orientalischen „Weisheitstexte", die häufig im weiteren Umkreis von Königshöfen anzusiedeln sind und der Überlieferung nach auch zur Vermittlung eines Normensystems an (bislang) Uneingeweihte dienten, also als eine Form von Schultexten fungierten. Hesiods Mahnungen dagegen setzen voraus, dass sowohl der direkt angesprochene Bruder Perses als auch die weiteren gedachten Rezipienten die Normenwelt des Dorfes schon kannten. Es ging hier also weniger um eine ethische Unterweisung als um eine Mahnung an Abweichler, sich wieder den Normen zu fügen (vgl. Schmitz 2004a, S. 319ff.).

Besonderheiten der Dichtung Hesiods

Bei einem Vergleich der Epen Homers und Hesiods fallen mehr Unterschiede als Gemeinsamkeiten auf. Zwar gehorchen die Epen beider Dichter den gleichen formalen Gattungsregeln – sie wurden in daktylischen Hexametern abgefasst (→ KAPITEL 1.1) –, doch sind die homerischen Epen entlang eines Erzählstranges aufgebaut, während dieser bei Hesiods Werken fehlt. Auf der Ebene der ethischen Regeln schlägt die unterschiedliche soziale Perspektive durch: Während für die homerischen Helden Arbeit als unstandesgemäße Tätigkeit verpönt ist, bilden Mahnungen zur Arbeit ein zentrales Thema Hesiods. Komplementär dazu verdammt er Kriege, welche wiederum bei Homer ein Aktionsfeld bilden, auf dem die Männer ihre Qualitäten unter Beweis stellen und großen Ruhm erwerben können und müssen. Während bei Homer die Austragung von Konkurrenz kaum gehemmt ist, vertritt Hesiod das Prinzip der Solidarität: Den Angehörigen der Dorfgemeinschaft, die sich an die sozialen Normen gehalten haben, sollte auch in Notfällen Unterstützung gewährt werden.

Homer und Hesiod

Fragen und Anregungen

- Beschreiben Sie die Beziehung zwischen den Begriffen „Stadt" und „Polis".
- Von welchen Prinzipien ist die Normenwelt Hesiods bestimmt?
- Vergleichen Sie das Konkurrenzverhalten in den Werken Homers und Hesiods.
- Überlegen Sie, in welchen Kontexten heutzutage Sprichwörter besonders gut gedeihen.

Lektüreempfehlungen

- **Hesiod: Werke**, übersetzt von Luise und Klaus Hallof [dt.], Berlin / Weimar 1994.

Quellen

- **Hesiod: Theogonia. Opera et dies. Scutum**, edidit Friedrich Solmsen, fragmenta selecta ediderunt Reinhold Merkelbach et Martin L. West [gr.], Oxford 1970, 3. Auflage Oxford 1990.

- **Hesiod: Works and Days**, edited with prolegomena and commentary by Martin L. West [gr. mit engl. Kommentar], Oxford 1978. *Umfangreicher und immer noch als Standardwerk genutzter Kommentar.*

- **Hesiod: Theogony**, edited with prolegomena and commentary by Martin L. West [gr. mit engl. Kommentar], Oxford 1966.

- **Hesiod: The Shield, Catalogue of Women, Other Fragments**, edited and translated by Glenn W. Most [gr. / engl.], Cambridge / Mass. 2007.

- **Anthony T. Edwards: Hesiod's Ascra**, Berkeley u. a. 2004. *Ambitionierter, nicht immer überzeugender Versuch, Hesoids „Werke und Tage" vor dem Hintergrund einer doppelten sozialen Differenz (Arm – Reich und Dorf – Stadt) zu interpretieren.*

Forschung

- **Franziska Lang: Archaische Siedlungen in Griechenland. Struktur und Entwicklung**, Berlin 1996. *Systematische Erschließung des Forschungsstandes mit einer Darstellung von Entwicklungslinien und regionalen Unterschieden; auch zum Nachschlagen geeignet.*

- Hans Lohmann: Atene. Forschungen zu Siedlungs- und Wirtschaftsstruktur des klassischen Attika. 2 Bände, Köln 1993. *Anhand einer äußerst gründlich erkundeten Siedlungskammer (Größe: 20 km²) werden exemplarisch Fragen zu Wirtschaftsformen und zur Organisation des ländlichen Raumes diskutiert.*

- Paul Millett: Hesiod and his World, in: Proceedings of the Cambridge Philological Society 210 (Neue Serie 30), 1984, S. 84–115. *Kompakte Analyse der Epen Hesiods aus einer historischen Perspektive; gut geeignet für eine erste Annäherung an die Forschungsdiskussionen.*

- Winfried Schmitz: Nachbarschaft und Dorfgemeinschaft im archaischen und klassischen Griechenland, Berlin 2004. *Eine herausragende Arbeit, die auf der Basis einer gründlichen Quellenerschließung und zahlreicher interkultureller Vergleiche sowohl die sozialen Strukturen als auch die Normensysteme untersucht.*

- Martin L. West: The East Face of Helicon. West Asiatic Elements in Greek Poetry and Myth, Oxford 1997. *Der Autor vermutet eine direkte Abhängigkeit vieler griechischer Autoren von orientalischen Vorläufern; sein Werk besticht vor allem durch die Menge der gesammelten literarischen Parallelen.*

3 Der griechische Athletismus und die Olympischen Spiele

Abbildung 6: Olympia: Plan des Heiligtums

DER GRIECHISCHE ATHLETISMUS UND DIE OLYMPISCHEN SPIELE

Die Olympischen Spiele der Antike hatten eine über tausendjährige Geschichte (ca. 700 v. Chr. – 393 n. Chr.), die sich auch in der Architektur des Heiligtums von Olympia niedergeschlagen hat. Vor allem im Westen und Süden weicht – infolge von Um- und Neubauten in hellenistischer und römischer Zeit – das heute sichtbare Bild deutlich vom Zustand der Klassik ab.

In der Mitte des Plans ist deutlich die Altis zu erkennen, der heilige Bezirk, der von zwei mächtigen Tempeln dominiert wird: Der ältere Heratempel (Heraion) ist, wie in der Archaik üblich, sehr lang gestreckt, beim klassischen Zeustempel hat die Breite im Verhältnis zur Länge zugenommen. Zwischen diesen liegen das Pelopsheiligtum (Pelopion) und der große Aschenaltar des Zeus. Im Buleuterion im Süden tagte die Ratsversammlung Olympias, das Leonidaion westlich davon diente als Gasthof. Im Norden, angelehnt an den Kronoshügel, liegt eine Terrasse mit den Schatzhäusern, das Stadion schließt, durch eine Stoa abgetrennt, östlich an die Altis an. Vom Hippodrom, im Südosten gelegen, haben sich nur geringe Reste erhalten; es wurde im Laufe der Zeit vom Schwemmland des Flusses Alpheios meterhoch bedeckt. Die Athleten und Zuschauer, die während der Spiele in großer Zahl nach Olympia strömten, übernachteten in Zelten und Baracken.

Sport war in allen antiken Kulturen wichtig, aber nirgendwo sonst gewannen sportliche Wettkämpfe eine solche Wichtigkeit wie in Griechenland. In Olympia zu siegen, galt vielen Griechen als der größte mögliche Erfolg im Leben. Sport war ein überaus beliebtes Motiv in verschiedenen Gattungen der Literatur und Bildkunst. Bei deren Untersuchung wird der Schwerpunkt im Folgenden auf die Darstellung von Sieg und Siegern gelegt; daneben wird nach der Einbindung von sportlichem Wettkampf in den Götterkult und nach spezifischen Merkmalen des griechischen Athletismus gefragt.

3.1 **Das Zeusfest in Olympia**
3.2 **Die Darstellung des Siegers im Epinikion**
3.3 **Sportdarstellungen in der Bildkunst**

3.1 Das Zeusfest in Olympia

Die Olympischen Spiele waren das wichtigste Sportfest der Antike. Sie wurden alle vier Jahre im Zeusheiligtum von Olympia im Nordwesten der Peloponnes abgehalten. Wann sie zum ersten Mal stattfanden, ist unklar: In den antiken Schriften wird das Jahr 776 v. Chr. angegeben, aber es handelt sich dabei wahrscheinlich um eine spätere Konstruktion. Archäologische Befunde deuten darauf hin, dass Olympia seit etwa 700 v. Chr. Ort eines großen Festes gewesen ist. Für diese Zeit lassen sich Planierungsarbeiten nachweisen, die der Gewinnung einer großen ebenen Fläche dienten. Außerdem wurden Brunnen zur Versorgung von Athleten und Zuschauern angelegt.

In der Folge kam es zu einer Erweiterung in zweierlei Hinsicht. Zum einen vergrößerte sich das Einzugsgebiet: Kamen die Teilnehmer der ersten Olympischen Spiele aus der Peloponnes selbst, so reisten im 7. Jahrhundert v. Chr. auch Athleten aus weiter entfernten Regionen an; seit dem 6. Jahrhundert v. Chr. schließlich rekrutierte sich das Teilnehmerfeld aus der gesamten griechischen Welt. Zum anderen kamen immer neue Disziplinen hinzu: Ursprünglich hatte es nur einen Laufwettbewerb über eine Stadionlänge (192 m) gegeben, nach und nach wurde das Programm immer mehr erweitert, bis es 200 v. Chr. seine endgültige Form gewann. In der antiken Literatur werden folgende Daten angegeben (die Angaben zum 8. und 7. Jahrhundert sind nicht gesichert):

Entwicklung der Olympischen Spiele

Stadionlauf	776 v. Chr.	*Pentathlon* Knaben	628 v. Chr.
Diaulos (Doppellauf)	724 v. Chr.	Boxkampf Knaben	616 v. Chr.
Dolichos (Langlauf)	720 v. Chr.	*Hoplites* (Waffenlauf)	520 v. Chr.
Pentathlon (Fünfkampf)	708 v. Chr.	Zweigespann Maultiere	500 v. Chr.
Ringkampf	708 v. Chr.	Stutenrennen	496 v. Chr.
Boxkampf	688 v. Chr.	Zweigespann	408 v. Chr.
Viergespann	680 v. Chr.	Trompeter und Herolde	396 v. Chr.
Pferderennen	648 v. Chr.	Viergespann Fohlen	384 v. Chr.
Pankration	648 v. Chr.	Zweigespann Fohlen	368 v. Chr.
Stadionlauf Knaben	632 v. Chr.	Fohlenrennen	256 v. Chr.
Ringkampf Knaben	632 v. Chr.	*Pankration* Knaben	200 v. Chr.

Olympische Disziplinen

Abbildung 7: Olympische Disziplinen (nach Decker 1995, S. 45)

Die Disziplinen lassen sich in hippische (von *hippos* = Pferd) und gymnische (von *gymnos* = nackt) einteilen: Zu ersteren gehörten verschiedene Formen von Pferde- und Wagenrennen, bei denen nicht der Jockey bzw. Wagenlenker, sondern der Besitzer der Pferde als Sie-

Hippische und gymnische Disziplinen

ger ausgerufen wurde. Die gymnischen Disziplinen gliederten sich in Laufwettbewerbe (Stadionlauf, Doppellauf über zwei Stadien, Langlauf über 20 Stadien, Waffenlauf), Kampfsportarten (Boxkampf, Ringkampf und das Pankration, bei dem Schläge und Griffe erlaubt waren) und den Fünfkampf, der sich aus Stadionlauf, Speerwurf, Diskuswurf, Weitsprung und Ringkampf zusammensetzte. Die meisten gymnischen Wettkämpfe wurden in zwei Altersklassen durchgeführt, wobei die Trennlinie zwischen Knaben und Männern etwa bei 18 Jahren verlief. Die bei anderen Festen bedeutenden musischen Disziplinen beschränkten sich in Olympia auf die Wettkämpfe von Trompetern und Herolden; bei diesen Wettbewerben wurde ermittelt, wer bei den folgenden Siegerehrungen die Fanfare blasen und die Namen der Gewinner deklamieren durfte.

Die Olympischen Spiele genossen auch in der Römischen Kaiserzeit große Beliebtheit, und eine neuere Inschrift zeigt, dass ihre Blüte auch im 4. Jahrhundert n. Chr. noch andauerte (vgl. Ebert 1998), bevor sie 393 durch Kaiser Theodosius im Rahmen der Maßnahmen gegen heidnische Kulte verboten wurden. Zwar gab es noch ein kleines Nachleben, eine überregionale Bedeutung als Wettkampfstätte hatte Olympia fortan aber nicht mehr.

Die Athleten reisten zunächst nach Elis, der wichtigsten Polis der gleichnamigen Region, welche die Spiele organisierte und kontrollierte. Im Regelwerk war festgelegt, dass die Athleten bereits einen Monat vor dem Beginn der Spiele eintreffen mussten. Im Gymnasion von Elis, einer sportlichen Trainingsstätte, bereiteten sich die Athleten in diesen vier Wochen auf die Spiele vor, und es gab dabei viele Gelegenheiten, die Konkurrenten zu beobachten, zu taxieren und die eigenen Chancen zu kalkulieren. Erst kurz vor dem Wettkampf trafen die Athleten in Olympia ein. Hier fanden die letzten Trainingseinheiten statt, dann begannen die Spiele mit einem feierlichen Eid: Die Teilnehmer mussten schwören, dass sie sich gründlich vorbereitet hatten und die Regeln der Spiele einhalten wollten. Jeder, der diese Regeln brach, wurde von dem Priesterkollegium in Olympia dazu verurteilt, aus eigenen Mitteln Strafstatuen für Zeus aufzustellen. Diese sogenannten Zanes-Statuen wurden zur Mahnung vor dem Stadioneingang platziert. Nach dem Eid erfolgte die Einteilung der Athleten und Pferde in Altersklassen, dann begannen die Wettkämpfe.

Die sportlichen Wettkämpfe waren der wichtigste, aber nicht der einzige Bestandteil des olympischen Zeusfestes. Wie alle anderen Wettkämpfe waren auch sie in ein Geflecht von Kulthandlungen eingebunden. So wurde z. B. dem Pelops, nach einem Mythos der Be-

Vorbereitung der Athleten

Kultischer Kontext

gründer der Olympischen Spiele, ein schwarzer Widder geopfert. Doch das größte und bedeutendste Ritual war dem griechischen Gott Zeus selbst gewidmet: Am vierten Tag des Festes, das in der klassischen Epoche sechs Tage dauerte, wurde für ihn zunächst eine feierliche Prozession und anschließend ein Opfer von hundert Rindern (eine Hekatombe) dargebracht (zu Einzelheiten des Programms vgl. Lee 2001).

Die Bedeutung Olympias als Heiligtum und als Wettkampfort schlägt sich ebenso in der architektonischen Gestaltung nieder (→ ABBILDUNG 4). Im Osten bzw. Südosten befanden sich die Sportstätten, das Stadion für die gymnischen und das Hippodrom für die hippischen Disziplinen. Säulenhallen schlossen diesen Bereich gegenüber dem eigentlichen heiligen Bezirk ab. Dieser wiederum wurde dominiert von zwei mächtigen Tempeln, dem Gott Zeus und der Göttin Hera geweiht. Außer Altären und weiteren kleineren Heiligtümern befanden sich hier auch zahlreiche Siegerstatuen: Ein Reiseschriftsteller des 2. nachchristlichen Jahrhunderts, Pausanias, dessen ausführliche Angaben zur Topografie von Olympia in manchen Fällen gut, in anderen schlecht mit dem archäologischen Befund zu vereinbaren sind (zu den topografischen Problemen vgl. Sinn 2004), beschreibt knapp zweihundert dieser Siegerstatuen, gibt aber an, es seien noch viel mehr gewesen: eine Galerie erfolgreicher Athleten, die jeden Besucher von Olympia begrüßte. Außerdem waren zahlreiche Weihgeschenke im heiligen Bezirk aufgestellt; einige Poleis hatten sogar eigene Schatzhäuser errichten lassen, um ihre Weihgeschenke hier unterzubringen.

An den Wettkämpfen der antiken Olympischen Spiele durften Frauen nicht teilnehmen; sofern sie verheiratet waren, durften sie nicht einmal unter den Zuschauern sein. Auch Barbaren, also Nichtgriechen, war die Teilnahme an den Wettkämpfen untersagt. Während die Griechen auf politischer Ebene in viele kleine Einheiten aufgespalten waren, die sich sehr häufig gegenseitig bekriegten, gab es auf kultureller Ebene ein starkes Zusammengehörigkeitsgefühl. Der Gedanke des Panhellenismus, d. h. die Idee, eine gemeinsame Abstammung, eine gemeinsame Sprache, gemeinsame Götter und gemeinsame Praktiken zu besitzen, materialisierte sich gerade in den großen sportlichen Wettkämpfen, denn die Griechen hielten es für selbstverständlich, dass ihre Form des Athletismus bei keinem anderen Volk der Welt zu finden war: Zwar trieben andere ebenfalls Sport, aber nicht mit solchem Eifer und Aufwand wie die Griechen, und vor allem nicht in vollkommener Nacktheit, mit der die Griechen ihrer Selbsteinschätzung nach einerseits männliche Schönheit präsentierten, sich andererseits aber auch gegen Sonne und Witterung abhärteten.

Die Olympischen Spiele waren somit ebenso ein Ereignis, bei dem Athleten und Zuschauer aus dem ganzen griechischen Siedlungsraum ihr Griechentum zelebrierten. Jedoch waren die Priester in Olympia flexibel, was die Anerkennung von Personen als Griechen betraf, und bei auswärtigen Mächten war man großzügig: So wurden zunächst die makedonischen Könige, später auch die Römer zugelassen; in der römischen Kaiserzeit schließlich konnten Athleten aus dem gesamten Imperium Romanum teilnehmen.

Teilnehmerkreis

Nach dem griechischen Wort für Wettkampf – *agon* – wurde bisweilen die griechische Kultur insgesamt als „agonal" charakterisiert. Auf sportlichem Gebiet jedenfalls wurde der Wettbewerb mit äußerster Härte und Kompromisslosigkeit ausgetragen. Beim Boxkampf und Pankration etwa gab es kein Punktesystem wie in der Moderne, sondern es wurde prinzipiell bis zur Kampfunfähigkeit oder Aufgabe gekämpft. Die absolute Leistung eines Athleten war nicht so wichtig, was man unter anderem daran ablesen kann, dass keine antiken Rekorde im Speerwurf überliefert sind. Es kam auf die relative Leistung an, nämlich beim betreffenden Wettkampf besser zu sein als die Konkurrenten.

Agonistik

Neben dem Sieg, der die Härte des Wettkampfes bestimmte, hatte die bloße Teilnahme – im Gegensatz zur olympischen Bewegung der Moderne („Dabei sein ist alles") – keine eigene Bedeutung. Vielmehr stand beim Sport viel auf dem Spiel: Dem Sieger winkte großer Ruhm – die damalige Begeisterung für Olympiasieger lässt sich mit der heutigen durchaus vergleichen –, dem Unterlegenen aber drohte Schande. Pindar beschreibt die Rückkehr der Verlierer aus der hämischen Sicht des Siegers: „Und als sie zur Mutter kamen, hat nicht ringsum süßes Lachen Freude erregt; hinunter die Gassen den Feinden entzogen, ducken sie sich, vom Unglück zerrissen." (Pindar, *Achte Pythische Ode,* V. 85–87)

Schande der Niederlage

3.2 Die Darstellung des Siegers im Epinikion

Pindar, dessen Schaffenszeit die erste Hälfte des 5. Jahrhunderts v. Chr. umfasst, ist der berühmteste Dichter von Epinikien (Singular: Epinikion), d. h. Liedern, die anlässlich eines Sieges bei einem Wett-

Epinikien

kampf in Auftrag gegeben wurden. Diese Lieder wurden, entweder noch an der Wettkampfstätte selbst, in der Regel aber bei der Rückkehr des Siegers in seine Heimatpolis, öffentlich aufgeführt, und zwar durch einen Chor. Während Musik und Choreografie solcher Aufführungen heute nur noch in Ansätzen rekonstruiert werden können, sind die Texte gut überliefert: Von Pindar sind etwa 45 Epinikien erhalten, von seinem Zeitgenossen und großen Konkurrenten Bakchylides mehrere große Partien; einzelne Fragmente weiterer Dichter kommen hinzu.

Die Epinikien sind eine Form der Chorlyrik (im Gegensatz zur monodischen Lyrik, die durch einen Einzelsänger vorgetragen wurde), zu der außerdem vielerlei Arten von Kultliedern gehörten, etwa die Paiane für Apollon- und die Dithyramben für Dionysosfeste. Die Chorlyrik, vor allem die Dichtung Pindars, zeichnet sich durch eine poetische Kunstsprache aus: Häufig finden sich hier Klangspiele, seltene inhaltsschwere Worte und Neologismen, Metaphern, Metonymien und andere Stilmittel; der genaue Sinngehalt einzelner Verse ist bisweilen nur schwer zu ermitteln. Durch Vorwegnahmen und Nachträge ergeben sich in vielen seiner Werke Ringkompositionen. Weitere Merkmale sind die häufige Verwendung von allgemeinen Sinnsprüchen (Gnomen) und die Verknüpfung von Mythenerzählungen mit dem Anlass der Aufführung.

Gattungsmerkmale

Die kunstvolle Gestaltung der Epinikien darf nicht den Blick darauf verstellen, dass ihre Funktion zunächst einmal eine ganz banale war: nämlich den Sieg zu verkünden und den Sieger zu rühmen. Deshalb werden in den Texten Wettkampf und Disziplin genannt, bisweilen auch besonders ruhmvolle Umstände des Sieges. Der Auftraggeber wird mit schmuckreichem Lobpreis bedacht, in den häufig auch Familienangehörige oder die Polis insgesamt einbezogen werden. Die Mythenerzählungen sind eigene Erzähleinheiten, aber durch eine kunstvolle Verflechtung wird eine Annäherung zwischen den Heroen des Mythos und den Protagonisten der Gegenwart hergestellt. Da die Sieger der großen Wettkämpfe in der ersten Hälfte des 5. Jahrhunderts v. Chr. der Aristokratie angehörten, ist die Sicht des Epinikions auf die Gesellschaft eine aristokratische. Die Epinikien wirkten deshalb in einer Zeit, als die Demokratie in Athen bereits in voller Blüte stand (→ KAPITEL 4), als konservative Dichtung.

Lob des Siegers

Die Techniken des Epinikiendichters seien anhand von einigen Versen aus Pindars *Erster Olympischer Ode* veranschaulicht. Anlass dieser Ode war ein Sieg, den Hieron, der Tyrann von Syrakus, 476 v. Chr. im Pferderennen in Olympia errang.

Pindar, Erste Olympische Ode

> „Am besten zwar ist Wasser, und das Gold sticht hervor,
> Wie brennendes Feuer bei Nacht, aus männererhebendem Reichtum;
> Wenn du aber Kampfspiele anzustimmen
> Begehrst, mein Herz,
> Spähe nicht mehr neben der Sonne
> Nach einem anderen Gestirn, wärmender leuchtend bei Tag, durch den einsamen Äther –
> Einen Wettkampf, mächtiger als Olympia, werden wir nicht nennen!
> Von dort wird der vielsagende Hymnos den Gedanken
> Der Weisen umgeworfen, dass sie ertönen lassen
> Des Kronos Sohn, wenn sie zu dem reichen kommen,
> Dem glückseligen Herd Hierons,
>
> Der den Richterstab walten lässt im schafreichen
> Sizilien, die Spitzen pflückt von allen Leistungen
> Und glänzt auch
> In dem Feinsten der Musenkunst,
> Dergleichen wir spielen,
> Wie Männer, oft an dem Freundestisch."
> (Pindar, *Erste Olympische Ode*, V. 1–17)

Priamel — Das Lied beginnt mit einer Priamel, einem von Pindar häufig gebrauchten Stilmittel. In loser Folge werden verschiedene Dinge gepriesen (Wasser, Gold, Sonne), aber es geht nicht um diese selbst; sie bereiten lediglich den Boden für die Aussage, dass die Olympischen Spiele der großartigste Wettkampf seien. Mit diesem Lobpreis wird natürlich auch ein dort errungener Sieg als besonders großartig aufgewertet.

Anschließend erfolgt die Überleitung auf die Person des Auftraggebers: Hieron wird genannt sowie sein Herrschaftsraum Sizilien, der „Richterstab" (*themisteion skapton*) verweist auf seine Macht, die er zur Wahrung des Rechtes einsetzt. An das allgemeine Lob, dass Hieron die „Spitzen von allen Leistungen" pflückt, schließt sich ein spezifisches an, indem auf seinen musischen Sachverstand angespielt wird. Der Dichter evoziert hier das Bild einer musischen Freundesrunde, der er selbst genau wie Hieron angehört. Ob es eine solche gegeben hat, ist unklar, da es über Pindars Leben kaum gesicherte Informationen gibt. Man sollte aus den Epinikien keine Rückschlüsse auf eine etwaige Freundschaft zwischen Auftraggeber und Dichter ziehen: Dass das *Auftragswerk* Lied nicht als bestelltes und bezahltes Auftragswerk, sondern als Freundesleistung dargestellt wird, ist fester Teil des Lobpreises.

Eine Selbstaufforderung des Dichters schließt sich an:
„Doch auf!
Nimm die dorische Harfe vom Nagel,
Wenn Dir denn Pisas und des Pherenikos Zauber
Den Geist in süßeste Sorgen versetzte,
Als am Alpheios der Renner stürmte, den Leib
Ohne Sport in den Läufen hingebend,
Und zum Siegen brachte seinen Herrn,
Den pferdefreudigen König von Syrakus; es leuchtet ihm Ruhm
In des Lyders Pelops Siedlung voll tüchtiger Männer;"
(Pindar, *Erste Olympische Ode*, V. 17–24)

Selbstaufforderung des Dichters

Nach dem Wettkampf wird nun auch die Disziplin des Siegers genannt: Es handelt sich um das Pferderennen, in dem Hierons Hengst Pherenikos als Erster durchs Ziel gegangen war. Der Lauf des Pferdes erscheint im Lied als ein Selbstopfer des Pferdes, das sich „ohne Sporn" verausgabte, d. h. freiwillig, um seinem Herrn Sieg und Ruhm zu bringen. Der Tyrann Hieron wird hier König (*basileus*) genannt, was sachlich nicht richtig ist. Denn auch wenn die Tyrannis im 5. Jahrhundert keineswegs als generell verwerfliche Herrschaftsform angesehen wurde, so wurde dennoch zwischen Königen unterschieden, deren Herrschaft in der Tradition verankert war, und Tyrannen, deren Herrschaft als usurpiert – als gewaltsam angeeignet – und brüchig galt. Die Tyrannen ließen sich deshalb gern als Könige betrachten; wenn Pindar hier die Vokabel *basileus* benutzt, so ist dies durchaus in Hierons Interesse.

König vs. Tyrann

Die Mythenerzählung, die am Schluss der zitierten Passage einsetzt, dient ebenfalls dem Lobpreis Hierons. Es geht um den Heros Pelops, der nach dem Mythos seine Frau mit Poseidons Hilfe durch ein Wagenrennen gewann und dabei sein Leben riskierte: Hätte er das Rennen verloren, wäre er getötet worden. Pindar befreit in seiner Darstellung den Pelops von den dunklen Seiten und macht ihn in den folgenden Versen zu einem strahlenden Helden und zu einem Bezugspunkt für seinen Auftraggeber. Denn die Parallelen zwischen Pelops und Hieron sind sprachlich und motivisch eindeutig (vgl. Gerber 1982): Beide sind Lieblinge der Götter und siegen mit deren Hilfe, beide siegen in einem Rennen in Olympia, und beide tragen großen Ruhm. Ruhm (*kleos*) ist das Scharnier, das die Ebene des direkten Siegerlobs mit der Sphäre der Heroen verbindet: Dieses Wort steht am Ende von Vers 18, also zu Beginn der Mythenerzählung, und ebenso steht es am Ende von Vers 93, als die Pelops-Erzählung endet und der Dichter wieder auf die Gegenwart zu sprechen kommt.

Eingebundene Mythenerzählung

Durch diese Parallelen wird der Auftraggeber an die Helden des Mythos angenähert, seine Leistungen und sein Glanz werden besonders betont.

3.3 Sportdarstellungen in der Bildkunst

Die Olympischen Spiele waren der wichtigste Wettkampf, es gab jedoch zahlreiche weitere, denn fast jede griechische Polis richtete Spiele aus. In Athen wurden alle vier Jahre die Großen Panathenäen zu Ehren der Stadtgöttin Athena gefeiert, und ein Höhepunkt dieses Festes waren Wettkämpfe in zahlreichen Disziplinen.

Während der Siegespreis in Olympia aus einem Kranz bestand, der hohen Prestigewert, aber keinen materiellen Wert besaß (allerdings setzten viele Poleis materielle Belohnungen für Olympiasieger aus), gab es in Athen kostbare Preise zu gewinnen: Die Bestplatzierten der gymnischen und hippischen Wettbewerbe erhielten mit Olivenöl gefüllte Amphoren, deren Anzahl von der Disziplin abhing. Eine Inschrift aus dem 4. Jahrhundert v. Chr. (Inscriptiones Graecae II^2 2311 → KAPITEL 15.2) überliefert genaue Zahlen: So erhielt der Sieger im Boxkampf der Knaben 30 Amphoren, der Zweitplatzierte sechs. Die Fassungsvermögen der Preisamphoren schwankte stark – bei den erhaltenen Exemplaren reichen die Werte von 11,7 bis 41,4 Liter –, aber selbst wenn man vom kleinsten Gefäß ausgeht, ist der materielle Wert des Preises sehr hoch, denn gutes Olivenöl war auch in der Antike teuer.

Die Bilder auf den Preisamphoren folgen einem Schema, das sich im Laufe der Jahrhunderte kaum veränderte: Auf der Vorderseite ist stets Athena mit Helm, Schild und Lanze abgebildet; sie wird von zwei Säulen eingerahmt, auf deren Kapitellen Hähne, ab dem 4. Jahrhundert v. Chr. auch andere Figuren zu sehen sind. Die Inschrift bezeichnet die Vase (dieser Begriff schließt alle Typen von bemalter griechischer Keramik ein) als Siegespreis der Panathenäen. Auf den Rückseiten ist der Wettkampf dargestellt, wobei zu den Athleten auch Schiedsrichter und andere Nebenfiguren treten (→ ABBILDUNGEN 8, 9).

Sport war in der griechischen Kunst ein überaus beliebtes Bildmotiv. Die Panathenäischen Preisamphoren sind innerhalb der Sportdarstellungen die größte geschlossene Gruppe, und sie eignen sich deshalb in besonderer Weise, die Bildsprache zu untersuchen (vgl. Bentz 1998, S. 84ff.). Die beiden Beispiele zeigen das breite Spektrum der Möglichkeiten auf.

Das erste Beispiel aus dem 6. Jahrhundert (→ ABBILDUNG 8) zeigt eine Szene aus einem Kurzstreckenlauf. Dass es sich um Sprinter, nicht um Langstreckenläufer handelt, erkennt man an den weit ausladenden Extremitäten; dabei geht es weniger um eine realitätsgetreue Abbildung der Bewegung, denn dass eine solch extreme Armbewegung den Lauf eher bremst als beschleunigt, liegt auf der Hand. Die Körperhaltung ist vielmehr eine Chiffre, durch die der Maler die Rasanz des Kurzstreckenlaufs unterstreicht. Dargestellt ist eine bestimmte Wettkampfsituation: Zwei Läufer liefern sich an der Spitze ein Kopf-an-Kopf-Rennen, während zwei weitere leicht zurückgefallen sind. Durch unterschiedliche Haar- und Bartgestaltung – einer der Läufer trägt sogar eine Binde im Haar – werden die Athleten voneinander unterschieden. Zwar handelt es sich nicht um eine Darstellung von bestimmten Personen oder gar um eine Situation aus

Darstellung der Wettkampfsituation

Abbildung 8: Panathenäische Preisamphore: Läufer (ca. 530–20 v. Chr.)

Abbildung 9: Panathenäische Preisamphore: Siegerehrung (340/39 v. Chr.)

einem konkreten Lauf, denn die Vasen waren längst fertig, wenn die Wettkämpfe begannen. Aber dennoch ist das Bemühen des Malers unverkennbar, den Wettkampf an sich darzustellen und nicht lediglich den Sieger hervorzuheben – im konkreten Fall bleibt offen, welcher der Läufer zuerst das Ziel erreichen wird.

Die Erzählfreude dieser Darstellung findet viele Parallelen unter den Preisamphoren des 6. Jahrhunderts v. Chr. Im Verlauf des 5. Jahrhunderts v. Chr. hingegen kommt es zu einem Wandel der Bildsprache. Der Fokus liegt nun weniger auf dem Wettkampfgeschehen, sondern stärker auf dem Sieg an sich, was sich insbesondere in dem Umstand niederschlägt, dass nun auch Siegerehrungen dargestellt werden.

Wandel der Bildsprache

Die im zweiten Beispiel (→ ABBILDUNG 9) abgebildete Vase aus dem Jahr 340/39 v. Chr. zeigt als zweite Figur von links einen nackten Athleten, der durch Zweig und Kranz als Sieger gekennzeichnet ist. Neben ihm steht ein bärtiger Mann im Mantel (wohl ein Schiedsrichter), am rechten Bildrand erkennt man einen Musiker mit einer Salpinx, einem trompetenartigen Instrument, das bei Festen und Umzügen, unter anderem bei Siegerehrungen, zum Einsatz kam. Der Wettkampf ist also längst vorbei, der Sieger steht fest und wird geehrt. Links im Bild ist ein Läufer in Aktion, wohl ein Hinweis auf die Disziplin, dessen Gewinner diese Vase zugedacht war. Auffällig ist, dass der Läufer ebenso wie der geehrte Athlet Zweig und Binde trägt, also Attribute eines Siegers. Es werden demnach zwei siegreiche Athleten dargestellt, bzw. der Sieger wird doppelt gezeigt: während seines siegreichen Laufes ebenso wie bei der Siegerehrung. Zwei Zeitebenen fließen im Bild ineinander, und die Ausstattung des Läufers mit den Siegesattributen ist anachronistisch, denn natürlich trug er diese während des Wettkampfes noch nicht. Es geht hier aber offenbar nicht um eine realitätsnahe Erzählung eines sportlichen Ereignisses – schließlich fehlen dem Läufer auch die Konkurrenten, anhand derer man seine Position erkennen könnte –, sondern um die emblematische Darstellung des Siegers.

Darstellung der Siegerehrung

In der heutigen Zeit erfreut sich der Sport einer großen Präsenz in den Massenmedien, führt aber in der ‚hohen' Kunst lediglich ein Schattendasein. Im antiken Griechenland dagegen war der Sport ein überaus beliebtes Thema in allen Gattungen von Literatur und Bildkunst, und der enorme soziale Stellenwert sportlichen Erfolges lässt sich auch daran ablesen.

Sozialer Stellenwert

Fragen und Anregungen

- Beschreiben Sie die Entwicklung der antiken Olympischen Spiele von den Anfängen bis zu ihrem Ende.

- Nennen Sie die Gattungsmerkmale der Epinikien und stellen Sie dar, mit welchen Mitteln der Auftraggeber gepriesen wird.

- Beschreiben Sie die Darstellung des sportlichen Wettkampfs auf Panathenäischen Preisamphoren.

- Erläutern Sie die wichtigsten Gemeinsamkeiten und Unterschiede zwischen den antiken und den modernen Olympischen Spielen.

Lektüreempfehlungen

- **Pindar: Siegeslieder**, herausgegeben und übersetzt von Dieter Bremer [gr./dt.], München 1992.

- **Douglas Gerber: Pindar's Olympian One: a Commentary**, Toronto 1982.

- **Bakchylides: Die Lieder. Bd. 1: Die Siegeslieder.** Edition, Übersetzung und Kommentar von Herwig Maehler [gr./dt.], Leiden 1997.

- **Pausanias: Reisen in Griechenland: Gesamtausgabe in drei Bänden**, auf Grund der kommentierten Übersetzung von Ernst Meyer herausgegeben von Felix Eckstein [dt.], 3 Bände, Zürich 1954, 3. Auflage 1986–89.

- **Ingomar Weiler (Hg.): Quellendokumentation zur Gymnastik und Agonistik im Altertum** [gr./lat./dt.], 7 Bände. Wien u. a. 1991–2002.

Quellen

- **Martin Bentz: Panathenäische Preisamphoren: eine athenische Vasengattung und ihre Funktion vom 6.–4. Jahrhundert v. Chr.**, Basel 1998. *Sorgfältige Zusammenstellung des Materials und Auswertung im Hinblick auf Bilddarstellung, Verbreitung der Amphoren und Organisation der Panathenäen.*

- **Elroy L. Bundy: Studia Pindarica I + II**, University of California Publications in Classical Philology 18, Berkeley 1962. *Klassiker der Pindarforschung, der gegenüber früheren Versuchen, biogra-*

Forschung

fische Details aus den Epinikien abzuleiten, deren Funktion als Preisdichtung in den Vordergrund rückt.

- **Wolfgang Decker: Sport in der griechischen Antike. Vom minoischen Wettkampf bis zu den Olympischen Spielen**, München 1995. *Ein Standardwerk und nach wie vor die beste deutschsprachige Einführung in den antiken Sport.*

- **Leslie Kurke: The Traffic in Praise: Pindar and the Poetics of Social Economy**, Ithaca/NY 1991. *Eine an soziologische Modelle angelehnte Interpretation der Epinikien als Austausch symbolischer Güter zwischen Dichter, Auftraggeber und Polis.*

- **Helmut Kyrieleis (Hg.): Olympia 1875–2000. 125 Jahre deutsche Ausgrabungen**, Mainz 2002. *Aufarbeitung der spannenden und wechselhaften Grabungsgeschichte Olympias. Exemplarisch können hier methodische Fragen und die politischen Implikationen archäologischer Großforschung studiert werden.*

- **Ulrich Sinn: Das antike Olympia. Götter, Spiel und Kunst**, München 2004. *Der langjährige Ausgräber in Olympia hat mit diesem Buch die Quintessenz seiner Forschungen vorgelegt. Es enthält einen Überblick über die Geschichte des Heiligtums und zahlreiche interessante Hypothesen zu Einzelfragen.*

4 Eine Polis im Aufbruch: Athen im 5. Jahrhundert v. Chr.

Abbildung 10: Schwarzfigurige Pelike: „Rededuell" zwischen Odysseus und Aias (ca. 500 v. Chr.)

Die neue politische Ordnung, die Athen ab dem späten 6. Jahrhundert v. Chr. entwickelte, lässt sich auch an einer neuen Darstellungsweise von Mythen in der Bildkunst ablesen, wofür die abgebildete schwarzfigurige Vase ein Beispiel ist. In einer Episode aus dem Troianischen Krieg beanspruchen Odysseus und Aias die Waffen des gefallenen Achilleus als prestigeträchtiges Ehrengeschenk; Odysseus setzt sich schließlich durch. Die Darstellung, entstanden um 500 v. Chr., also in der Frühphase der Demokratie, präsentiert den Mythos als Redewettkampf. Odysseus steht auf einem Rednerpodest (bema), wie es auch in der athenischen Volksversammlung verwandt wurde, Aias stützt sich auf eine Lanze und hört zu. Zwischen den beiden durch Beischriften bezeichneten Protagonisten sind die Waffen drapiert – der Gegenstand des Wettkampfes. Der Mythos ist hier visuell den politischen Abläufen im demokratischen Athen angenähert. Denn die Konzentration von Macht in der Volksversammlung führte dazu, dass die Bedeutung der Rede stieg. Wer im demokratischen Athen Einfluss ausüben wollte, musste in der Lage sein, das Volk mit Worten auf seine Seite zu bringen.

Athen ist im 5. Jahrhundert in vielerlei Hinsicht eine Polis im Aufbruch. Nie zuvor hatte es in Griechenland eine solch hohe Partizipation des Volkes an der Politik gegeben, nie zuvor hatte eine Polis eine vergleichbare Machtstellung aufgebaut. Hinzu kommt eine beispiellose Blüte in Kunst und Literatur, deren Einfluss bis heute nachwirkt. Vor diesem Hintergrund stellen sich folgende Fragen: Welches sind die grundlegenden Charakteristika der politischen Ordnung Athens? In welchem Zusammenhang stehen politische und kulturelle Entwicklungen? Welches Bild Athens wird in der Bildkunst und im Drama gezeichnet?

4.1 **Die politische Ordnung des demokratischen Athen**
4.2 **Die Polis am Tempel: Der Parthenon**
4.3 **Die Polis im Theater: Tragödie und Komödie**

4.1 Die politische Ordnung des demokratischen Athen

Bereits in archaischer Zeit gab es in den griechischen Poleis Volksversammlungen, in denen man über die Angelegenheiten der Gemeinschaft beriet, über Gesetze abstimmte und Amtsträger wählte. Das Volk war also auch in vordemokratischer Zeit am politischen Leben beteiligt. Die großen Weichenstellungen jedoch wurden in der Archaik in Auseinandersetzungen unter Aristokraten vollzogen, häufig in Form von blutigen Bürgerkriegen. Auch in Athen waren das 7. und 6. Jahrhundert v. Chr. von solchen Adelsfehden geprägt. Wie diese ausgingen, hing davon ab, wie zahlreich, mächtig und motiviert die Anhängerschaft der Kontrahenten war. Häufig waren die Freundschaftsbeziehungen zu Aristokraten anderer Poleis entscheidend – so intervenierte etwa Sparta verschiedene Male in den athenischen Bürgerkriegen.

Volksversammlungen in archaischer Zeit

Erst Ende des 6. Jahrhunderts v. Chr. begann sich die politische Ordnung Athens grundlegend von anderen Poleis zu unterscheiden. Kleisthenes, selbst ein mächtiger Aristokrat, führte Reformen durch, deren Kern eine politische Neugliederung bildete: Attika, das Territorium der Polis Athen, wurde in 30 Distrikte (Trittyen) eingeteilt, wobei jeweils zehn Distrikte auf die Stadt Athen, den Küstenstreifen und das Binnenland entfielen. Nun wurden je ein Stadt-, Küsten- und Landdistrikt zu insgesamt zehn Phylen zusammengefügt. Die Künstlichkeit der neuen Ordnung war gewollt: Regionale Interessen und traditionelle Bindungen sollten aus der Willensbildung in den Phylen möglichst ausgeschlossen sein. Diese bildeten fortan die wichtigsten politischen Gliederungseinheiten: Ratsherren und viele andere Amtsträger rekrutierten sich in gleicher Anzahl aus den Phylen, und auch die Mobilisierung des militärischen Aufgebotes erfolgte über sie.

Phylenreform des Kleisthenes

Die Intentionen des Kleisthenes können nicht geklärt werden, denn die gravierenden Konsequenzen seiner Reform konnte er kaum voraussehen. Die von ihm in Gang gesetzte Entwicklung führte innerhalb weniger Jahrzehnte zur Etablierung einer Ordnung, in der die politische Macht in den Händen der Volksversammlung lag. Die Grundlage der neuen Ordnung, die seit Mitte des 5. Jahrhunderts v. Chr. als Demokratie – wörtlich „Herrschaft des Volkes" – bezeichnet wurde, war die politische Gleichheit aller männlichen erwachsenen Vollbürger. Dabei wählte man nicht den Weg, politische Gleichheit durch eine Homogenisierung der Bürgerschaft hinsichtlich sozialer und ökonomischer Ressourcen anzustreben, sondern ließ die

Politische Gleichheit

gesellschaftliche Struktur unangetastet. Aus der Politik hingegen sollten Reichtum und Ansehen, so weit wie möglich, ausgeschlossen sein. Zu diesem Zweck wurden verschiedene Verfahren entwickelt bzw. verfeinert:

Los- und Wahlverfahren

- Erstens wurden Richter, Ratsherren sowie einige Amtsträger nicht durch Wahl, sondern durch das Los bestimmt. Denn nur dieses Verfahren gewährleistete eine breite Streuung auf alle sozialen Gruppen, während bei Wahlen die Aristokraten im Vorteil gewesen wären: Sie besaßen aufgrund ihrer familiären Abkunft bereits eine gewisse Bekanntheit und, da sie ökonomisch abkömmlich waren, auch die notwendige Zeit, um sich Popularität zu verschaffen. Die bedeutenden Ämter jedoch blieben nach wie vor der sozialen Elite vorbehalten: Das zehnköpfige Strategenkollegium, das für die Durchführung von Feldzügen zuständig war, sowie die Schatzmeister der wichtigsten Kassen wurden jährlich gewählt. Auf diesen Positionen traute man ausgelosten Amtsträgern offenbar nicht die notwendige Kompetenz zu und befürchtete schädliche Konsequenzen für die Polis.

Besoldung

- Zweitens führte man die Besoldung von Ratsherren und Richtern ein und ermöglichte damit auch den ärmsten Bürgern, diese Positionen zu besetzen. Zwar lag der Tagessatz nicht hoch, aber er reichte immerhin für den täglichen Unterhalt aus.

Grenzen der Bürgerschaft

Nur ein kleiner Teil der Bewohner Attikas, der politisch zu Athen gehörenden Landschaft, hatte politische Rechte: Frauen, Sklaven und Metöken waren kategorisch vom Besuch der Volksversammlung oder der Bekleidung von Ämtern ausgeschlossen. Und für Metöken – dieser Begriff bezeichnet ansässige Freie ohne athenisches Bürgerrecht – bestand kaum eine Möglichkeit, in die politische Gemeinschaft aufgenommen zu werden, selbst wenn sie jahrzehntelang in Athen lebten und für die Polis Kriegsdienst und finanzielle Unterstützung geleistet hatten. Während innerhalb der Bürgerschaft, die im 5. Jahrhundert ungefähr 35 000 Männer umfasste, nach weitgehender politischer Gleichheit gestrebt wurde, waren die Außengrenzen scharf gezogen. Allerdings hinderte der politische Ausschluss Metöken nicht daran, einen hohen gesellschaftlichen Status zu erlangen. Manche Metöken waren dem gemeinen Bürger ökonomisch weit überlegen und verkehrten in den Kreisen athenischer Aristokraten, und sie dokumentierten ihren Reichtum in prächtigen Grabmälern.

Volksversammlung

Volksversammlungen wurden mehrere Dutzend Male in einem Jahr abgehalten. In der Regel fanden sie auf der Pnyx statt, einer breiten Felskuppe, die mehreren Tausend Menschen Platz bot. In der

Volksversammlung, zu der jeder Bürger ab dem vollendeten 18. Lebensjahr Zugang hatte, wurden alle wichtigen Entscheidungen gefällt: Hier wurden Kriegserklärungen und Friedensverträge beschlossen, über die Ausgabe von Geldern bestimmt und Bauprojekte auf den Weg gebracht. In Anbetracht dieser Aufgabenfülle waren Verfahren notwendig, die eine schnelle Entscheidungsfindung garantierten. Zunächst einmal war es die Aufgabe des Rates, Beschlussvorlagen zu erstellen, die der Bürgerschaft vorgelegt wurden. Wenn niemand das Wort ergreifen wollte, kam es sofort zur Abstimmung und zur Annahme bzw. Ablehnung des Antrags. Es war jedoch möglich (und die Regel), dass zuvor Reden gegen und für den Antrag gehalten wurden, und es konnten auch während der Debatte Ergänzungen oder Änderungen der ursprünglichen Vorlage vorgeschlagen werden.

Der Rat setzte sich aus je 50 – durch Auslosung bestimmten – Männern pro Phyle zusammen, also aus insgesamt 500 Männern. Die Einberufung, Vorbereitung und Leitung der Volksversammlungen war seine wichtigste Aufgabe, daneben oblagen ihm die Kontrolle der Amtsträger und der Empfang auswärtiger Gesandtschaften. Er war damit das wichtigste Organ neben der Volksversammlung. Während an dieser vor allem diejenigen Bürger teilnehmen konnten, die in Athen oder in nahegelegenen Gebieten wohnten, war die Bürgerschaft im Rat gleichmäßig repräsentiert. In dieser Hinsicht erfüllte der Rat auch die Funktion, die stadtfernen Gebiete Attikas politisch zu integrieren. Das Ratsjahr war in zehn Abschnitte eingeteilt, pro Abschnitt führten die Mitglieder jeweils einer Phyle den Vorsitz.

<small>Rat der 500</small>

Das allgemeine Rederecht war ein zentrales Element der politischen Gleichheit, und prinzipiell durfte jeder Athener in der Volksversammlung das Wort ergreifen. Doch bei den meisten Bürgern blieb dieses Recht ungenutzt: Ohne rhetorische Bildung und eine gewisse Sachkenntnis konnten keine erfolgreichen Reden gehalten werden. Faktisch wurden die Debatten von sogenannten Demagogen dominiert, die der Gruppe der Wohlhabenden entstammten. Während der Begriff heute negativ konnotiert ist, konnte er im klassischen Athen auch neutral gebraucht werden. Die antiken Demagogen waren politische Experten, die regelmäßig vor der Volksversammlung das Wort ergriffen, um ihre politischen Vorstellungen durchzusetzen. Im 5. Jahrhundert wurden erfolgreiche Redner auch regelmäßig zu Strategen gewählt und waren als solche unter anderem für die Durchführung von Feldzügen zuständig. Indem sie die Volksversammlung mit Informationen versorgten und Entscheidungsalternativen formulierten, trugen sie dazu bei, die Diskussionen zu strukturie-

<small>‚Demagogen'</small>

ren. Jedoch beklagten bereits die Zeitgenossen, dass Demagogen die Volksversammlung manipulierten, um ihre eigene Machtstellung zu untermauern.

In der Tat übten die Demagogen einen großen Einfluss aus, und manche bestimmten über viele Jahre hinweg die athenische Politik. Dennoch wäre es verfehlt, sie als Herrscher oder Regierung zu bezeichnen. Denn zu einer Verfestigung von Macht, wie sie in diesen Begriffen impliziert ist, konnte es in Athen gar nicht kommen, da die Volksversammlung immer die Kontrolle behielt. Die Athener hatten die Möglichkeit, innerhalb kürzester Zeit einen Beschluss zu revidieren, sie konnten in einer Volksversammlung dem Antrag eines Demagogen zustimmen und in der folgenden dem Antrag seines Konkurrenten. Und selbst die Strategen als gewählte Amtsträger hatten eine prekäre Stellung: Sie besaßen keine Immunität vor Anklagen, und sie waren jederzeit abwählbar.

Fehlen einer „Regierung"

Ein Damoklesschwert für alle Demagogen war der Ostrakismos. Einmal im Jahr waren alle Athener dazu aufgerufen, auf eine Scherbe (*ostrakon*) den Namen desjenigen Bürgers zu ritzen, den sie am liebsten aus der Polis entfernt sähen. Wenn das notwendige Quorum von 6 000 Stimmen erreicht wurde, musste der am häufigsten genannte Bürger Athen für zehn Jahre verlassen. Bei Ausgrabungen in Athen sind insgesamt etwa 11 000 Scherben gefunden worden, die dem Ostrakismos zugeordnet werden können. Die Scherben beweisen zum einen eine starke Streuung der Stimmen auf viele Personen, zum anderen die Breite der Gründe, mit denen ein Athener den Unwillen seiner Mitbürger auf sich ziehen konnte. Zusätze zum Namen brandmarken etwa die Leidenschaft des Megakles für den Pferdesport und das angebliche Verhältnis Kimons mit seiner Halbschwester Elpinike (→ ABBILDUNG 11). Der Ostrakismos wurde zwischen 487 und 416 praktiziert, und mehrere bedeutende Demagogen fielen ihm zum Opfer.

Ostrakismos

Die Geschworenen wurden aus denjenigen athenischen Bürgern ausgelost, die sich am betreffenden Tag auf der Agora einfanden. Je nach Delikt wurde eine unterschiedliche Anzahl benötigt – beim Sokratesprozess von 399 v. Chr. beispielsweise saßen 501 Männer im Richterkollegium – und in der Regel fanden an einem Tag mehrere Prozesse statt. In einem komplizierten Verfahren wurden zunächst die Richter des betreffenden Tages ausgelost, anschließend wurden diese per Los auf die einzelnen Prozesse verteilt, und schließlich wurde noch ausgelost, welcher Richter auf welchem Platz zu sitzen habe. Es war den Athenern offenbar sehr wichtig, jede Form von Manipulation auszuschließen. Weit weniger Sorgfalt verwendete man dage-

Geschworenengerichte

Abbildung 11: Ostrakon gegen Kimon. Kerameikos (wahrscheinlich 471 v. Chr.) („Kimon, der Sohn des Miltiades, soll Elpinike nehmen und abhauen!")

gen auf die Wahrheitsfindung. Der Prozess bestand vor der Stimmabgabe lediglich aus einer Rede des Anklägers – Staatsanwälte gab es in Athen nicht – und einer Gegenrede des Angeklagten, das festgelegte Zeitlimit wurde mittels einer Wasseruhr kontrolliert. Zeugenaussagen wurden in die Reden integriert, eine Befragung durch die Richter fand jedoch nicht statt. Dieses Verfahren lässt sich dadurch erklären, dass vor Gericht nicht allein über das verhandelte Delikt geurteilt, sondern auch darüber abgestimmt wurde, ob es sich beim Angeklagten um einen guten Bürger handelte oder nicht.

Die moderne Demokratie hat ihren Namen von der athenischen übernommen, doch die Unterschiede sind gravierend. Die Idee der Gleichheit aller Menschen war den Athenern fremd, weshalb der radikale Ausschluss von Frauen, Sklaven und Metöken aus der politischen Entscheidungsfindung keinen Stein des Anstoßes darstellte. Auch das Ziel neuzeitlicher Verfassungsentwicklung, den einzelnen Bürger vor dem Zugriff durch die staatliche Gewalt zu schützen, lässt sich nicht auf Athen übertragen, denn hier war die Durchsetzung des Volkswillens wichtiger als es die individuellen Freiheitsrechte waren. Ebenso fehlte eine Gewaltenteilung: Da die Gerichte durch das Losverfahren ein repräsentatives Abbild der Bürgerschaft darstellen sollten, galten sie nicht als Gegengewicht zur Volksversammlung, sondern als alternative Erscheinungsform.

Antike und moderne Demokratie

Im Gegensatz zur modernen ging der antiken Demokratie keine theoretische Fundierung voraus; Reflexionen über die politische Ordnung fanden erst statt, als diese bereits bestand. In der überlieferten Literatur überwiegt die Kritik: Die politische Gleichberechtigung aller wurde als Unterdrückung der edlen gebildeten Menschen durch die rohe Masse aufgefasst, eine emotionsgesteuerte unvernünftige Politik als zwangsläufige Folge genannt. Doch diese Kritik darf nicht darüber hinwegtäuschen, dass sich die Demokratie in Athen als stabile und erfolgreiche Ordnung erwies.

Zeitgenössische Kritik

Aufbauend auf ihrem Anteil an der Abwehr der persischen Gefahr 490–479 v. Chr. betrieben die Athener eine Expansionspolitik, die sie bald zur führenden Macht im östlichen Mittelmeer machte. Der sogenannte Attisch-Delische Seebund, ursprünglich ein freiwilliger Zusammenschluss unter athenischer Führung, entwickelte sich rasch zu einem Herrschaftssystem Athens, aus dem ein Austritt nicht mehr möglich war. Damit war die Polis Athen unumstrittene Herrscherin der Ägäis und sah sich zu weit ausgreifenden Expeditionszügen in der Lage, die bis nach Zypern, ins Schwarze Meer, nach Ägypten und Sizilien führten. Athen erreichte damit eine Machtstellung, wie sie nie zuvor oder danach eine griechische Polis besaß.

Der Attisch-Delische Seebund

Dieser Aufstieg Athens wurde von Sparta, der traditionellen Vormacht Griechenlands, mit zunehmendem Misstrauen wahrgenommen. Es bildete sich ein Dualismus zwischen Sparta als der stärksten Landmacht, die einen großen Teil der Peloponnes dominierte, und Athen als der weitaus stärksten Flottenmacht heraus. Diese Asymmetrie führte dazu, dass die Kriege zwischen Athen und Sparta besonders langwierig waren, weil lange Zeit keine Seite in der Lage war, den Gegner auf dessen Domäne zu gefährden. In der als „Peloponnesischer Krieg" bezeichneten Kette von Auseinandersetzungen in den Jahren 431–404 v. Chr. nahte erst dann eine Entscheidung, als Athen eine große Flotte in Sizilien verloren hatte und die Spartaner durch persische Geldzahlungen in der Lage waren, ihrerseits einen Seekrieg auf Augenhöhe mit Athen zu führen. Nach wechselhaftem Kriegsverlauf musste Athen kapitulieren und ein von den Spartanern gestütztes Regime zulassen. Allerdings gewann Athen durch innergriechischen Widerstand gegen Sparta schon bald Handlungsspielraum zurück und führte wieder eine demokratische Ordnung ein, die in den kommenden Jahrzehnten eine bemerkenswerte Stabilität bewies.

„Peloponnesischer Krieg"

4.2 Die Polis am Tempel: Der Parthenon

Die Akropolis, ein markantes Felsplateau und schon in archaischer Zeit das kultische Zentrum Athens, blieb nach den Zerstörungen durch die Perser 480 und 479 v. Chr. für mehrere Jahrzehnte eine Ruinenlandschaft. Erst in der Jahrhundertmitte begann eine umfassende Neugestaltung, die den Bau eines monumentalen Eingangsbereiches (Propyläen) und mehrerer großer Tempel einschloss. Diese Bauprojekte unterlagen der Zustimmung und der Kontrolle durch die Bürgerschaft. Der Beschluss wurde von der Volksversammlung nach einer kontrovers geführten Debatte gefasst: Manche opponierten gegen den Plan, Gelder der Seebundskasse für die Bauten zu verwenden, doch die Befürworter setzten sich schließlich durch. Die Abrechnung der Baukosten stand unter öffentlicher Kontrolle: Die Verwalter der Kassen mussten beim jährlichen Wechsel einen genauen Bericht abliefern, der in Stein gemeißelt und aufgestellt wurde. Diese Inschriften sind teilweise erhalten und liefern einen guten Einblick in die einzelnen Arbeitsschritte; sie befinden sich heute im Epigraphischen Museum in Athen.

<small>Bauprogramm auf der Akropolis</small>

So überliefern die Inschriften auch die Bauzeit des Parthenon: In nur 15 Jahren, von 447–432 v. Chr., entstand dieser gewaltige Marmortempel, der vielen als Höhepunkt griechischer Architektur gilt. Geweiht war er der Athena Parthenos, der „Jungfrau Athena", im Typus entspricht er dem *Peripteros*, einem Tempel mit rechteckigem Hauptraum (*Cella*) und umlaufendem Säulengang (*Peristasis*). Im rückwärtigen Raum der Cella wurde ein Teil der Kasse des Attisch-Delischen Seebundes aufbewahrt; dies und der Umstand, dass vor dem Parthenon der sonst übliche Altar fehlte, hat einige Wissenschaftler zu der Auffassung gebracht, es handele sich gar nicht um einen Tempel, sondern um ein Schatzhaus (vgl. Schneider/Höcker 1990, S. 121–186). Allerdings wurde die Statue der Athena im Parthenon als Kultbild verehrt, und die Vorgängerbauten waren eindeutig Tempel, sodass man auch dem Parthenon eine religiöse Funktion zuschreiben sollte.

<small>Parthenon: Tempel oder Schatzhaus?</small>

Die gekonnte Proportionierung des Baus durch den Architekten und die millimetergenaue Anfertigung der einzelnen Marmorblöcke haben große Bewunderung auf sich gezogen. Im Zusammenhang mit der politischen Ordnung ist vor allem der Skulpturenschmuck von Bedeutung, denn Themenwahl und Bildsprache geben über das Selbstverständnis der athenischen Bürgerschaft Aufschluss. Die Giebelskulpturen sind schlecht erhalten, doch Pausanias, ein Reiseschriftsteller des 2. nachchristlichen Jahrhunderts, überliefert deren Thema-

<small>Skulpturenschmuck</small>

tik (Pausanias, *Beschreibung Griechenlands* 1, 24, 5): Im Osten war die Geburt der Athena aus dem Kopf des Zeus dargestellt, im Westen der Wettstreit zwischen Athena und Poseidon um Athen. Diese Motive zeigen die besondere Verbundenheit der Götterwelt mit Athen: Wenn sich sogar Götter darum streiten, wer Schutzherr Athens sein darf, muss die Bedeutung dieser Polis wahrlich groß sein!

Metopen

Die fast rundplastisch ausgearbeiteten Metopen – an der Außenseite des Tempels oberhalb der Säulenstellung angebracht – zeigen Kampfszenen: zwischen Griechen und Amazonen im Westen, zwischen Griechen und Troianern im Norden, zwischen Göttern und Giganten im Osten und zwischen Lapithen und Kentauren im Süden. Inhaltlich werden diese Themen dadurch verklammert, dass auf allen Seiten der Sieg über das Rohe, Wilde, Barbarische dargestellt wird. Die Amazonen, Furcht einflößende Kriegerinnen des Mythos, galten gleichermaßen als Gefährdung der gesellschaftlichen Ordnung wie als bedrohliche Feinde aus dem Osten, der Troianische Krieg wurde im 5. Jahrhundert v. Chr. als Vorgänger der Perserkriege aufgefasst. Die Giganten, erdverbundene Vorgänger der Olympischen Götter um Zeus, sowie die Kentauren, Mischwesen aus Pferd und Mensch, symbolisierten die Gefahr der Zivilisation durch urtümliche Kräfte. Die Athener betrachteten sich seit den Perserkriegen als Vorkämpfer der Griechen gegen die Barbaren und damit als Speerspitze der zivilisierten Welt – in den Metopen findet dieses Selbstverständnis bildlichen Ausdruck.

Der Fries

Der an der Cellawand umlaufende Figurenfries zeichnet sich aus stilistischer Sicht durch eine auffällige Tiefenwirkung aus, die trotz einer Reliefhöhe von nur 5 cm erreicht wird. Dargestellt ist eine Prozession, wahrscheinlich die alle vier Jahre bei den Großen Panathenäen stattfindende Gewandübergabe an die Göttin Athena. An diesem kultischen Ereignis nahm die gesamte Polis Anteil, und auf dem Fries ist das Ziel erkennbar, unterschiedliche Gruppen der Bevölkerung abzubilden: Zu sehen sind Alte und Junge, Männer und Frauen, Reiter und Leute zu Fuß. Auch die Namen gebenden Heroen der zehn Phylen sind zu sehen, und selbst die Götter sind integriert: Sie schauen sitzend der Prozession zu, zwar durch ihre Größe hervorgehoben, nicht aber von dem menschlichen Geschehen getrennt (→ ABBILDUNG 12).

Das harmonische Miteinander auf dem Fries ergänzt die Botschaft der Metopen: Während diese auf die Wehrhaftigkeit der Polis anspielen, wird Athen hier als friedliche Festgemeinschaft dargestellt, die ihre Pflichten gegenüber den Göttern gewissenhaft erfüllt und in der alle ihren Platz haben.

DIE POLIS IM THEATER: TRAGÖDIE UND KOMÖDIE

Abbildung 12: Parthenonfries (447–432 v. Chr.), Ostfries, Ausschnitt: Poseidon, Apollon, Artemis

Somit spricht der Skulpturenschmuck des Parthenon verschiedene Facetten des athenischen Selbstverständnisses an. Als Ganzes ist der große, weithin sichtbare Bau aber vor allem ein Repräsentationsbau. Wie die archaischen Aristokraten durch die Zurschaustellung von Reichtümern ihren persönlichen Status untermauerten, so sollte der Parthenon den Reichtum und die Macht Athens demonstrieren. Die Polis knüpfte als Kollektiv an die Verhaltensweisen der Aristokraten an.

Repräsentationsbau

4.3 Die Polis im Theater: Tragödie und Komödie

Eine große Blüte erlebte im klassischen Athen auch die dramatische Produktion. Die Wertschätzung, welche die Tragödien von Aischylos, Sophokles und Euripides sowie die Komödien von Aristophanes bis heute genießen, unterstreicht die literarische Qualität dieser Werke. Gleichzeitig waren diese aber fest im Leben der Polis verankert. Dies betrifft zum einen den Aufführungskontext: Sowohl Tragödien als auch Komödien wurden im Rahmen von Götterfesten auf die Bühne gebracht; sie waren als Wettkampf organisiert, sodass die Dichter den Befindlichkeiten des Publikums Rechnung tragen mussten. Zum andern bezogen sie sich auch inhaltlich auf die Polis und ihre spezifische Ordnung. Denn die Einrichtung der Demokratie hatte in Verbindung mit der Expansion Athens den einfachen Bürger mit einer vorher unvorstellbar großen Macht ausgestattet – die athenische Volksversammlung betrieb Weltpolitik! Dies führte zu einem Anstieg des Selbstbewusstseins, aber ebenso zu Zweifeln und Ängsten in Anbetracht der eigenen Größe. Die Dramen gaben hier Orientierungshilfen, sie halfen beim Aufbau einer „mentalen Infrastruktur" (Meier 1988, S. 9).

Mentale Infrastruktur

Der Bürger Athens, der die Aufführungen besuchte, erhielt im Theater zwar keine konkreten Ratschläge und Lösungen, wohl aber Reflexionen über Kernfragen der athenischen Politik, etwa über die Rechtfertigung und die Schrecken von Kriegen, über die Spannung zwischen individueller Ehre und Gemeinwohl. In der *Antigone* (etwa 440 v. Chr.) des Sophokles etwa entspinnt sich der Konflikt zwischen der Titelheldin, die auf der Grundlage religiöser Vorschriften und Schwesterliebe gegen die Gesetze verstößt, und Kreon, der als Vertreter der Polisgesetze gezeichnet ist, diese aber so verabsolutiert und rigoros durchsetzt, dass er auch tyrannische Züge trägt.

Politische Reflexion in der Tragödie

In Euripides' *Hiketiden* (420er-Jahre v. Chr.) lobt Theseus die Demokratie und hebt ihre Überlegenheit gegenüber einer Alleinherrschaft hervor:

Euripides: Hiketiden

„Geschriebnes Recht verleiht denselben Rang
An Arm und Reich, und der geringre Mann
Besiegt den großen mit dem bessren Recht.
Wie frei ist doch der Aufruf: ‚Wer will hier
Mit gutem Rate dienen seiner Stadt?'
Wer will, tut sich hervor, der andre schweigt.
Wo gibt's in einem Staate gleich'res Recht?
Und wo das Volk im Land das Steuer führt,
Da freut es sich des jungen Bürgertums.
Der Zwingherr sieht im Jungen seinen Feind
Und tötet Edle eignen starken Sinns,
Weil er Gefahr für seine Herrschaft sieht."
(Euripides, *Hiketiden*, V. 433–446):

Bei allen Konflikten und Katastrophen, welche die attische Tragödie auf die Bühne brachte, blieb dennoch Raum für die Beschwörung der Errungenschaften Athens.

Politischer Bezug in der Komödie

In der Komödie, zumindest in der sogenannten Alten Komödie des 5. und frühen 4. Jahrhunderts v. Chr., ist der politische Bezug noch konkreter als in der Tragödie. Die Komödie ist geprägt vom *onomasti komodein*, vom namentlichen Verspotten stadtbekannter Personen. Zwar steht in Aristophanes' *Wolken* (423 v. Chr.) Sokrates im Fadenkreuz des komischen Spottes, in der Regel aber wurden auf der Bühne Politiker karikiert.

Auch das Volk selbst war vom Spott nicht ausgenommen: Die *Ritter* (424 v. Chr.), ebenfalls von Aristophanes, handeln von einem Wettstreit von Sklaven um die Gunst ihres Herrn:

> „Wir haben einen Herrn,
> Heißblütig, toll, auf Bohnen sehr erpicht,
> Ein brummig alter Kauz, ein bisschen taub:
> Herr Demos von der Pnyx. – Am letzten Neumond
> Kauft' er sich einen paphlagon'schen Sklaven,
> 'nen Gerberburschen; ein durchtriebner Gauner!
> Der merkt' sich gleich des Alten schwache Seiten –
> Der Hund von einem paphlagon'schen Gerber! –,
> Duckt sich vor ihm, mit Leckchen, Schwänzeln, Schmeicheln
> Und Lederstückchen fängt er ihn und spricht:
> ‚Geh baden, Demos, wohl verdient als Richter
> Hast du drei Obolen! Schwelge! Schlürfe!
> Soll ich servieren?'"
> (Aristophanes, *Ritter*, V. 40–52)

Der Name Demos (= „Volk"), die Nennung der Pnyx, also der Felskuppe, auf der die Volksversammlungen in der Regel stattfanden, und die Erwähnung des Richtersoldes machen unzweifelhaft deutlich, dass hier das Volk von Athen gemeint ist. Hinter dem Gerberburschen ist unschwer der Demagoge Kleon zu erkennen, der eine Gerberei besaß, und auch die anderen Sklaven lassen sich mit Demagogen identifizieren. In der Folge der Komödie überbieten sich die Demagogen mit Schmeichelei und Eilfertigkeit gegenüber dem Demos, wobei Spott vor allem über Kleon ausgegossen wird.

Dass der Dichter die Zuschauer auffordern wollte, Kleon nicht mehr ihr Vertrauen zu schenken, ist indes unwahrscheinlich, und wenn dies das Ziel war, dann wurde es verfehlt: Die *Ritter* hatten einen großen Erfolg, zumindest sprachen die Athener dem Stück den ersten Preis zu; doch nur kurze Zeit später wählten sie Kleon wieder zum Strategen. Dennoch hatte auch die Komödie eine politische Funktion: Sie brachte Themen, die in der Volksversammlung verhandelt wurden, in komischer Übersteigerung auf die Bühne und schärfte auf diese Weise das Bewusstsein für Chancen und Risiken demokratischer Entscheidungsfindung.

Fragen und Anregungen

- Nennen Sie die wichtigsten Unterschiede zwischen antiker und moderner Demokratie.
- Durch welche Instrumente versuchten die Athener, die politische Gleichheit aller Bürger zu erreichen?
- Beschreiben Sie den politischen Gehalt der Parthenonskulpturen.
- Inwiefern sind attische Tragödie und Komödie politische Gattungen?

Lektüreempfehlungen

Quellen
- **Aischylos: Tragödien**, übersetzt von Oskar Werner, herausgegeben von Bernhard Zimmermann [gr./dt.], München 1959, 5. überarbeitete Auflage Darmstadt 1996.

- **Aristophanes: Komödien**, nach der Übersetzung von Ludwig Seeger herausgegeben und mit einer Einleitung versehen von Hans-Joachim Newiger [dt.], München 1990.

- **Euripides: Ausgewählte Tragödien**, übersetzt von Ernst Buschor, herausgegeben von Bernhard Zimmermann [gr./dt.], 2 Bände, Darmstadt 1996.

- **Sophokles: Tragödien**, übersetzt von Wolfgang Schadewaldt, herausgegeben und mit einer Einleitung versehen von Bernhard Zimmermann [gr./dt.], Zürich/Stuttgart 1968, 2. Auflage Düsseldorf/Zürich 2002.

- **Thukydides: Der Peloponnesische Krieg**, übersetzt und mit einer Einführung und Erläuterungen versehen von Georg Peter Landmann [gr./dt.], München 1991.

Forschung
- **Jochen Bleicken: Die athenische Demokratie**, Paderborn u. a. 1985, 4., völlig überarbeitete und wesentlich erweiterte Auflage 1995. *Hervorragende Einführung in die politische Ordnung Athens, gleichermaßen zur systematischen Lektüre wie als Nachschlagewerk geeignet.*

- **Deborah Boedeker/Kurt Raaflaub (Hg.): Democracy, Empire, and the Arts in Fifth-Century Athens**, Cambridge/Mass. 1998.

Sammelwerk mit zahlreichen guten Aufsätzen zur Frage der Verflechtung von politischer und kultureller Entwicklung.

- **Christian Meier: Die politische Kunst der griechischen Tragödie,** München 1988. *Anspruchsvoller Versuch, die überlieferten Tragödien vor dem politischen Hintergrund der athenischen Demokratie zu interpretieren. Insbesondere die Deutung von Aischylos' „Eumeniden" hat eine heftige Debatte ausgelöst.*

- **Jenifer Neils: The Parthenon Frieze,** Cambridge 2001. *Beschreibung, Dokumentation und Interpretation der erhaltenen Partien des Parthenonfrieses.*

- **Karl-Wilhelm Welwei: Das klassische Athen: Demokratie und Machtpolitik im 5. und 4. Jahrhundert,** Darmstadt 1999. *Fundierte Darstellung mit einer gründlichen Aufarbeitung der Forschungsprobleme.*

- **Bernhard Zimmermann: Die griechische Komödie,** Frankfurt a. M. 2006. *Beste neuere Überblicksdarstellung zur Komödie. Der Aufführungskontext, der literarische Charakter sowie der gesellschaftliche Hintergrund werden gleichermaßen knapp und prägnant erläutert.*

5 Alexander der Große und sein Nachleben

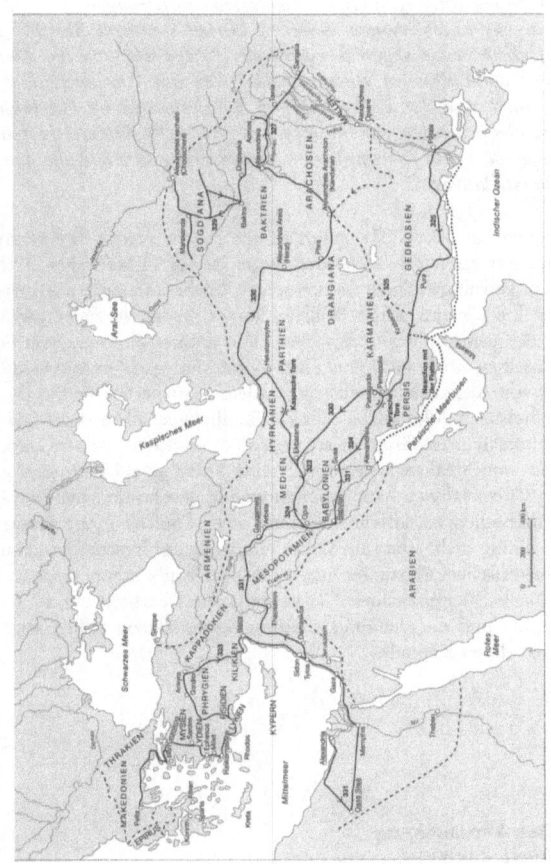

Abbildung 13: Die Feldzüge Alexanders des Großen (336–323 v. Chr.)

Als der Makedonenkönig Alexander im Frühjahr 334 v. Chr. mit ca. 40 000 makedonischen und griechischen Soldaten den Hellespont überschritt, ahnte wohl niemand, welche Dimensionen dieser Zug annehmen sollte. Zu Beginn wurde er als Rachekrieg gegen die Perser für deren Angriff auf Griechenland 480/79 v. Chr. deklariert, doch einige Jahre später ging es um die Weltherrschaft und die Bewältigung immer neuer Herausforderungen. Die in der Heimat zurückgebliebenen Griechen hörten staunend Berichte von mehrfachen Siegen gegen das persische Reichsheer, von der Durchquerung der Libyschen Wüste auf dem Weg zum Ammonsorakel der Oase Siwa, von der Eroberung von Bergfestungen im Hindukusch und schließlich sogar vom Kampf gegen indische Kriegselefanten im Indusgebiet (heute Pakistan). Der Alexanderzug sprengte alle damaligen Vorstellungen.

Alexander hat bei den Zeitgenossen wie bei der Nachwelt eine große Faszination ausgelöst, nicht nur wegen seiner militärischen Erfolge und der gewaltigen Dimensionen seines Reiches, sondern auch wegen seiner Energie und seines Willens, immer weiter vorzudringen und neue Herausforderungen zu suchen. Von antiken Autoren, von Filmproduzenten, aber auch von Historikern sind ganz unterschiedliche Bilder von Alexander entwickelt worden: Manche kritisierten ihn als pathologischen Alkoholiker, dessen Handlungen allein durch ständige Trunkenheit erklärbar seien (vgl. O'Brien 1992), andere verklärten ihn zum Idealisten, der durch seine Feldzüge ein kulturübergreifendes Universalreich habe schaffen wollen, um brüderliche Eintracht aller Menschen zu stiften (vgl. Tarn 1948). Solche Interpretationen sagen häufig mehr über die Vorstellungswelt der Interpreten als über den historischen Alexander aus, sind jedoch alle schon in den antiken Quellen vorgezeichnet. Die komplizierte Überlieferung zu König Alexander und die vielfältige Deutung seiner Person stehen im Mittelpunkt dieses Kapitels.

5.1 **Der Alexanderzug**
5.2 **Alexanderbilder in der Literatur**
5.3 **Alexanderbilder in der Münzprägung**

5.1 Der Alexanderzug

Das Königreich Makedonien war lange Zeit nur eine Randerscheinung der griechischen Geschichte gewesen. Die geringe Autorität des Königs gegenüber den Führern einzelner Clans verhinderte eine schlagkräftige Politik, auf kultureller Ebene wurden die Makedonen von vielen Griechen als Barbaren, bestenfalls als rückständig betrachtet. Unter König Philipp II. (360–336 v. Chr.) jedoch kam es zu einem rasanten Aufstieg: Dieser stärkte die Zentralgewalt des Königs, reorganisierte das Heer und dehnte seine Macht stetig aus. 338 v. Chr. besiegte er ein griechisches Aufgebot unter Führung Athens und Thebens bei Chaironeia und sicherte damit die makedonische Dominanz über Griechenland.

Aufstieg Makedoniens

Philipp II. wollte nicht als Unterdrücker der Griechen, sondern vielmehr als Schöpfer panhellenischer Einheit angesehen werden: Deshalb rief er alle Griechen des Mutterlandes dazu auf, ihre Streitigkeiten beizulegen und sich an einem Bündnis unter Führung Makedoniens zu beteiligen (Korinthischer Bund, 337 v. Chr.). Nach seiner Konstituierung erklärte der Bund auf Initiative Philipps dem Perserkönig den Krieg. Philipp knüpfte dabei an die – in Griechenland bereits seit langem diskutierte – Vorstellung an, ein Krieg gegen die Perser würde helfen, die politische Fragmentierung Griechenlands zu überwinden und das militärische Potenzial der Poleis gegen einen äußeren Feind anstatt gegeneinander zu richten. Als offizieller Kriegsgrund wurde Vergeltung für den persischen Angriff 480/79 v. Chr. genannt. Philipp hatte schon alle Vorbereitungen für ein Übersetzen nach Asien getroffen, als er ermordet wurde (336 v. Chr.).

Idee des Perserkrieges

Sein Sohn Alexander musste sich zunächst gegen Thronrivalen durchsetzen und Aufstände in seinem Herrschaftsbereich niederschlagen, ehe er die Idee eines Perserkrieges wieder aufnehmen konnte. 334 v. Chr. schließlich versammelte er das Aufgebot der Makedonen und des Korinthischen Bundes und landete in Asien. Sicherlich rechneten weder er noch seine Gefolgsleute damit, dass der Zug mit der Eroberung des gesamten Perserreiches enden würde; aber von Beginn an wurde großer Wert auf symbolische Akte gelegt, welche die besondere Bedeutung der Ereignisse unterstreichen sollten. So war der erste Ort, den das Heer in Kleinasien aufsuchte, das antike Ilion, nach der Vorstellung der Griechen der Schauplatz von Homers *Ilias*. Damit stellte Alexander seinen Feldzug in die Tradition des heroischen Kampfes eines gesamtgriechischen Aufgebots gegen eine Macht in Asien.

Herrschaftsantritt Alexanders

In den folgenden Jahren eilte Alexander von Sieg zu Sieg: Zunächst bezwang er ein Heer des persischen Satrapen (Statthalters) in Kleinasien (334 v. Chr. am Granikos). In den folgenden Jahren besiegte er den Perserkönig Dareios III. in zwei großen Feldschlachten (333 v. Chr. bei Issos, 331 v. Chr. bei Gaugamela), dazwischen hatte er sich in Ägypten als neuer Pharao bestätigen lassen. Kurz nach der Schlacht von Gaugamela wurde Dareios von seinen Gefolgsleuten ermordet, und damit nahm der Alexanderzug eine Wendung: Der Rachefeldzug wurde offiziell beendet und die Kontingente der griechischen Poleis in ihre Heimat entlassen; nun kämpfte Alexander nicht mehr *gegen* den Perserkönig, sondern als Nachfolger des Dareios und legitimer neuer Perserkönig. Diesen Anspruch brachte er unter anderem dadurch zum Ausdruck, dass er Dareios' Mörder verfolgen und hinrichten ließ; außerdem orientierte er sich in der Organisation der Verwaltung an persischen Traditionen und beließ viele Amtsträger auf ihren Positionen.

In den Jahren nach Dareios' Ermordung kam es nach Aussage der Quellen zu scharfen Konflikten zwischen Alexander und den makedonischen Adeligen in seinem Umfeld. Möglicherweise hatten manche von diesen gehofft, nach dem endgültigen Sieg über die Perser in ihre Heimat zurückkehren zu können, vor allem aber bildete die Hinwendung Alexanders zu persischen Traditionen, beispielsweise die Aufnahme von Elementen des persischen Königsornats in seine Kleidung, einen Stein des Anstoßes. Durch die Heranziehung von Orientalen in seine nähere Umgebung fühlten sich alte Weggefährten zurückgesetzt; das persische Hofzeremoniell, das Alexander einzuführen versuchte, widersprach der makedonischen Vorstellung, dass der König als Mächtigster unter Kameraden zu betrachten sei, nicht jedoch als übergeordneter Herrscher, der die anderen Adeligen wie seine Untergebenen behandelt. Es kam zu mehreren Verschwörungen gegen das Leben des Königs und zu hitzigen Streitigkeiten bei den traditionellen makedonischen Trinkgelagen: Einige von Alexanders engsten Vertrauten verloren zwischen 330 und 328 v. Chr. ihr Leben.

Die Konflikte am Hof und der Verlust erfahrener Generäle beeinträchtigten in der Folge die Schlagkraft des Heeres. Der Zug gegen Fürsten im Indusgebiet war, trotz eines prestigeträchtigen Sieges über ein mit Kriegselefanten versehenen Heeres (326 v. Chr.), von zahlreichen Fehlschlägen begleitet, und am Ende verweigerte sogar das Heer den Weitermarsch – Alexander musste den Rückzug antreten. In Persien und Mesopotamien setzte er seine Politik fort, Hof und Heer zu neuen, aus makedonischen und iranischen Elementen gemischten Einheiten zu formen, die ganz auf seine Person eingeschworen waren. Zu diesem Zweck heiratete er zwei Frauen aus der Dynastie der Achämeniden, dem persischen Königshaus, und ließ auch seine Gefolgsleute adelige Iranerinnen heiraten. Außerdem legitimierte er die Verbindungen, die etwa 10 000 seiner Soldaten mit einheimischen Frauen eingegangen waren.

Diese Maßnahmen sind kein Ausdruck einer generellen „Verschmelzungspolitik", sondern nehmen Rücksicht auf die Tatsache, dass die Makedonen im neuen Riesenreich nur eine kleine Minderheit bildeten und deshalb die Herrschaft nicht alleine tragen konnten. Auch die Folgerung, Alexander sei es von Beginn seines Feldzuges an darum gegangen, die Nachfolge der Perserkönige anzutreten – er sei also nicht der Zerstörer des Reiches der Achämeniden, sondern selbst der letzte Achämenide (vgl. Briant 1991) –, ist nicht überzeugend. Vielmehr bediente er sich unterschiedlicher Traditionen, um sein neuartiges, höchst heterogenes Reich zusammenzuhalten, er ordnete sich diesen Traditionen jedoch nicht unter (vgl. Wiemer 2007).

_{Alexander – Der letzte Achämenide?}

Alexander starb 323 v. Chr. im Alter von nur 32 Jahren, mitten in den Vorbereitungen für einen erneuten Feldzug, diesmal gegen arabische Stämme. Ob das riesige, durch weitere Kriege eventuell noch weiter ausgedehnte Reich hätte Bestand haben können, wenn er länger gelebt hätte, bleibt offen – nach seinem Tod brach es sofort auseinander. Seine Generäle kämpften in den sogenannten Diadochenkämpfen darum, seine Nachfolge anzutreten bzw. einen möglichst großen Teil des Reiches für sich zu gewinnen; nach jahrzehntelangen Kriegen bildeten sich schließlich drei große Königreiche heraus: Der größte Teil von Alexanders Reich in Asien fiel an die Dynastie der Seleukiden, Ägypten an die Ptolemäer und Makedonien an die Antigoniden. Diese drei Reiche waren bis zum Auftreten der Römer die bestimmenden Mächte im östlichen Mittelmeer und Vorderen Orient.

_{Diadochenkämpfe}

Der Alexanderzug markiert einen Epochenwechsel: Die Eroberung des Perserreiches bedeutete eine Expansion der griechischen Kultur; Alexander selbst und die ihm nachfolgenden Könige gründeten zahlreiche Poleis und verbreiteten damit diese Form politischer Organisation über weite Teile Asiens. Der Begriff „Hellenismus" wurde von Johann Gustav Droysen (1808–1884) geprägt, um die Verschmelzung von griechischem und orientalischem Kulturgut zum Ausdruck zu bringen. Inzwischen ist man von der Vorstellung einer uniformen hellenistischen Kultur abgerückt und betont nun den Facettenreichtum, regionale Varianzen und die Kontinuität einheimischer Traditionen (vgl. Bichler 1983). Als Epochenbezeichnung für die Zeit von

_{Hellenismus: Epochenbegriff}

Alexander dem Großen bis zur römischen Eroberung des östlichen Mittelmeerraums hat sich der Begriff „Hellenismus" aber durchgesetzt.

Alexanders Persönlichkeit

Bei der Beurteilung Alexanders sahen sich Zeitgenossen wie Nachwelt durch die Verschiedenartigkeit seiner Handlungen irritiert. Auf der einen Seite scheinen viele militärische und politische Handlungen Alexanders auf der Grundlage klarer, rationaler Planung erfolgt zu sein, wie z. B. die exemplarische grausame Bestrafung von Widerstand. Auf der anderen Seite stehen Aktionen, die auf heutige Betrachter eher irrational wirken, beispielsweise der Indienzug, der nach Alexanders Wunsch bis ans Ende der Welt hätte führen sollen. Hinzu kommt ein exzessives Ausleben von Emotionen, z. B. äußerster Jähzorn oder tiefste, ostentativ zur Schau gestellte Trauer, was zu zahlreichen psychologischen Deutungen Anlass gegeben hat. Ein solches Verhalten könnte aber auch aus der griechisch-makedonischen Normenwelt heraus erklärt werden. Angesichts dieses Facettenreichtums nimmt es nicht wunder, dass jede Epoche, jede Kultur, jeder Autor ein ganz eigenes Bild von der Persönlichkeit Alexanders zeichnete.

5.2 Alexanderbilder in der Literatur

Von Anfang an bemühte sich Alexander darum, dass seine Taten ins rechte Licht gerückt wurden. Er beauftragte den Geschichtsschreiber Kallisthenes, der schon unter Philipp II. am makedonischen Hof tätig gewesen war, ihn auf seinen Feldzügen zu begleiten und den Zeitgenossen wie der Nachwelt von seinen ruhmvollen Taten zu berichten. Auch andere Teilnehmer verfassten Schriften über den Alexanderzug (für

Überlieferung

einen systematischen Überblick vgl. Wiemer 2005, S. 27ff.), doch keines dieser zeitgenössischen Werke ist bis heute überliefert. Die erhaltenen Berichte über den Alexanderzug sind erst viele Jahrhunderte später verfasst worden: Diodor schrieb im 1. Jahrhundert v. Chr., Curtius Rufus im 1. nachchristlichen Jahrhundert, Plutarch um 100 n. Chr., Arrian ab etwa 120 n. Chr. Sie alle stützten sich – aus erster oder zweiter Hand – auf die erwähnten Berichte von Feldzugsteilnehmern, doch weichen ihre Darstellungen der Ereignisse häufig stark voneinander ab.

Die großen Differenzen sind auch darauf zurückzuführen, dass die Feldzugsteilnehmer mit ihren Berichten bestimmte Ziele verfolgten. Kallisthenes verfasste gleichsam den offiziellen Bericht und verherrlichte die Person Alexanders, andere Autoren, vor allem die nach Alexanders Tod um dessen Nachfolge kämpfenden Generäle, strebten danach, die eigenen Leistungen und ihre Nähe zu Alexander hervorzuheben, um ihre jeweiligen Ansprüche zu legitimieren. Und auch die erhaltenen Autoren verfolgten bestimmte Darstellungsabsichten. Nach Curtius Rufus ist Alexander durch seine zahlreichen militärischen Erfolge korrumpiert worden und hat sich zunehmend zum Despoten entwickelt – eine solche Dekadenztheorie war für Curtius Rufus' römische Leserschaft höchst plausibel   . Arrian hingegen wollte für Alexander das sein, was Homer für Achilleus gewesen war, d. h. großartige Taten rühmen und für die Nachwelt bewahren.

Darstellungs-
absichten

Ein weiteres methodisches Problem der Forschung zu Alexander dem Großen besteht darin, dass die Kriterien, nach denen die Alexanderhistoriker einer überlieferten Version – und nicht einer anderen – folgten, nicht überzeugen können: Arrian (um 90 – ca. 160) gibt über seine Methode im Vorwort seines Werkes Auskunft:

Arrians Methode

„Ptolemaios, der Sohn des Lagos, und Aristobulos, der Sohn des Aristobulos, haben die Geschichte Alexanders des Großen geschrieben. Das, was sie beide übereinstimmend aufgezeichnet haben, gebe ich in meiner Darstellung als vollkommen wahrheitsgetreu wieder; wo sie sich jedoch unterscheiden, habe ich jeweils das ausgesucht, was mir als glaubwürdiger erschien und zugleich auch in höherem Maße der Überlieferung wert. Tatsächlich hat eine Menge Leute über Alexander Widersprüchliches aufgezeichnet [...] Indes scheinen mir Ptolemaios und Aristobulos in ihren Darstellungen glaubwürdiger als die anderen, der eine, Aristobulos, weil er an der Seite seines Königs Alexander den ganzen Feldzug mitmachte, der andere, Ptolemaios, weil es zusätzlich dazu, dass er Teilnehmer des Zuges war, für ihn als König größere Schande als für jeden anderen bedeuten musste, zu lügen [...] Einiges gibt es auch in anderen Quellen, das mir ebenfalls der Erwähnung wert und keineswegs als ganz unglaubwürdig erschien. Dies jedoch habe ich lediglich als Berichte über Alexander mit aufgenommen."

(Arrian, *Der Alexanderzug*, Prooemium)

Arrian billigt also nur zwei Autoren Glaubwürdigkeit zu. Er benutzt zwar auch andere Berichte, kennzeichnet diese aber ausdrücklich, um ihre geringere Verlässlichkeit zu markieren. Das Kriterium der persönlichen Teilnahme an den Ereignissen reicht für Historiker der Moderne zur Bestimmung der Glaubwürdigkeit von Autoren nicht aus. Die Möglichkeit einer interessengesteuerten verfälschten Darstellung von Ereignissen zieht Arrian zwar in Betracht, entkräftet diesen Verdacht im Falle des Ptolemaios aber durch ein Argument, das nicht

Glaubwürdigkeit
der Quellen

überzeugen kann: Denn gerade weil Ptolemaios als König Ägyptens unter besonderem Legitimationsdruck stand, hatte er ein besonderes Interesse an einer für ihn günstigen Darstellung der Ereignisse. Diese Kritik an Arrian bedeutet nun nicht, dass er besonders unzuverlässigen Vorlagen gefolgt wäre – ganz im Gegenteil wird der Quellenwert Arrians in der modernen Forschung sehr hoch eingeschätzt –, das Zitat illustriert lediglich die Schwierigkeiten, die jeder Versuch mit sich bringt, zur historischen Person Alexander vorzudringen. Neben einem Studium der einzelnen Traditionsstränge muss auch der kulturelle Hintergrund, vor dem der jeweilige Autor seine Sicht von Alexander niederschrieb, berücksichtigt werden.

Alexanderroman

Eine besondere Form der Literatur über Alexander den Großen ist der sogenannte Alexanderroman, manchmal auch als Pseudo-Kallisthenes bezeichnet, da er von späteren Gelehrten für das Werk von Alexanders ‚Hofgeschichtsschreiber' gehalten wurde. Das Werk ist aber erst im 3. nachchristlichen Jahrhundert in Alexandria entstanden; es ist kein eigenständiges literarisches Werk, sondern eine Zusammenfügung älterer Texte: Unter diesen befindet sich ein Briefroman, der den Alexanderzug in einer Serie von fiktiven Briefen schilderte, sowie die „Wunderbriefe" mit Beschreibungen wundersamer Ereignisse im Orient (vgl. Merkelbach 1977, S. 48ff.). Der ‚Autor' hat keinen Wert auf eine Harmonisierung der ganz unterschiedlichen Vorlagen gelegt; entstanden ist ein Potpourri, das literarischen Ansprüchen nicht genügt. Konzipiert war es wahrscheinlich für ein breiteres Publikum, das zwar alphabetisiert war, aber nicht über höhere Bildung verfügte.

Handlung

Zur Handlung: Alexander ist der Sohn eines ägyptischen Magiers; er zieht zunächst nach Sizilien und Italien, wo er die Römer unterwirft, anschließend über Karthago nach Ägypten, wo er seine Hauptstadt Alexandria gründet. Von dort aus zieht er gegen den Perserkönig Dareios zu Felde und besiegt diesen. Anschließend zieht er weiter in den Osten, wo er gegen Ungeheuer kämpft, mit den Amazonen in Kontakt tritt und zahlreiche Abenteuer besteht, über die er seinem Lehrer Aristoteles und seiner Mutter Olympias in Briefen berichtet. Ein Beispiel ist die Erkundung des Ozeans in einer gläsernen Taucherglocke:

Wundergeschichten

„Als ich zum dritten Mal bis zu einer Tiefe von dreihundertacht Ellen tauchte, sah ich viele Arten von Fischen um mich herumschwimmen. Und sieh, da kam ein ungeheurer Fisch und packte mich in meinem Käfig mit dem Maul und brachte mich zur Erde hinauf in einer Entfernung von einer Meile. Auf den Schiffen waren dreihundertsechzig Männer, die mich hinab ließen, und alle

schleppte der Fisch hinter sich her mitsamt den vier Schiffen. Als er zum Land kam, zerquetschte er mit seinen Zähnen den Käfig und warf ihn aufs Trockene. Ich war halbtot und gelähmt vor Angst, fiel auf die Knie und dankte der Vorsehung, die mich vor dem furchtbaren Untier lebend bewahrt hatte. Ich sprach zu mir: ‚Lass ab, Alexander, Unmögliches zu unternehmen, dass du nicht dein Leben verlierst, wenn du die Tiefen durchforschst!'"
(*Der griechische Alexanderroman* [Handschrift L], 2, 38, 10f.)

Die Episode selbst ist natürlich frei erfunden – die Leser sollten durch spannende und fantastische Abenteuer unterhalten werden –, in der demütigen Selbsterkenntnis der eigenen Grenzen sind die Lehren der hellenistischen Philosophenschulen zu erkennen. Allerdings schimmert in dem Drang, die ganze Welt zu erkunden und über Grenzen hinauszugehen, ohne Gefahren zu scheuen, der historische Alexander durch.

Der Alexanderroman wurde seit der Antike in zahlreiche Sprachen übersetzt und stellt eines der erfolgreichsten Bücher der Weltgeschichte dar. Im europäischen Mittelalter wurde er als Vorlage für mehrere Prosawerke und Versepen verwandt, Darstellungen von einzelnen Abenteuern finden sich in vielen Kirchen. Ebenso erfolgreich war der Alexanderroman im Orient, wo er unter anderem ins Koptische, Armenische, Syrische, Persische und Arabische übertragen wurde. Dabei lässt sich gut verfolgen, wie das Alexanderbild dem Geschmack des Autors und den spezifischen kulturellen Hintergründen angepasst wurde: Im äthiopischen Alexanderroman ist er ein Christ, der sein Vermögen vor seinem Tod an die Armen verteilt. Im „Alexanderbuch" des persischen Dichters Nizami (vollendet 1204) wird er als idealer muslimischer Herrscher gepriesen, der sein Reich im Innern gerecht und weise verwaltet; nach außen führt er Kriege zur Ausbreitung des Islam und unterwirft dabei auch Russland und China. Die Rezeption der Figur Alexanders im Islam wurde dadurch gefördert, dass in der 18. Sure (Vers 83) des Korans ein „Zweigehörnter" erwähnt wird, dem Allah Macht auf Erden anvertraut habe. Dieser Herrscher wurde aufgrund von Münzporträts mit Widderhörnern mit Alexander identifiziert.

Wirkung des Alexanderromans

5.3 Alexanderbilder in der Münzprägung

Bildnisse Alexanders des Großen wurden in großer Zahl und in vielen verschiedenen Gattungen der antiken Kunst hergestellt (vgl. den Überblick bei Stewart 2003). Besonders gut lässt sich ihre Entwick-

Vorteile der Münzbilder

lung und ihre Vielfalt anhand der Münzbilder analysieren, da die einzelnen Münztypen fast lückenlos überliefert sind und Auftraggeber und Herstellungskontext häufig präziser bestimmt werden können als bei anderen Gattungen.

Alexanders Porträt wurde bis in die Spätantike auf Münzen geprägt, und keine andere antike Persönlichkeit fand eine ähnlich reiche wie vielfältige Darstellung in dieser Gattung. Die jüngste Zusammenstellung des Materials (vgl. Dahmen 2007) führt dies eindrucksvoll vor Augen: Weder kam es zu einer verbindlichen Physiognomie des Alexanderporträts, noch waren die Aussageabsichten, die mit der Wahl dieses Motivs verbunden waren, einheitlich.

Die früheste erhaltene Bilddarstellung Alexanders (→ ABBILDUNG 14) zeigt diesen auf der Vorderseite einer Silbermünze als makedonischen Reiter, der mit eingelegter Lanze auf einen Elefanten zureitet und einen auf diesem sitzenden Krieger durchbohrt. Es handelt sich um eine symbolische Darstellung des Sieges, den Alexander 326 v. Chr. am Hydaspes über den Inderfürsten Poros und dessen Kriegselefanten errang. Poros, der die Schlacht überlebte und sein Reich als Vasall Alexanders behalten durfte, wird mit dem vorderen der Elefantenreiter identifiziert. Der von einer geflügelten Siegesgöttin bekränzte Mann auf der Rückseite wird aufgrund von Helm, Gewand und Waffen, die den Funden in makedonischen Königsgräbern entsprechen, ebenfalls als Alexander gedeutet (vgl. Holt 2003, S. 118ff.). Große Bedeutung kommt dem Blitzbündel in der rechten Hand zu, denn dieses ist eigentlich ein Attribut des Zeus, dem höchsten olympischen Gott.

Poros-Münzen

Abbildung 14: Silbermünze Alexanders des Großen (Darstellung der Elefantenschlacht gegen den Inderfürsten Poros; zwischen 326 und 324 v. Chr.)

Sollte Alexander die Münzserie selbst in Auftrag gegeben haben, hat er seinem Anspruch, selbst als Gott zu gelten, sichtbaren Ausdruck verliehen. Die schriftlichen Zeugnisse, die ebenfalls von diesem Anspruch berichten, würden in diesem Punkt durch das Münzbild bestätigt.

Jedoch wird in der Forschung kontrovers diskutiert, wann und wo die Münzserie geprägt wurde. Während die einen dafür plädieren, dass die Münzen unmittelbar nach der Schlacht gegen Poros entstanden und an die siegreichen Soldaten verteilt wurden (vgl. Holt 2003, S. 148f.), haben andere aus dem Umstand, dass der Großteil der Münzen in Babylon gefunden wurde, gefolgert, dass sie auch erst dort geprägt wurden: Entweder habe Alexander sie selbst prägen lassen, als er 324/3 v. Chr. in Babylon residierte, oder einer seiner potenziellen Nachfolger unmittelbar nach seinem Tod (vgl. Dahmen 2007, S. 8f.).

Entstehungsort und -zeit der Münzserie

Sicher postum ist die berühmte Tetradrachme, die – gemäß der Inschrift auf ihrer Rückseite – von Lysimachos geprägt wurde, der zwischen 305 und 281 v. Chr. über ein Königreich in der nördlichen Ägäis herrschte .

Auf der Vorderseite ließ Lysimachos nicht sein eigenes Porträt abbilden, sondern einen Alexanderkopf. Alexander trägt das Diadem als Abzeichen eines Königs, die Widderhörner verweisen auf seine Verbindung zum Gott Ammon, welcher von den Griechen mit Zeus identifiziert wurde. Alexander hatte 331 v. Chr. das Ammonsorakel in der Oase Siwa besucht und war dort zum „Sohn des Ammon" erklärt worden. Auf der Rückseite ist eine sitzende Göttin Athena

Alexander als Zeus-Ammon

Abbildung 15: Tetradrachme des Lysimachos (mit Alexanderporträt; zwischen 297 und 281 v. Chr.)

Abbildung 16: Tetradrachme des Agathokles von Baktrien (mit Alexanderporträt; ca. 190–70 v. Chr.)

mit Helm und Schild abgebildet; in der ausgestreckten Hand hält sie eine Siegesgöttin. Die Inschrift lautet „des Königs Lysimachos", womit der Prägeherr kenntlich gemacht wird. Lysimachos dokumentierte, indem er Alexanders Kopf auf seinen Münzen abbilden ließ, seinen eigenen Anspruch, dessen legitimer Nachfolger zu sein.

Eine bildliche Annäherung an eine Gottheit zeigt auch eine Tetradrachme des Agathokles (Anfang 2. Jahrhundert v. Chr.), eines Königs von Baktrien im Gebiet des Hindukusch

Der Kopf auf der Vorderseite wäre aufgrund der Kapuze aus Löwenfell eigentlich mit Herakles zu identifizieren. Doch die Physiognomie ist an die Porträts Alexanders angenähert, die Inschrift „des Alexanders, des Sohnes von Philipp" gibt eindeutig an, dass hier der Makedonenkönig dargestellt werden soll. Die Rückseite zeigt Zeus auf einem Thron, der Zepter und Adler als Symbole seiner Macht hält. Die Inschrift lautet hier „unter der Herrschaft des Agathokles, des Gerechten". Diese Münze macht deutlich, dass auf Alexander auch im Osten noch weit nach seinem Tod Bezug genommen werden konnte, um die eigene Herrschaft zu legitimieren: Dass Agathokles seinen eigenen Namen auf die eine Seite und den Namen Alexanders auf die andere prägen ließ, macht seinen Anspruch deutlich, als dessen Nachfolger angesehen zu werden. Ebenso wie Alexander in der Literatur des Orients zu einer bedeutenden Figur wurde, lebte er auch in der Bildkunst fort.

Alexander als Herakles

Fragen und Anregungen

- Beschreiben Sie den geografischen Rahmen des Alexanderzuges.
- Nennen Sie die wichtigsten Kriterien, nach denen Arrian die Zuverlässigkeit seiner Gewährsleute bei historischen Berichten beurteilt.
- Stellen Sie dar, was unter dem Alexanderroman zu verstehen ist.
- Wie lässt sich erklären, dass ausgerechnet Alexander der Große so viele verschiedene Charakterzeichnungen erhalten hat?

Lektüreempfehlungen

- **Quintus Curtius Rufus: Geschichte Alexanders des Großen**, herausgegeben und übersetzt von Konrad Müller und Herbert Schönfeld [lat./dt.], München 1954.   *Quellen*

- **Plutarch: Fünf Doppelbiographien**, übersetzt von Konrat Ziegler und Walter Wuhrmann [gr./dt.], 2 Bände, Zürich/München 1994.

- **Arrian: Alexanderzug/Indische Geschichte**, herausgegeben und übersetzt von Gerhard Wirth und Oskar von Hinüber [gr./dt.], München/Zürich 1985.

- **Leben und Taten Alexanders des Großen. Der griechische Alexanderroman nach der Handschrift L**, herausgegeben und übersetzt von Helmut van Thiel [gr./dt.], Darmstadt 1974, 2., durchgesehene und ergänzte Auflage 1983.

- **Nizami: Das Alexanderbuch. Iskandarname**, aus dem Persischen übersetzt von J. Christoph Bürgel [dt.], Zürich 1991.

- **Karsten Dahmen: The Legend of Alexander the Great on Greek and Roman Coins**, London/New York 2007. *Systematische Vorstellung und Deutung der Münzbilder Alexanders von dessen Lebenszeit bis 400 n. Chr.*   *Forschung*

- **Frank Lee Holt: Alexander the Great and the Mystery of the Elephant Medallions**, Berkeley 2003. *Ausführliche Interpretation der Poros-Münzen; das Werk ist auch als exemplarische Einführung in die Forschungsgeschichte und kombinatorische Methodik der Numismatik geeignet.*

- **Robin Lane Fox: Alexander der Große. Eroberer der Welt**, Stuttgart 2004. *Anhand dieses Klassikers (die englische Originalfassung erschien 1973) kann exemplarisch die Schaffung eines schillernden Alexanderbildes nachvollzogen werden. Das Buch besticht durch mitreißende Erzählkunst, jedoch geht dies bisweilen zulasten der wissenschaftlichen Genauigkeit.*

- **Reinhold Merkelbach: Die Quellen des griechischen Alexanderromans**, München 1954, 2., neubearbeitete Auflage 1977. *Grundlegende, immer noch aktuelle Untersuchung der Entstehungsgeschichte des Alexanderromans.*

- **Joseph Roisman (Hg.): Brill's Companion to Alexander the Great**, Leiden 2003. *Sammlung von Einführungen in einzelne Teilbereiche der Forschung zu Alexander dem Großen.*

- **Hans-Ulrich Wiemer: Alexander der Große**, München 2005. *An Studierende gerichtete Einführung in zentrale Forschungsfragen; besonderes Gewicht wird auf die Problematik der Überlieferung gelegt.*

6 Die hellenistische Polis

[...] Beschluss der Neoi [= jungen Männer, Anm. d. Verf.] von Xanthos: Da Lyson, Sohn des Demosthenes, der sich politisch so betätigt, wie es sich gebührt für treffliche, verdiente Männer, viele Erweise seiner freundlichen Gesinnung gegenüber der Polis und gegenüber den Neoi erbracht hat in den schwierigsten Situationen in einer Weise, die seiner selbst und dem Verhalten seiner Vorfahren würdig ist [...] und da er nach seiner Wahl zum Gymnasiarchen [= Vorsteher des Gymnasions, Anm. d. Verf.] den Betrieb des Gymnasions und seinen Bau mit aller Energie leitete und es ausschmückte, wofür er viel aus eigenen Mitteln aufbrachte, mit dem Grundsatz, nicht nur in den im öffentlichen Bereich von ihm vollbrachten hervorragenden und ruhmvollen Leistungen konsequent zu erscheinen, sondern auch unserer Nachwelt eine Erinnerung zu hinterlassen an die innere Einstellung, die er hatte gegenüber den Interessen der Polis und den Neoi [...] da er nun in allen die Polis und gleichermaßen die Neoi betreffenden Interessen dasselbe Engagement hat und bei nichts sich verweigert, was förderlich ist, soll es, zum guten Glück, Beschluss sein, dass man belobigt den Lyson, Sohn des Demosthenes, in Würdigung seines Verdienstes und seiner freundlichen Gesinnung, die er kontinuierlich hegt gegenüber seiner Heimatpolis, den Neoi und den Interessen der Könige, dass man ihn auch mit einer Bronzestatue ehrt und diese aufstellt im Gymnasion an der auffallendsten Stelle und darauf folgende Inschrift aufzeichnet: ‚Die Neoi von Xanthos ehrten Lyson, Sohn des Demosthenes, der zwei Jahre lang das Gymnasiarchenamt bekleidet hat, in Würdigung seines Verdienstes und seiner freundlichen Gesinnung ihnen gegenüber und gegenüber der Polis'; dass man ferner zwei Altäre errichtet an der auffallendsten Stelle des Gymnasions, den einen für Zeus Soter, den anderen für Lyson, auf denen Lyson, solange er lebt, das Opfer verrichten soll [...].

Ehreninschrift für den Gymnasiarchen Lyson aus dem Letoheiligtum bei Xanthos, 196 v. Chr.
(Historische griechische Inschriften in Übersetzung, Nr. 456)

Die zahlreich überlieferten Ehreninschriften hellenistischer Zeit geben Einblick in das Verhältnis zwischen einzelnen reichen Bürgern und der Polisgemeinschaft. Abzulesen ist ein Austausch von – im weiteren Sinne – ‚Gütern', und zwar von Geld gegen Ehre: Lyson war zwei Jahre lang Vorsteher des Gymnasions seiner Heimatpolis Xanthos gewesen und hatte dabei offensichtlich großes Engagement gezeigt, das die reiche Verwendung privater Geldmittel einschloss. Diese Leistung wird sowohl zur Vergangenheit als auch zur Zukunft in Bezug gesetzt: Lyson habe sich seiner Vorfahren würdig erwiesen und zugleich für kommende Generationen ein Beispiel patriotischen Verhaltens erbracht. Dafür solle er von den jungen Männern – als den primären Profiteuren seiner Großzügigkeit – und von der gesamten Bürgerschaft geehrt werden. Alle Besucher des Gymnasions von Xanthos sollen nun erfahren, wie vortrefflich Lyson sein Amt ausgeübt hat – man beachte, wie stark in der Inschrift die Sichtbarkeit der Ehrungen betont wird. Zu den Ehrungen gehörte auch die Inschriftenstele selbst, die in der Nähe von Xanthos in einem Letoheiligtum mit überregionaler Bedeutung aufgestellt war.

Der Alexanderzug und die Herausbildung der hellenistischen Großreiche hatten für die griechischen Poleis eine veränderte Situation geschaffen, denn nun gab es mit den Königen neue Zentren militärischer und ökonomischer Macht. Diese galt es bei allen wichtigen Handlungen in der Polis zu berücksichtigen – der König wird auch in der Inschrift erwähnt –, aber der wichtigste Bezugsrahmen für die einzelnen Menschen war nach wie vor die Polis. Denn man verstand sich nicht als Angehöriger des Seleukiden- oder Attalidenreiches, sondern als Bürger von Xanthos, Bürger von Milet usw. Vor diesem Hintergrund soll danach gefragt werden, wie die Polisidentität, d. h. das Zusammengehörigkeitsgefühl innerhalb der Bürger einer Polis, konstituiert gewesen ist und wie sich diese Identität heute an den zentralen Plätzen der ausgegrabenen Städte ablesen lässt; außerdem wird auf die Bedeutung des Gymnasions als der wichtigsten Institution für die Erziehung von Polisbürgern eingegangen.

6.1 **Die Polis als Solidargemeinschaft**
6.2 **Das Stadtbild von Priene**
6.3 **Die Formung des Polisbürgers im Gymnasion**

6.1 Die Polis als Solidargemeinschaft

In der älteren Forschung wurde häufig die Position vertreten, die Epoche des Hellenismus (→ KAPITEL 5.1) sei durch einen Niedergang der Polis geprägt: Nach dieser Auffassung war die Polis – als eine von politischem, sozialem und kultischem Zusammenhalt geprägte Bürgergemeinschaft – in der Archaik entstanden und erlebte in der Klassik ihre größte Blüte; im Hellenismus traten dann die Königreiche in Folge der Diadochenkämpfe als alles dominierende Mächte hervor und die freien Poleis waren nur mehr Spielbälle oder Bestandteile der neuen „Flächenstaaten". Diese Position kann als überholt bezeichnet werden. Nicht nur, dass es auch im Hellenismus unabhängige Poleis gab – teilweise als Bundesstaaten organisiert (etwa in Aitolien oder Achaia) –, sondern die Poleis, die zum Herrschaftsbereich eines Königs gehörten, hatten zudem beträchtliche außenpolitische Spielräume: Sie betrieben eine eigenständige Diplomatie, die etwa in Freundschaftsverträge zwischen Poleis münden konnte, und in begrenztem Umfang war es ihnen sogar möglich, Kriege untereinander zu führen.

Niedergang der Polis?

Die Könige waren auf funktionierende Poleis angewiesen, da es keine besseren Strukturen zur Organisation der teilweise riesigen Herrschaftsräume gab. Sie gründeten, begonnen mit Alexander dem Großen, viele neue Poleis und versahen diese mit Privilegien. Darüber hinaus übernahmen viele einheimische Völker Asiens von sich aus das Modell der griechischen Polis. Die Geschichte der Polis im Hellenismus lässt sich also nicht als Niedergang, sondern im Gegenteil als Erfolgsgeschichte beschreiben, die von einer Ausbreitung dieser griechischen Form politischer Organisation im Orient geprägt war – eine Erfolgsgeschichte, die sich unter römischer Herrschaft fortsetzte und erst mit der arabischen Eroberung beendet wurde.

Ausbreitung der Polis

Die Blüte der Polis ist am monumentalen Ausbau der Städte zu erkennen: Vielerorts wurden in hellenistischer Zeit, vor allem in der ersten Hälfte des 2. Jahrhunderts v. Chr., große und prächtige Repräsentationsgebäude errichtet, wie Theater, Gymnasien oder Säulenhallen. Die meisten Städte gaben ein viel imposanteres Bild ab als noch in klassischer Zeit, was unter anderem auf das Engagement vieler Könige zurückzuführen ist (vgl. Bringmann/von Steuben 1995–2000). Denn die Könige sahen in den Poleis nicht nur Bollwerke ihrer Herrschaft, sondern auch sichtbare Zeugen ihres Reichtums und ihres Ruhmes. Deshalb gaben sie sowohl für die Befestigung als auch für Maßnahmen zur Verschönerung große Summen aus. Dabei kam es zu einer ritualisierten Kommunikation mit folgendem Ablauf: Die Polis

Königliche Schenkungen

formuliert eine Bitte → der König gewährt diese → die Polis ehrt den König → der König bezahlt diese Ehrung. Beispielsweise ließ der pergamenische König Eumenes II. auf Vermittlung eines angesehenen Bürgers von Milet in dessen Heimat ein Gymnasion errichten. Dafür bedankte sich die Polis, indem sie ein Fest für Eumenes etablierte, das aber wiederum von diesem selbst finanziert wurde (vgl. Bringmann 1995, S. 100).

Feste mit Prozessionen

Feste wie das genannte wurden in hellenistischer Zeit deutlich zahlreicher, und mit der quantitativen Veränderung ging eine qualitative einher: Während in der Klassik die Opferhandlungen, d. h. die Schlachtung von Tieren sowie die Zubereitung und Verteilung des Fleisches, im Vordergrund standen, verlagerte sich nun der Schwerpunkt auf Prozessionen (vgl. Chaniotis 1995, S. 147ff.). In vielen Inschriften ist der Ablauf solcher Prozessionen genau beschrieben. Dabei wird deutlich, dass die Bürgerschaft nicht als unförmige Masse teilnimmt, sondern nach Gruppen gegliedert: Magistrate waren durch besondere Kleider hervorgehoben und trugen als Zeichen ihres Ranges mancherorts Lorbeerkränze; ihre Reihenfolge während der Prozession entsprach der Bedeutung des jeweiligen Amtes. Ein weiteres Prinzip bei der Einteilung des Festzuges war die Gliederung nach Altersklassen. Besonders die Jugendlichen waren als eigene Gruppe hervorgehoben, und deren besondere Bedeutung bei Festen wird auch daran ersichtlich, dass in manchen Poleis den Jugendlichen die Teilnahme unter Strafandrohung vorgeschrieben war! Feste richteten sich sowohl an die Götter, deren Schutz für die Polis gepriesen und für die Zukunft erfleht wurde, als auch an die Fremden, denen der Rang der Stadt vor Augen geführt wurde. Vor allem aber richteten sie sich an die Bürgerschaft selbst: Diese erlebte sich als harmonisch gegliederte Einheit – Rechtsstreitigkeiten waren an Festtagen untersagt –, und dem einzelnen Bürger wurde nicht nur die Großartigkeit der Polis insgesamt, sondern auch sein persönlicher Platz in dieser Gemeinschaft verdeutlicht. Gerade die Anwesenheitspflicht für Jugendliche veranschaulicht, dass Feste dazu dienen sollten, die Identifikation der Bürger mit ihrer Heimat zu steigern.

Gemeinschaft der Bürger

Die griechische Polis war, wie man es heute bezeichnen würde, ein „schlanker Staat" mit geringem Steueraufkommen und dementsprechend kleinem Etat. Öffentliche Feste sowie die Errichtung von Repräsentations- und Nutzbauten wurden in der Regel nicht aus der Poliskasse, sondern von Wohlhabenden finanziert. Wie bereits dargestellt, konnten die Könige Schenkungen machen, vor allem aber waren hier die reichen Bürger der Polis in der Pflicht. Von all denen, die Geld besaßen, wurde erwartet, dass sie hin und wieder Ämter übernahmen, die mit finanziellen Verpflichtungen verbunden waren, dass sie die Kosten für Reparaturen oder Neubauten bestritten oder dass sie bei Notlagen, etwa einer Knappheit an Nahrungsmitteln, Abhilfe schufen. Dieses Phänomen nennt man Euergetismus in Anlehnung an den griechischen Begriff für Wohltäter (*euergetes*). Dabei handelte es sich nicht etwa um Sponsoring, das öffentliche Leistungen zum Zwecke der Werbung erbringt und auf langfristigen Rückgewinn der investierten Mittel abzielt; vielmehr lag es im Wesen des Euergetismus, dass die Gelder aus ökonomischer Sicht verloren waren. Der Gewinn bestand in der Ehre, welche die Polis den großzügigen Spendern erwies.

Euergetismus

Eine häufige Form der Ehrung bestand darin, dass die Polis an gut sichtbaren Stellen Statuen der Euergeten aufstellte bzw. diesen das Recht zur Aufstellung verlieh (zu Beispielen aus Priene → **KAPITEL 6.2**). Inschriften auf dem Sockel gaben den Beschluss zur Ehrung wieder. Diese sogenannten Ehreninschriften sind durch eine starke Standardisierung und Formelhaftigkeit geprägt: Gepriesen wird der unermüdliche Einsatz des Wohltäters, für seine Polis Gutes zu tun. Sein ganzes Leben habe er Beweise für seine Liebe zur Heimatstadt erbracht. Freiwillig habe er kostspielige Ämter und Aufgaben übernommen und damit die Not der Polis gelindert oder ihren Ruhm vergrößert. Er sei immer zur Stelle, wenn die Gemeinschaft ihn brauche, und habe zeit seines Lebens ein Verhalten an den Tag gelegt, das für zukünftige Bürger vorbildhaft sei. Ein Beispiel aus Milet:

Ehreninschriften

„Da Eirenias, Sohn des Eirenias, kontinuierlich in vortrefflichster Weise sich für die Interessen der Polis einsetzt und stets zu dem, was seiner Vaterstadt Glanz und Ruhm verleiht, beiträgt [...]" – nun folgt die Aufzählung von Eirenias' Leistungen – „damit es nun auch ersichtlich wird, dass das Volk die gebührenden Ehren zuteil werden lässt den tüchtigen und verdienten Männern, die von ihrem eifrigen Engagement für das Volk und von ihrer freundlichen Gesinnung die großartigsten Beweise bei mehrfachen Gelegenheiten erbracht haben und gerade durch ihre Leistungen Verfechter der ruhmreichsten Angelegenheiten geworden sind, soll es Beschluss sein der Milesier: [...]"

(Ehrendekret für Eirenias, Historische Griechische Inschriften in Übersetzung, Nr. 480; zwischen 167 und 159 v. Chr.)

In der formelhaften Wendung am Schluss der Passage wird deutlich, dass die Polis ebenfalls von der Ehrung profitiert, indem andere angespornt werden, es dem Euergeten gleichzutun.

Polis und Individuum

Die Ehreninschriften nennen die konkreten Leistungen des Euergeten, verleihen diesem aber ansonsten kein individuelles Profil. Denn es geht nicht darum, die spezifische Biografie einer Person wiederzugeben; vielmehr wird ein Bürgerideal gezeichnet, das von selbstloser Aufopferung für die Polis geprägt ist. Das Verhältnis zwischen Polis und Individuum erscheint in den Ehreninschriften vordergründig sehr harmonisch, jedoch wird auch deutlich, dass die Realität häufig vom Ideal abwich. So wird etwa davon gesprochen, dass ein Euerget besonders zu loben sei, weil er mehrfach kostspielige Ämter übernommen habe, für die sich kein anderer bereitgefunden hatte (vgl. Wörrle 1995, S. 243f.). Offenbar war also die Begeisterung, sich für die Polis zu engagieren, keineswegs bei allen verbreitet.

Ehrenstatuen

Die Ehrenstatuen selbst sind fast vollständig verloren. Erhalten haben sich zahlreiche Basen von bronzenen Ehrenstatuen, deren Inschriften über den Aufstellungskontext Aufschluss geben und deren Zapfenlöcher Anhaltspunkte für das Standmotiv liefern: Die Bronzestatuen, die in den meisten Fällen in späteren Zeiten zur Metallgewinnung eingeschmolzen wurden, waren mittels Zapfen in die Basis eingelassen, und die Lage der Zapfenlöcher ist fast bei allen Basen gleich, sodass man von einem gleichförmigen Standmotiv ausgehen kann.

Bei den erhaltenen Marmorstatuen (→ ABBILDUNG 17) kann aufgrund des Aussehens nicht entschieden werden, ob es sich um Ehrenstatuen oder um Weihungen handelte, die von den Dargestellten selbst vorgenommen wurden

Bürgerbild

– zu gleichförmig sind die Bürgerbilder in beiden Gattungen. Charakteristische

Abbildung 17: Mantelstatue aus Rhodos (3. Viertel des 2. Jahrhunderts v. Chr.; der Kopf ist nicht der ursprüngliche, sondern wurde erst später eingesetzt)

Merkmale sind der sorgfältig drapierte Mantel, die sparsame Gestik und Mimik und das Fehlen von individuellen Attributen. Die Schemata blieben über die Jahrhunderte hinweg fast unverändert, sie vermitteln den Eindruck von Gleichförmigkeit, die weder durch Extravaganz noch durch Nachlässigkeit gestört wird. Ebenso wie die Inschriften geben die Statuen keine Auskunft über die Persönlichkeit des Dargestellten, sondern führen das Idealbild des Polisbürgers vor Augen.

6.2 Das Stadtbild von Priene

Priene im westlichen Kleinasien eignet sich hervorragend zur Untersuchung der hellenistischen Urbanistik.

Urbanistik

Denn die heute sichtbare Stadt (→ ABBILDUNG 18), am Südhang des Mykale-Gebirges oberhalb der fruchtbaren Mäander-Ebene gelegen, wurde erst in der Mitte des 4. Jahrhunderts v. Chr. (zur Datierung vgl. Hoepfner 2005, S. 29ff.) neu gegründet – die Lage der Vorgängerstadt ist unbekannt –, weshalb hier keine archaischen und frühklassischen Bauten zu finden sind; außerdem nahm Priene nicht so stark am wirtschaftlichen Aufschwung in der römischen Kaiserzeit teil wie andere Städte dieser Region, in denen das hellenistische Stadtbild an den meisten Stellen durch römische Umbauten oder Überbauungen verändert wurde. Im Mittelalter wurde der Ort ganz aufgegeben.

Die Stadtmauer von Priene umschließt eine Fläche von 37 Hektar, aber nur etwa 40 % der Fläche war bebaut – es gab also Spielraum für ein Wachstum der Stadt. Der Stadtplan ist gekennzeichnet durch ein orthogonales Schema mit breiten Längsstraßen (*plateiai*) und schmalen Quergassen (*stenopoi*). Letztere bestehen in Priene aufgrund des starken Gefälles überwiegend aus Treppen. Die Rechtwinkligkeit und die aus ihr resultierende Einteilung der Stadt in rechteckige Häuserblocks vermitteln einen Eindruck von Ordnung und Gleichförmigkeit; ob hinter einer solchen Stadtplanung tatsächlich philosophische Konzepte standen, kann aber nicht geklärt werden. Im Norden überragte die auf einem steilen Felsen gelegene Akropolis die Stadt, unterhalb lag die Mäanderebene. Die Nekropolen befanden sich, wie in griechischen und römischen Städten üblich, außerhalb der Tore, im Fall Prienes östlich und westlich der Stadt. Markante Komplexe innerhalb der Stadtmauern waren der große Athenatempel, das Theater (1), die Agora mit den angrenzenden Gebäuden (2) und das Gymnasion (3).

Orthogonales Schema

DIE HELLENISTISCHE POLIS

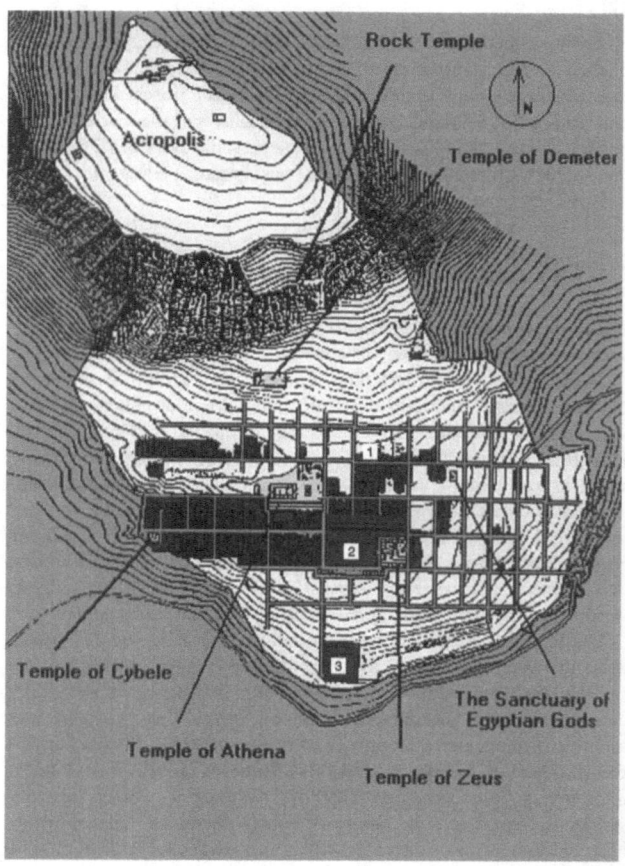

Abbildung 18: Priene: Stadtplan

Agora

Die Agora (→ ABBILDUNG 19) stellte in Priene das religiöse und politische Zentrum dar, während für die Abhaltung von Märkten vermutlich der im Westen angrenzende kleine Platz diente. Die Agora liegt im Zentrum des ummauerten Gebietes, der Hang ist hier deutlich flacher als in anderen Teilen Prienes; diese beiden Kriterien wer-

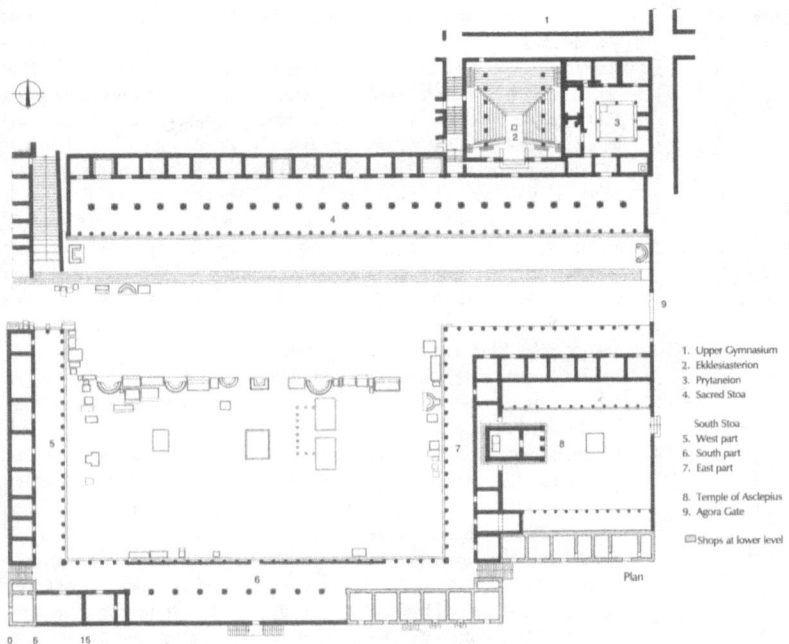

Abbildung 19: Priene: Plan der Agora

den bei der Planung der Stadt ausschlaggebend für die Platzierung der Agora gewesen sein. Der heute erkennbare Zustand entspricht nicht dem Plan bei der Stadtgründung, sondern ist das Resultat von An- und Umbauten, die einzelnen wesentlichen Elemente aber waren mit Sicherheit von Beginn an geplant. Der zentrale Platz wird an allen Seiten von Säulenhallen (Stoen) eingerahmt, die den Besuchern der Agora vor Sonne und Regen Schutz boten. Die Räume an den Rückseiten der Stoen dienten vielfältigen Zwecken, in Priene sind die Aufbewahrung des Stadtarchivs und kleinere Kulte nachgewiesen. Den religiösen Aspekt der Agora betont ein in der Mitte des Platzes gelegener Altar, während der im Südosten gelegene Tempel weder eine direkte Verbindung zur Agora aufwies noch von dieser aus sichtbar war.

Politisches Zentrum

Auf die Rolle der Agora als politisches Zentrum der Stadt verweisen die beiden Gebäude im Nordosten. Das Buleuterion oder Ekklesiasterion war ein überdachter Versammlungsraum mit seitlich je zehn, an der Nordseite 16 Reihen von Sitzstufen, die insgesamt etwa 600 Personen Platz boten; ein rückwärtig umlaufender Korridor erleichterte den Zugang zu den Plätzen. Die Benennung dieses Baus ist in Priene wie in vielen anderen hellenistischen Städten umstritten; sie hängt davon ab, ob man hier primär Versammlungen des Rates (*boule*) oder der Volksversammlung (*ekklesia*) vermutet. Das angrenzende Prytaneion diente ganz unterschiedlichen Funktionen, die aber allesamt für die Polis von zentraler Bedeutung waren: Hier hielt sich der jeweils diensthabende Magistrat auf, es wurden Maße und Gewichte verwahrt, und verdiente Bürger und Fremde durften als Zeichen großer Ehre auf Kosten der Polis speisen.

Der rechteckige Platz, der von den genannten Gebäuden eingerahmt wurde, war zwar nicht bebaut, bildete aber auch keine freie Fläche. Vielmehr standen auf ihm zahlreiche Monumente, vor allem Ehrenstatuen. Die Agora enthielt somit gleichsam eine Galerie der verdienten Personen, von denen manche sogar mit mehreren Statuen vertreten waren. Die herausragende Rolle der Agora bei der Zurschaustellung von Bürgertugenden – Priene ist auch hierin ein typisches Beispiel einer hellenistischen Polis – ist auf die starke Frequentierung dieses Ortes und die damit verbundene Sichtbarkeit der Ehrungen zurückzuführen. Zugleich bot die Häufung von Ehrenstatuen die Möglichkeit des Vergleiches, was wiederum die Konkurrenz unter den Euergeten förderte. Schließlich wollte jeder derjenige sein, dem die meisten und größten Monumente errichtet und in der Inschrift der größte Lobpreis zuteil wurde.

Ehrenstatuen

6.3 Die Formung des Polisbürgers im Gymnasion

Bedeutung des Gymnasions

Eine wichtige Rolle bei der Schaffung von Bürgeridentität kam im Hellenismus dem Gymnasion zu (vgl. dazu die Beiträge in Scholz/ Kah 2007). Zwar war diese Institution bereits in der Archaik entstanden, doch in hellenistischer Zeit gewann sie stark an Bedeutung. Erstens breitete sich das Gymnasion durch den Siegeszug Alexanders bis ins heutige Afghanistan aus, zweitens bildete sich im Hellenismus ein eigener, monumentaler Bautyp heraus, während Gymnasien früherer Zeit aus losen Ensembles von Baracken, Trainingsanlagen, Hainen und Altären bestanden hatten. Drittens wurde das Gymnasion

gleichsam zu einem Erkennungszeichen der Griechen: Die griechische bzw. hellenisierte Bevölkerung wurde mit „diejenigen vom Gymnasion" umschrieben. Viertens wurden die Gymnasien zu einem konstitutiven Merkmal der Polis. Mehrere Autoren geben darüber Auskunft, dass man eine Siedlung nicht als Polis bezeichnen könne, wenn sie nicht zumindest über ein Gymnasion verfügte. Priene beispielsweise, eine Polis von durchschnittlicher Größe, besaß zwei Gymnasien: eines im Zentrum unweit des Theaters gelegen, ein weiteres im Süden in unmittelbarer Nähe der Stadtmauer
. Fünftens entwickelte sich das Gymnasion erst im Hellenismus zu einer Bildungsstätte, die gleichermaßen sportliches Training, militärischen Drill und musisch-geistige Ausbildung einschloss.

Das Gymnasion war eine Institution für die Bürger, und zwar vor allem für die Heranwachsenden im Alter von etwa 18 Jahren, in einigen Poleis auch für jüngere Altersgruppen. Zwar war nicht die gesamte Gemeinschaft gleichmäßig vertreten – Bauernsöhne etwa wurden häufig als Arbeitskraft auf den Feldern benötigt und waren deshalb weniger abkömmlich als die Sprösslinge aus aristokratischen Familien –, man strebte aber danach, möglichst vielen den Besuch des Gymnasions zu ermöglichen. Dies lässt sich an zahlreichen Euergesieleistungen ablesen, mit denen etwa das Olivenöl bereitgestellt wurde, mit dem man sich vor dem Sport einrieb. Der Einschluss auch von ärmeren Bürgern ist die eine Seite der Medaille, der Ausschluss von bestimmten Randgruppen die andere. In einem gut erhaltenen Gesetz von ca. 167 v. Chr. aus Beroia in Makedonien wird der Gymnasiarch aufgefordert, Sorge zu tragen, dass folgende Personen nicht im Gymnasion trainierten: [Teilnehmerkreis]

„Ein Sklave, ein Freigelassener, deren Söhne, wer nicht tauglich ist für die Palästra, ein Prostituierter, wer zu den das Krämergewerbe Betreibenden gehört, wer betrunken oder von Sinnen ist."
(*Gymnasiarchiegesetz aus Beroia*, Z. 27–29)

Falls der Gymnasiarch wissentlich zulasse, dass einer von diesen Personen am Gymnasienbetrieb teilnehme, solle er eine hohe Geldstrafe zahlen. In anderen Fällen ist allerdings ebenso überliefert, dass die Grenzen weniger scharf gezogen waren und auch Nichtbürger im Gymnasion trainieren durften.

Welche Aufgabenbereiche des Gymnasions lassen sich unterscheiden? Zunächst ist hier der Sport zu nennen. Das Gymnasion war als sportliche Trainingsstätte entstanden und hatte seinen Namen von der Nacktheit der Athleten bezogen (*gymnos* = nackt), und diese Funktion verlor es in antiker Zeit nicht. Auf einer Sandfläche wur- [Sport] den unter Anleitung von Trainern Weitsprung und Kampfsportarten geübt, für das Lauftraining dienten lang gestreckte Bahnen. In Priene etwa grenzte das untere Gymnasion direkt an das Stadion, und man muss davon ausgehen, dass die Laufdisziplinen im Stadion trainiert wurden. Dasselbe gilt wohl für Diskus- und Speerwurf. Sportliches Training für die großen Wettkämpfe betraf die gesamte Polis, denn der Ruhm von Olympiasiegern strahlte auf die Gemeinschaft ab (→ KAPITEL 3.1). Eine Inschrift aus Ephesos (ca. 300 v. Chr.) dokumentiert, dass die Polis einem talentierten, aber mittellosen jungen Athleten die Kosten für Trainer und Wettkampfreisen bezahlte.

Ob der Athletismus griechischer Prägung eine sinnvolle Vorbereitung für den Krieg sein konnte, war bereits unter den Zeitgenossen umstritten, aber es gab im Rahmen der Ausbildung im Gymnasion eindeutig militärische Übungen. In Athen ist für das späte 4. Jahrhundert v. Chr. überliefert, dass die 18-Jährigen eine zwei Jahre dauernde, an das Gymnasion geknüpfte Ausbildung absolvieren mussten, in denen sie in das Waffenhandwerk eingeführt wurden. Auch für andere Poleis werden Waffenübungen im Zusammenhang mit dem Gymnasion genannt: So wurden sowohl der Umgang mit Rüstung, Schild und Angriffswaffen als auch das Manövrieren im Truppenkörper eingeübt, vor allem aber war das Training auf Belagerungssituationen ausgerichtet. Die jungen Männer lernten Bogenschießen und den Umgang mit Katapulten, dies aber wohl kaum im Gymnasion, sondern auf den Geschütztürmen von Stadtmauern und Forts.

Militärische Ausbildung

Das griechische Gymnasion unterschied sich vom modernen dadurch, dass die physische Ausbildung im Vordergrund stand, jedoch gab es ebenfalls einen Lehrbetrieb, der die geistige und musische Ausbildung der jungen Männer umfasste. In einigen Poleis lagerten sich regelrechte Schulen an die Gymnasien an: Aus Stiftungen reicher Bürger wurden Lehrer bezahlt, um allen Bürgersöhnen einen Elementarunterricht zu ermöglichen. Dies mögen Ausnahmen gewesen sein, regelmäßig aber enthielten Gymnasien auch Hörsäle, die für Unterricht im Leierspiel, in Philosophie oder Rhetorik genutzt wurden. Neben dem Polisbezug ist hier deutlich der Anschluss an den panhellenischen Bildungshorizont erkennbar.

Geistig-musische Bildung

Wie in der eingangs zitierten Inschrift abzulesen, waren Gymnasien ein beliebter Ort zur Aufstellung von Ehrenstatuen – das Bürgerideal stand allen Besuchern des Gymnasions unmittelbar vor Augen, und gerade die Jugend sollte auf diesem Wege zur Nachahmung angespornt werden. Jedoch wurde das Bürgerideal nicht nur präsentiert,

‚Training' des Bürgerideals

sondern gleichsam eintrainiert. So gab es für die Jugendlichen neben sportlichen Wettbewerben, in denen die Besten der jeweiligen Altersstufen ausgezeichnet wurden, auch Ehrungen für besonders gutes Verhalten. Im schon erwähnten Gesetz aus Beroia werden Preise erwähnt für diejenigen, die „während des laufenden Jahres am aktivsten trainiert hatten", außerdem für „gute Haltung" oder „wohlgeordnetes Auftreten". Die genannten Eigenschaften hatten zugleich eine militärische Komponente, indem sie ein diszipliniertes Verhalten als Soldat erwarten ließen, ihre Bedeutung ging jedoch darüber hinaus: Indem Preise für ein Verhalten vergeben wurden, das nicht von individuellem Herausragen, sondern von Einordnung in einen Verband geprägt war, wurde der in der griechischen Kultur starke Wettbewerbsgedanke auf die Polis bezogen. Die Rolle im Kollektiv wurde nicht nur mental angenommen, sondern gleichsam dem Körper eingeschrieben (vgl. Gehrke 2007, S. 415). In den an Haltung und Gestik so gleichförmigen Ehrenstatuen und in den immer dieselben Eigenschaften lobenden Ehreninschriften vermeint man, diese Sozialisierung wiederzuerkennen.

Fragen und Anregungen

- Welche Veränderungen erlebte die Polis mit dem Beginn des Hellenismus?

- Beschreiben Sie die charakteristischen Merkmale der Stadtanlage von Priene.

- Erläutern Sie die Praktiken und Institutionen, mit denen in der Polis Gemeinschaft gestiftet wurde.

- Durch welche Eigenschaften war ein idealer Bürger gekennzeichnet?

- Was meinen Sie: Hätten sich die homerischen Helden in der hellenistischen Polis wohl gefühlt? Begründen Sie Ihre Einschätzung.

Lektüreempfehlungen

- Kai Brodersen / Wolfgang Günther / Hatto H. Schmitt (Hg.): Historische Griechische Inschriften in Übersetzung [dt.], 3 Bände, Darmstadt 1992–99. *Wichtige Inschriften werden in deutscher Übersetzung mit knappen Verweisen auf wichtige Editionen präsentiert.*

Inschriften

- **Philippe Gauthier/Miltiades Hatzopoulos: La loi gymnasiarchique de Beroia** [gr./franz.], Athen 1993. *Sorgfältige Edition, Übersetzung und Kommentierung einer der längsten und wichtigsten Inschriften zum hellenistischen Gymnasion.*

- **Inschriften griechischer Städte aus Kleinasien**, herausgegeben von der Österreichischen Akademie der Wissenschaften/Nordrhein-Westfälischen Akademie der Wissenschaften, Bonn seit 1972. *Nach Poleis sortiert, werden die Inschriften in dieser noch nicht abgeschlossenen Reihe in griechischer Edition und Übersetzung vorgelegt.*

Forschung
- **Kleopatra Ferla (Hg.): Priene**, Cambridge (Mass.)/London 2005. *Übersichtliche und reich bebilderte Darstellung der Stadt und ihrer wichtigsten Bauten.*

- **Christian Habicht: Athen. Die Geschichte der Stadt in hellenistischer Zeit**, München 1995. *Gegen Vorstellungen einer Polis, die sich nach der Blüte in klassischer Zeit in ständigem Niedergang befunden habe, wird hier die wechselhafte Geschichte einer auch im Hellenismus vitalen Polis gezeichnet.*

- **Peter Scholz/Daniel Kah (Hg.): Das hellenistische Gymnasion**, Berlin 2004, 2. Auflage 2007. *Sammlung der neuesten Forschungen zur Institution und systematische Behandlung der einzelnen Funktionen des Gymnasions; sehr hilfreich sind Quellenverzeichnisse am Ende einzelner Beiträge.*

- **Gregor Weber (Hg.): Kulturgeschichte des Hellenismus. Von Alexander dem Großen bis Kleopatra**, Stuttgart 2007. *Umfassende Behandlung der Kultur des Hellenismus, der Schwerpunkt liegt auf der Darstellung von Wahrnehmungs- und Handlungsmustern.*

- **Michael Wörrle/Paul Zanker (Hg.): Stadtbild und Bürgerbild im Hellenismus**, München 1995. *Innovative Ansätze zur Deutung der Text- und Bilderwelt im öffentlichen Raum hellenistischer Poleis.*

- **Deutsches Archäologische Institut**: Web-Adresse: www.dainst.de. *Von hier aus ist die Homepage der aktuellen Forschungsprojekte in Priene zu erreichen. Dort ist auch eine Datei verfügbar, welche die Besichtigung der Grabungen per „Google Earth" ermöglicht.*

7 Die römische *res publica*

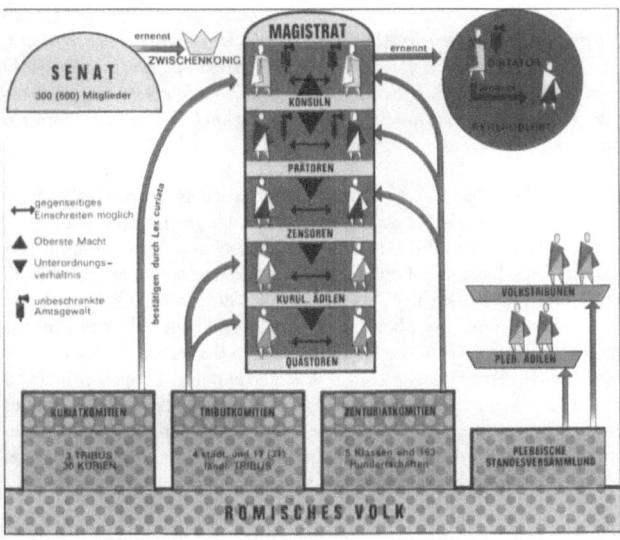

Abbildung 20: Die Verfassung der römischen Republik („Senatus populusque Romanus")

Schemata von Verfassungen können hilfreich sein, um einen Überblick über die verschiedenen Ämter, Gremien und Versammlungen zu gewinnen. Sie vermitteln jedoch leicht ein verzerrtes Bild der politischen Machtverteilung, da die zentralen Entscheidungen häufig auf anderen Wegen getroffen werden als in der Verfassung vorgesehen. Zu dieser allgemeinen Problematik von Verfassungsschemata tritt im Fall der römischen Republik eine spezifische hinzu: In Rom waren Gesellschaft und Politik untrennbar miteinander verbunden; die politische Ordnung war kein abstraktes, schriftlich fixiertes Regelwerk, sondern ein Geflecht von Traditionen. Und diese römischen Traditionen wiesen den einzelnen Institutionen eine andere Rolle zu als vom Schema suggeriert: Das Volk, das hier als Ausgangspunkt aller Macht erscheint, war in seinen Entscheidungsspielräumen stark eingeschränkt. Der Senat hingegen, der im Schema nur am Rande und nur im Rahmen eines Sonderfalls – beim Tod beider Konsuln einen Zwischenkönig zu ernennen – auftaucht, bildete in Wirklichkeit das Zentrum römischer Politik.

Im römischen Staat – die Römer benutzten den Begriff *res publica* (= „öffentliche Sache") – waren, anders als im demokratischen Athen, alle politischen Verfahren fest in der gesellschaftlichen Ordnung verankert. Dies hatte zur Folge, dass von den vorhandenen politischen Optionen nur ein kleiner Teil genutzt wurde: Prinzipiell konnte das Volk jeden Römer, der über das entsprechende Mindestvermögen verfügte, in Ämter wählen, de facto aber waren die hohen Ämter fast immer von den Angehörigen einiger weniger Familien besetzt; prinzipiell konnte das Volk alle Gesetzesvorschläge ablehnen, de facto stimmte es fast immer zu. Besser als mit einem Blick auf den staatsrechtlichen Rahmen ist die Politik in Rom durch eine Analyse des Systems von sozialen Bindungen und Normen zu verstehen.

7.1 **Römische Frühzeit und römische Erinnerung**
7.2 **Die ‚Verfassung' der römischen Republik**
7.3 **Soziale Bindungen**

7.1 Römische Frühzeit und römische Erinnerung

Möchte man die Geschichte Roms vor dem 4. vorchristlichen Jahrhundert rekonstruieren, ist man in erster Linie auf die archäologische Überlieferung angewiesen. Grabungen in Rom haben den Nachweis erbracht, dass Rom im späten 7. und im 6. Jahrhundert v. Chr. zu einem bedeutenden urbanen Zentrum heranwuchs. Dieser Prozess erfolgte unter dem Einfluss der Etrusker, die damals in Italien eine der griechischen Polis ähnliche städtische Kultur entwickelt hatten. Rom wies mit dem Tempel auf dem Kapitol ein zentrales Heiligtum auf, das nach etruskischer Art mit Terrakottaplatten geschmückt war. In der Senke unterhalb des Kapitols wurde eine Platzanlage errichtet, indem man Häuser planierte und durch ein System von Gräben den Bereich entwässerte. Hier entstand ein erstes Forum, ein politisches und wirtschaftliches Zentrum. Nachgewiesen sind außerdem Wohnbebauung und eine Ringmauer zum Schutz der Stadt.

Etruskische Stadt

Die literarischen Quellen liefern ausführliche Berichte über die römische Frühzeit: Troianer unter Führung des Aeneas seien aus der brennenden Stadt entkommen, als diese von den Griechen gestürmt wurde, und nach vielen Abenteuern in Italien gelandet. Die Zwillinge Romulus und Remus, Nachkommen des Aeneas, hätten die Stadt Rom gegründet (753 v. Chr.), bevor sie in Streit geraten seien und Romulus seinen Bruder erschlagen habe. Die Nachfolger des Romulus hätten über die Stadt geherrscht, bis die Römer die Könige vertrieben und an deren Stelle zwei Jahresbeamte, Konsuln genannt, gesetzt hätten. Unter vielen Heldentaten sei die Freiheit der Stadt verteidigt worden.

Gründungsmythos

Ausführlich beschrieben ist diese römische Frühgeschichte bei Autoren der augusteischen Periode, bei Dionysios von Halikarnassos (ca. 60 v. Chr. – ca. 10 n. Chr.) und Livius (ca. 59 v. Chr. – 17 n. Chr.). Jedoch herrscht in der modernen Forschung weitgehend Einigkeit darüber, dass alles, was diese über Ereignisse vor dem 4. Jahrhundert v. Chr. berichten, keine glaubwürdige Überlieferung darstellt. Zwar griffen die augusteischen Autoren auf ältere Autoren zurück, doch die römische Geschichtsschreibung ist erst im ausgehenden 3. Jahrhundert v. Chr. entstanden. Den frühen römischen Geschichtsschreibern stand kein zuverlässiges dokumentarisches Material über die Zeit vor dem 4. Jahrhundert zur Verfügung; dass historische Fakten früherer Epochen in Archiven und Listen konserviert worden sind, ist sehr zweifelhaft. Es gibt also keinen Überlieferungsstrang, der von der römischen Frühzeit bis in die augusteische Epoche reicht.

Quellenproblematik

DIE RÖMISCHE *RES PUBLICA*

Vergangenheits-
konstruktion

In den letzten Jahren hat die Forschung die römische Überlieferung über die sagenhafte Frühzeit weniger unter der Fragestellung untersucht, welche der erzählten Ereignisse historische Fakten konserviert haben könnten, als vielmehr im Hinblick auf die Konstruktion von Vergangenheit. Diese Wendung wurde angestoßen durch neuere Forschungen zum kollektiven Gedächtnis in der heutigen Zeit und in vergangenen Gesellschaften. Bei diesen Analysen wurde in den Blick genommen, welche Formen und Medien gemeinsamen Erinnerns unterschiedliche Gruppen entwickeln und wie die (Re-)Konstruktion von Vergangenheit zur Bildung von Identität beiträgt (vgl. Nora 1984-92; Assmann 2002). Gerade im Hinblick auf Rom ist eine solche Untersuchung lohnend (vgl. Walter 2004), da den Römern die Vergangenheit als glorifizierter Bezugspunkt für alle politischen Handlungen galt; die Vergangenheit wurde als vorbildhaft dargestellt: Die *exempla maiorum*, beispielhafte Handlungen der Vorfahren, führten vor Augen, wie sich ein Römer zu verhalten hatte.

Cincinnatus

Ein Beispiel ist die Erzählung über Lucius Quinctius Cincinnatus, der in einer militärischen Krisensituation des Jahres 458 v. Chr. zum „Dictator" (→ KAPITEL 7.2) ernannt worden sein soll. Nach Livius (3,26-3,29) pflügte Cincinnatus gerade seine Felder, als die Gesandtschaft des Senats bei ihm eintraf. Cincinnatus habe sein Amt angetreten, innerhalb von kurzer Zeit ein Heer ausgehoben und die Feinde vernichtend geschlagen; daraufhin, nur 16 Tage nach Antritt der „Dictatur", habe er diese niedergelegt und sei auf seine Felder zurückgekehrt.

Politische Werte

In Cincinnatus spiegeln sich verschiedene politische Werte der Römer: Er führt kein luxuriöses Leben, sondern verrichtet die bodenständige, harte Arbeit in der Landwirtschaft – die Römer assoziierten mit der Tätigkeit des Pflügens männliche Stärke und militärische Tüchtigkeit. Er gehorcht dem Ruf des Senats, erledigt seine Aufgaben geradlinig und erfolgreich und tut dies weniger aus persönlichem Ehrgeiz als aus Pflichtbewusstsein: Das Amt des Dictators, das er ein halbes Jahr lang hätte bekleiden können, legt er ab, sobald die militärische Gefahr gebannt ist, und tritt wieder ins zweite Glied zurück. In Rom entstand häufig das Problem, dass siegreiche Feldherren ihre Erfolge zum Ausbau der persönlichen Macht nutzen wollten (→ KAPITEL 8.3, 9) Cincinnatus diente hier als Exemplum des selbstlosen Dienstes für die Gemeinschaft.

7.2 Die ‚Verfassung' der römischen Republik

Die politische Ordnung der römischen Republik als Verfassung zu bezeichnen, weckt aus heutiger Sicht falsche Assoziationen. Denn weder wurde jemals formell eine Verfassung verabschiedet, noch wurden die Regeln der politischen Ordnung jemals verschriftlicht; es handelt sich vielmehr um ein im Lauf von Jahrhunderten gewachsenes Geflecht von Traditionen. Ein grundlegendes methodisches Problem besteht darin, dass die römische Politik im 1. Jahrhundert v. Chr. sehr gut dokumentiert ist, die Quellenlage dagegen immer schlechter wird, je weiter man in die Vergangenheit zurückgeht. In vielen Fällen kann nicht genau ermittelt werden, zu welchem Zeitpunkt bestimmte Institutionen und Ämter entstanden sind. Beispielsweise ist nicht mit Sicherheit zu entscheiden, wann das wichtigste Amt, das Konsulat, eingerichtet wurde. Die römische Geschichtsschreibung berichtet davon, dass direkt nach der Vertreibung des letzten Königs an die Stelle von unbegrenzt und allein herrschenden Monarchen das Doppelkonsulat gesetzt wurde. Die Forschung geht hingegen inzwischen davon aus, dass zunächst ein einzelner Magistrat, der Prätor Maximus, an der Spitze der *res publica* stand.

Gewachsene Verfassung

Zur Dopplung des Amtes kam es wahrscheinlich während der sogenannten Ständekämpfe, einer lange währenden Auseinandersetzung zwischen Patriziern und Plebejern im 4. und 3. Jahrhundert v. Chr. Dabei sind zwei Konfliktlinien zu unterscheiden: Zum einen kämpfte die breite Masse der römischen Bürger um politische Mitbestimmung und um Sicherheit vor willkürlichem Zugriff der Magistrate. Dazu schufen sie eine Sonderorganisation mit einer eigenen Versammlung und eigenen Beamten und setzten durch, dass diese Organe in die politische Ordnung integriert wurden. Die zehn Volkstribune sollten die Rechte der Plebejer wahren, indem sie jeden Gesetzesantrag durch ihr Veto unterbinden und zum Schutz von römischen Bürgern magistratische Aktionen verhindern durften. Zum anderen waren die Ständekämpfe auch eine Auseinandersetzung innerhalb der Elite: Die führenden Familien der Plebejer kämpften um gleichberechtigten Zugang zu den Ämtern. Seit 367/66 v. Chr. wurden Plebejer zum Konsulat zugelassen, lediglich einige Priesterämter blieben das Monopol der Patrizier.

Ständekämpfe

Für die meisten römischen Ämter galten wie für das Konsulat die Prinzipien der Annuität und Kollegialität, d. h. Ämter wurden jeweils nur für ein Jahr und durch mehrere gleichberechtigte Personen besetzt. Die Konsuln selbst waren die obersten Heerführer, sie leiteten

Magistrate

Senatssitzungen und Wahlversammlungen und waren gegenüber anderen Magistraten weisungsbefugt; die Konsuln gaben auch dem jeweiligen Jahr ihren Namen. Unter ihnen standen die beiden Prätoren, die für das Gerichtswesen zuständig waren. Als durch die Expansion Roms ein Bedarf nach Statthaltern für Roms außeritalische Besitzungen entstand, wurde die Zahl der Prätoren sukzessive erhöht und ein Teil von ihnen in die Provinzen gesandt. Die vier Ädilen waren für die Marktaufsicht und die Organisation der Spiele zuständig, die zehn Quästoren für die Verwaltung der öffentlichen Finanzen.

Cursus honorum

Die einzelnen Ämter bildeten eine politische Karriereleiter, den sogenannten *cursus honorum*. Dieser begann mit der Quästur und endete mit dem Konsulat, wobei die Konkurrenz aufgrund der geringer werdenden Anzahl von Posten immer härter wurde, je höher man emporstieg. Das Amt des Zensors bildete einen Sonderfall, denn Zensoren wurden nur alle fünf Jahre gewählt. Ihnen oblagen die Führung der Senatsliste und die Einteilung der Bürger in Steuerklassen.

Sonderämter

Das Volkstribunat verlor seit den Ständekämpfen seinen Charakter als revolutionäres Amt, indem das Vetorecht der Tribune weniger dazu diente, für das Volk ungünstige Gesetze zu verhindern, als vielmehr Amtsträger zu bremsen, die gegen den Willen der Senatsmehrheit agierten. Erst die Gracchen knüpften wieder an die revolutionäre Tradition des Volkstribunates an (→ KAPITEL 9.1). Ein Dictator wurde in Krisensituationen, insbesondere in militärischen Notlagen, auf Beschluss des Senats ernannt. Er hatte die größte Machtfülle aller Amtsträger, durfte jedoch höchstens für sechs Monate im Amt bleiben. Ein Interrex wurde gewählt, wenn beide Konsuln gleichzeitig verstarben; er sollte die Neuwahlen leiten.

Volksversammlungen

Es gab verschiedene Formen der Volksversammlung mit jeweils eigenen Kompetenzen. Ihr gemeinsames Merkmal war, dass nicht pro Kopf abgestimmt wurde, sondern nach „Stimmkörpern". Die Zenturiatkomitien, welche die Konsuln wählten, waren wie eine Heeresversammlung nach Waffenklassen gegliedert, und da die römischen Bürger ursprünglich ihre Waffen für den Krieg selbst mitbringen mussten, somit zugleich nach Vermögensklassen. In den Zenturien der Reichen waren viel weniger Bürger eingetragen als in den Zenturien der unteren Vermögensklassen, sodass die individuelle Stimme ersterer erheblich mehr galt. Zudem wurde jede Abstimmung ‚von oben' begonnen und abgebrochen, sobald die notwendige Mehrheit der Zenturien erreicht war – viele der ärmeren Bürger kamen somit gar nicht mehr dazu, ihre Stimme abzugeben. Für die Gesetzgebung wichtig war die Versammlung nach Tribus, territorialen Einheiten, in der die einzelnen Bürger gleiches Stimmrecht besaßen.

Das Zentrum der Macht stellte in der römischen Republik der Senat mit ungefähr 300 Mitgliedern dar – die genaue Anzahl war nicht festgelegt. In ihm versammelten sich alle ehemaligen Magistrate und damit die kumulierte politische Erfahrung Roms. Seine formalen Kompetenzen bestanden in der Kontrolle der Finanzen und in der Gestaltung der Außenpolitik – der Senat empfing auswärtige Gesandtschaften und entschied über Bündnisse –, er nahm darüber hinaus jedoch auch entscheidenden Einfluss auf die Amtsträger. Zwar war ein Konsul rechtlich nicht den Weisungen des Senats unterworfen, aber wenn er in seinem Amtsjahr dessen Willen ignorierte, musste er damit rechnen, abgestraft zu werden, wenn dieses abgelaufen war und er wieder in das zweite Glied zurücktrat.

Senat

Unter den Senatoren herrschte eine klare Hierarchie. Der individuelle Rang hing in erster Linie von dem höchsten Amt ab, das der Senator bekleidet hatte. Zwar zählte prinzipiell jede Stimme gleich, aber die gewesenen Konsuln wurden zuerst gebeten, ihre Meinung darzulegen. Da sich diese häufig schon vor der Senatssitzung auf eine Position verständigten, blieb den ‚Hinterbänklern', die entweder erst neu in den Senat gelangt waren oder auf der Leiter bei der Quästur oder Ädilität stehen geblieben waren, meist nur die Zustimmung zu den Äußerungen der Vorredner. Kampfabstimmungen im Senat waren die Ausnahme.

Hierarchie

Die führende Gruppe innerhalb der Senatorenschaft war die Nobilität, die sich im Verlauf der Ständekämpfe aus den patrizischen und den führenden plebejischen Familien herausgebildet hatte (vgl. Hölkeskamp 1987). Ohne dass sich feste Grenzen ziehen lassen, umfasste die Nobilität in etwa diejenigen Familien, die schon einmal einen Konsul gestellt hatten. Wer aus einer der Nobilität zugehörigen Familie stammte, hatte gute Startbedingungen für eine politische Karriere, aber keineswegs war der Weg zum Konsulat vorgezeichnet; die Zugehörigkeit zur Elite musste durch eigene Leistungen bestätigt werden. Für Senatoren ohne konsularische Vorfahren war es sehr schwierig, selbst zum höchsten Amt zu gelangen, aber in einigen Sonderfällen gelang dies. Die Nobilität war prinzipiell offen, in der politischen Praxis aber tendenziell geschlossen.

Nobilität

Während die Römer später für die ersten Jahrhunderte der Republik die Senatoren als harmonische Gruppe beschrieben, deren Ehrgeiz und Habsucht erst im Zuge der überseeischen Eroberungen geweckt worden seien, betont die neuere Forschung die Konkurrenz zwischen Familien und Individuen (vgl. Bleckmann 2002). Allerdings gelang es in Rom

Konkurrenz und Ehre

lange Zeit, diese Konkurrenz fast ausschließlich auf das Feld der Politik einzugrenzen. In Griechenland brachte ein Sieg bei den Olympischen Spielen weit größere Ehre als die Bekleidung von Ämtern, in Rom hingegen ließ sich Ehre nur über eine politische Karriere gewinnen: Einsatz für die *res publica* bildete den Lebensmittelpunkt eines Senators, der Aufstieg in höhere Ämter war die Belohnung. Es ist bezeichnend, dass *honos*, die lateinische Bezeichnung für „Amt", zugleich „Ehre" bedeutete, denn nur politischer Erfolg brachte Ehre.

Grabinschriften

Frühe lateinische Grabinschriften bringen diese Konzentration auf die Politik deutlich zum Ausdruck. Ein Beispiel aus dem 3. Jahrhundert v. Chr.:

„Lucius Cornelius Scipio, Sohn des Lucius, Ädil, Konsul, Zensor. Diesen einen Lucius Scipio halten die Römer übereinstimmend für den besten aller guten Männer. Er war der Sohn des Barbatus, der Konsul, Zensor und Ädil bei euch gewesen ist. Er eroberte Korsika und die Stadt Aleria, weihte den Gottheiten der Meeresstürme einen Tempel, wie sie es verdient haben."
(Degrassi 1963–65, Nr. 310)

Solche Grabinschriften geben darüber Auskunft, was in den Augen des Verstorbenen und der Gemeinschaft – das römische Volk wird direkt angesprochen – ein erfolgreiches Leben ausmachte. Hier sind zwei Aspekte auffällig: Erstens werden allein politische Leistungen erwähnt, nämlich die bekleideten Ämter, die errungenen Siege und die Pflichterfüllung gegenüber den Göttern, was ebenfalls als politische Tugend galt. Zweitens werden auch die Ämter des Vaters genannt, womit der Rang der Familie insgesamt betont wird.

Welche Stellung eine Person in der römischen Gesellschaft einnahm, war

Statusabzeichen

an äußeren Abzeichen ablesbar. Einen römischen Bürger erkannte man an

Abbildung 21: Togastatue eines Mannes mit Ahnenbüsten und nicht zugehörigem Kopf, sogenannter Brutus Barberini (1. Jahrhundert n. Chr.)

der Toga, einem großen Gewand, das kunstvoll um den Körper drapiert wurde (→ ABBILDUNG 21); Material und Form variierten.

Dieses Gewand galt als ‚Staatsgewand': Es verlangte vom Träger ruhige, gemessene Bewegungen und war deshalb nicht für die tägliche körperliche Arbeit geeignet; getragen wurde es bei staatlichen Handlungen, z. B. bei Volksversammlungen, bei Wahlen, vor Gericht, aber auch bei öffentlichen Festen und Spielen. Ritter, d. h. die Angehörigen der obersten Vermögensklasse, waren durch einen schmalen Purpurstreifen an der Toga gekennzeichnet, darüber hinaus mit einem goldenen Ring. Senatoren trugen an der Toga einen breiten Purpurstreifen, auch ein spezieller Schnürstiefel war für sie reserviert.

Toga als ‚Staatsgewand'

Die höheren Magistrate wurden von Liktoren begleitet, Amtsdienern, die Rutenbündel (*fasces*) als Zeichen der Amtsgewalt trugen. Die Liktoren waren keine Bodyguards, welche zum Schutz der Magistrate hätten dienen können; dafür waren sie nicht ausgerüstet, und außerdem schritten sie alle vorneweg. Ihre Funktion bestand darin,

Liktoren

Abbildung 22: Grabaltar des Servius Sulpicius Galba (Anfang 1. Jahrhundert v. Chr.; aufgrund des schlechten Erhaltungszustandes sind nicht mehr alle zwölf Rutenbündel zu erkennen)

den Magistraten in den Straßen Roms den Weg zu bahnen, vor allem aber visualisierten sie die Bedeutung weniger des Amtsträgers als des Amtes selbst. Die Anzahl der Liktoren korrespondierte mit dem Rang des Amtes: Quästoren und Ädile hatten keine Liktoren, Prätoren sechs, Konsuln zwölf, Dictatoren 24.

Wenn Servius Sulpicius Galba auf seinem Grab zwölf Rutenbündel abbilden ließ (→ ABBILDUNG 22), drückte er damit die wichtigste Information, welche die Inschrift über seine Person enthielt, auch im Bild aus: Er hatte das Konsulat bekleidet.

7.3 Soziale Bindungen

Die römische Gesellschaft war durch soziale Bindungen verklammert, die auch in die Politik hineinragten; die wichtigsten dieser Bindungen waren die Familie und die Klientel. Dass die familiäre Abstammung für die politische Karriere große Bedeutung besaß, ist schon erwähnt worden. In Rom wurde eine Erinnerungspflege an erfolgreiche Vorfahren betrieben, die aus keiner anderen Kultur bekannt ist: In den Häusern der senatorischen Familien befanden sich Schreine, in denen Masken von Vorfahren aufbewahrt wurden, welche die Ädilität oder ein höheres Amt erreicht hatten; Beischriften gaben Auskunft über deren Namen und die bekleideten Ämter. Diese Masken waren keine Totenmasken, sondern wurden noch zu Lebzeiten des Dargestellten angefertigt. Über ihr Aussehen können keine präzisen Angaben gemacht werden, da sie nicht erhalten sind. Der sogenannte Togatus Barberini (→ ABBILDUNG 21) aus der frühen Kaiserzeit zeigt einen Römer mit Büsten zweier Vorfahren; dieses Werk illustriert die Bedeutung, die den Bildern der Ahnen zugemessen wurde, es handelt sich bei den Büsten jedoch nicht um Ahnenmasken im engeren Sinne.

Ahnenmasken

Den Angehörigen der Familie und Besuchern des Hauses wurden so die akkumulierten Leistungen der Familie vor Augen geführt, und wenn ein angesehener Römer starb, „choreographierten [die senatorischen Familien, Anm. d. Verf.] ihr Prestige in einem sehr aufwendigen und kostspieligen Ritual" (Flaig 2003, S. 51). Der Leichenzug (*pompa funebris*) wurde von Polybios (ca. 200–120 v. Chr.), der die römische Gesellschaft aus griechischer Perspektive beschrieb (→ KAPITEL 8.2), ausführlich geschildert. Im Leichenzug marschierten die Vorfahren mit, indem ihre Masken Personen aufgesetzt wurden,

Pompa funebris

„die an Größe und Gestalt den Verstorbenen möglichst ähnlich sind. Diese tragen dann, wenn der Betreffende Konsul oder Prätor gewesen ist, Kleider mit einem Purpursaum, wenn Zensor, ganz aus Purpur, wenn er aber einen Triumph gefeiert und dementsprechende Taten getan hat, goldgestickte. Sie fahren auf Wagen, denen Rutenbündel und Beile und die anderen Insignien des Amtes, je nach der Würde und dem Rang, den ein jeder in seinem Leben bekleidet hat, vorangetragen werden, und wenn sie zur Rednertribüne gekommen sind, nehmen alle in einer Reihe auf elfenbeinernen Stühlen Platz. Man kann sich nicht leicht ein großartigeres Schauspiel denken für einen Jüngling, der nach Ruhm verlangt und für alles Große begeistert ist. Denn die Bilder der wegen ihrer Taten hoch gepriesenen Männer dort alle versammelt zu sehen, als wären sie noch am Leben und beseelt, wem sollte das nicht einen tiefen Eindruck machen?"

(Polybios, *Geschichte* 6,53)

Das Besondere der römischen Erinnerung an die Vorfahren ist die Konzentration auf politische Ämter. Nur diejenigen Familien, die gewesene Ädilen oder höhere Magistrate in ihren Reihen hatten, verfügten überhaupt über Ahnenmasken und damit über die von Polybios beschriebene Form der Repräsentation. Es ging nicht um die Vorführung der biologischen Ahnenreihe, sondern um eine Präsentation der politisch erfolgreichen Ahnen; wer auf der Ämterleiter bei der Quästur stehen geblieben war, blieb außen vor. Wie bei den Gräbern wurden die Verstorbenen als Amtsträger visualisiert, indem sie mit den entsprechenden Insignien dargestellt wurden. Man kann sich gut vorstellen, dass diese Ahnenschau, wie von Polybios betont, Eindruck auf die jungen Männer machte. Sie sahen, dass man im öffentlichen Raum dem Vergessen anheimzufallen drohte, wenn man keine politische Karriere machte, dass dagegen erfolgreiche Politiker noch viele Generationen nach ihrem Tod immer wieder gerühmt wurden.

Politische Ahnenreihe

Außerdem reproduzierten die Leichenzüge die politischen Machtverhältnisse. Indem jedes Mal, wenn ein Angehöriger der führenden Familien bestattet wurde, die Leistungen seiner Vorfahren aktualisiert wurden, dokumentierte die Familie ihren Anspruch, auch in Gegenwart und Zukunft politische Führungspositionen zu bekleiden. Zugleich wurde die Konkurrenz zwischen den Familien gefördert: Durch die Reduzierung von politischer Leistung auf Ämter wurde diese zähl- und vergleichbar gemacht – der römische Bürger konnte erkennen, wie lange die jeweiligen Ahnenreihen bei einzelnen Familien waren.

Konkurrenz zwischen den Familien

Eine wichtige Klammer der römischen Gesellschaft bildete das Treueverhältnis zwischen einem sozial höher (*patronus*) und einem sozial tiefer Stehenden (*cliens*). Vertikale Bindungen existierten auch in anderen antiken Gesellschaften, aber in Rom waren sie in besonderer Weise formalisiert: Der Klient erwartete vom Patron Beratung in Rechtsfragen und Vertretung vor Gericht; der Patron erwartete wiederum vom Klienten, dass er seine Loyalität durch Geschenke, vor allem aber durch Besuch seines Hauses zu morgendlichen Audienzen dokumentierte. Je mehr Menschen sich am Morgen im Haus eines Senators drängten – die Türen standen offen, sodass Passanten hineinsehen konnten – und je größer das Gefolge war, wenn er zu politischen Geschäften ging, desto größer war dessen Prestige. Kandidierte der Patron für ein Amt, konnte er auf die Stimmen der Klienten zählen, kandidierte er nicht selbst, sprach er Wahlempfehlungen für seine Freunde aus; es ist jedoch unklar, inwieweit er das Wahlverhalten der Klienten kontrollieren konnte (zur Entwicklung der Klientel vgl. Meier 1997, S. 24ff.).

Die hohe Bedeutung familiärer Zugehörigkeit und die Klientelbeziehungen sind zwei gesellschaftliche Charakteristika Roms, welche den Gang der Politik entscheidend prägten. Die These, Rom sei eine mit Athen vergleichbare Demokratie gewesen – vertreten wurde sie vehement von Fergus Millar (vgl. Millar 1984, 1998, 2002) – berücksichtigt diesen Zusammenhang zwischen Politik und Gesellschaft unzureichend. Zwar waren Willensbekundungen des Volkes – nicht nur bei Versammlungen, sondern auch bei öffentlichen Spielen, wenn etwa einzelne Senatoren mit Beifall oder Buhrufen begrüßt und mit Sprechchören Forderungen erhoben wurden – ein wichtiger Faktor der römischen Politik, doch kann daraus keine Volksherrschaft abgeleitet werden. Millar verwies darauf, dass nach der Verfassung der römischen Republik die Volksversammlung, nicht der Senat, das entscheidende Gremium gewesen sei, denn sie habe die Beamten gewählt und die Gesetze beschlossen. In der von ihm ausgelösten Forschungsdebatte wurden jedoch die Mängel einer solchen rein staatsrechtlichen Betrachtung aufgedeckt (für eine Bilanz vgl. Hölkeskamp 2004). Gegen Millar wurde argumentiert, dass die Volksversammlung in Rom fast nie die an sie gerichteten Anträge ablehnte. Dies ist darauf zurückzuführen, dass die politische Klasse der Senatoren so organisiert und hierarchisiert war, dass sie in der Regel einen Konsens fand, *bevor* die Entscheidung zum Volk kam. Dadurch sprachen sie mit einer Stimme zum Volk, während in der athenischen Demokratie stets Entscheidungsalternativen angeboten wurden. In Rom waren Volksversammlungen eher Konsensrituale als Entscheidungsorgane (vgl. Flaig 2003, S. 155ff.). Der militärische Erfolg Roms und die aus den Siegen resultierende Befriedigung materieller Interessen aller Seiten haben sicherlich dazu beigetragen, dass es im Verhältnis zwischen Senatsaristokratie und Volk nicht zu tieferen Rissen kam.

Fragen und Anregungen

- Stellen Sie die Quellenlage zur Frühgeschichte Roms dar.
- Vergleichen Sie die Konkurrenzaustragung zwischen homerischen Helden und römischen Senatoren.
- Worin bestand das Besondere des römischen Leichenzuges?
- Suchen und diskutieren Sie verschiedene Schemata der Verfassung der Bundesrepublik Deutschland.

Lektüreempfehlungen

- **Hans Beck / Uwe Walter (Hg.): Die frühen römischen Historiker** [gr. / lat. / dt.]. Bd. 1: Von Fabius Pictor bis Cn. Gellius, Darmstadt 2001, 2., vollständig überarbeitete Auflage 2005; Bd. 2: Von Coelius Antipater bis Pomponius Atticus, Darmstadt 2004. *Quellen*

- **Titus Livius: Römische Geschichte**, herausgegeben von Hans Jürgen Hillen [lat. / dt.], 11 Bände, Darmstadt 1987–2000.

- **Attilio Degrassi (Hg.): Inscriptiones latinae liberae Rei Publicae** [lat.], Bd. 1 Florenz 1957, editio altera aucta et emendata Florenz 1965; Bd. 2 Florenz 1963.

- **Dionysius of Halicarnassus: The Roman Antiquities**, with an English translation by Earnest Cary on the basis of the version of Edward Spelman [gr. / engl.], London 1937ff., 2. Auflage Cambridge / Mass. 1962–84.

- **Dieter Flach: Die Gesetze der frühen römischen Republik. Text und Kommentar** [gr. / lat. / dt.], Darmstadt 1997.

- **Jochen Bleicken: Die Verfassung der römischen Republik**, Paderborn u. a. 1975, 7., völlig überarbeitete und erweiterte Auflage 1995. *Einführende Darstellung der Organe und politischen Praktiken der römischen Republik.* *Forschung*

- Egon Flaig: Ritualisierte Politik. Zeichen, Gesten und Herrschaft im Alten Rom, Göttingen 2003. *Theoriegeleitete Untersuchung der kulturellen Semantik römischer Politik.*

- R. Ross Holloway: The Archaeology of Early Rome and Latium, London/New York 1994. *Analyse von Schlüsselmonumenten und -befunden zur Frühgeschichte Roms und seiner näheren Umgebung.*

- Nathan Rosenstein / Robert Morstein-Marx (Hg.): A Companion to the Roman Republic, Oxford 2006. *Sammlung von Aufsätzen einführenden Charakters zu Quellenlage, chronologischer Entwicklung und einzelnen gesellschaftlichen Feldern der römischen Republik.*

- Thomas Schäfer: Imperii Insignia – sella curulis und fasces. Zur Repräsentation römischer Magistrate, Mainz 1989. *Zusammenstellung und Auswertung der Bild- und Textquellen zu den wichtigsten Insignien römischer Magistrate.*

- Uwe Walter: Memoria und res publica. Zur Geschichtskultur im republikanischen Rom, Frankfurt a. M. 2004. *Grundlegende Studie zu den Medien, Formen und Verfahren des historischen Gedächtnisses in der römischen Republik.*

8 Die römische Expansion

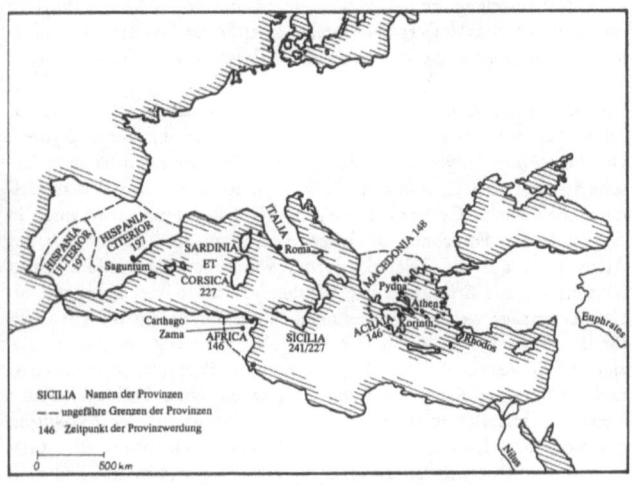

Abbildung 23: Die römische Expansion im Mittelmeerraum bis 146 v. Chr.

DIE RÖMISCHE EXPANSION

Der Aufstieg Roms von einer regionalen Macht zur Herrscherin über den gesamten Mittelmeerraum vollzog sich in rasantem Tempo. Bis zur Mitte des 4. Jahrhunderts v. Chr. beschränkte sich der römische Machtbereich auf Mittelitalien, 272 v. Chr. befand sich bereits ganz Italien unter römischer Oberhoheit. Die Herrschaft über das westliche Mittelmeer erlangte Rom in zwei langen und verlustreichen Kriegen gegen Karthago (264-241, 218-201 v. Chr.). Im 2. Jahrhundert v. Chr. beschleunigte sich die Ausdehnung der römischen Macht noch, denn im Osten stießen die Legionen auf verhältnismäßig schwachen Widerstand: In kürzeren Kriegen wurden die hellenistischen Reiche der Makedonen und der Seleukiden besiegt. Spätestens nach der Zerschlagung des Makedonenreiches 167 v. Chr. hatte Rom im gesamten Mittelmeergebiet keinen ernsthaften militärischen Gegner mehr und konnte von nun an als Weltmacht bezeichnet werden.

Die Schnelligkeit, mit der die Römer ihre Macht ausdehnten, hat schon bei den Zeitgenossen Be- und Verwunderung hervorgerufen. Der Historiker Polybios (ca. 200-120 v. Chr.) spürte in seinem Geschichtswerk den Gründen nach, warum Rom auf den Schlachtfeldern allen seinen Gegnern überlegen war. Diese Frage wird auch in der modernen Forschung diskutiert, vor allem aber richtet sich das Augenmerk auf die Triebfedern der römischen Expansion. Einen Masterplan zur Erringung der Weltherrschaft, so viel kann mit Sicherheit gesagt werden, gab es nicht, aber was waren die Ursachen für die vielen Kriege in Übersee: eine übertriebene Angst vor potenziellen Feinden („defensiver Imperialismus"), Beutegier, der militaristische Charakter Roms oder der Ehrgeiz einzelner Politiker? Einen weiteren Fragenkomplex bilden die Rückwirkungen der Expansion auf Rom und Italien. Nach Rom strömende Reichtümer und griechische Einflüsse führten zu einer Veränderung der materiellen Kultur und zu einer Verschärfung der politischen Auseinandersetzungen innerhalb der römischen Führungsschicht.

8.1 **Ursachen der römischen Expansion**
8.2 **Warum die Legionen siegten**
8.3 **Die Folgen der Expansion für Rom**

8.1 Ursachen der römischen Expansion

Bereits kurze Zeit, nachdem die Römer die Herrschaft über Italien erlangt hatten, traten sie in die Kriege mit Karthago ein; kaum hatten sie die Karthager niedergerungen, setzte ein römisches Heer über die Adria, um gegen den Makedonenkönig Philipp V. Krieg zu führen (200–197 v. Chr.). Man könnte daraus den Eindruck gewinnen, die Römer hätten schon im 3. Jahrhundert v. Chr. einen Plan zur systematischen Ausdehnung ihrer Herrschaft über den Mittelmeerraum erstellt und diesen konsequent umgesetzt. Bei näherem Hinsehen wird jedoch deutlich, dass die römische Expansion so planvoll nicht war. In den ersten Krieg gegen Karthago waren die Römer erst nach intensiven Diskussionen im Senat gezogen, und das ursprüngliche Kriegsziel war nicht die Eroberung Siziliens; vielmehr sollte verhindert werden, dass die Karthager in Messina, in unmittelbarer Nähe Italiens, einen Stützpunkt errichteten. Und nach dem Sieg über Philipp V. wurde in Griechenland keine Provinz eingerichtet; stattdessen ließ der römische Feldherr Titus Quinctius Flamininus allen Griechen verkünden, ihre Poleis sollten frei sein. Diese Proklamation enthielt viel Freiheitsrhetorik, die auch schon von hellenistischen Monarchen angewandt worden war, sie war aber durchaus ernst gemeint. Das römische Heer zog aus Griechenland ab, und die bestehenden staatlichen Strukturen wurden intakt gelassen.

Weltherrschaftsplan?

Solche Beispiele für eine Vermeidung von direkter Herrschaft und der Umstand, dass die Römer bei allen ihren Kriegen in Übersee von befreundeten Staaten zu Hilfe gerufen wurden, haben zu der These geführt, die Römer hätten eigentlich nicht eine Ausweitung der eigenen Macht angestrebt, sondern lediglich die Entstehung von gefährlichen Großmächten verhindern wollen. Ein übertriebenes Sicherheitsbedürfnis habe zu den vielen Kriegen und schließlich zur Expansion geführt. Diese These eines „defensiven Imperialismus" Roms wurde vor dem Ersten Weltkrieg formuliert (vgl. Frank 1914), aber auch in späterer Zeit noch vertreten (vgl. Errington 1972).

Defensiver Imperialismus?

Einen Einschnitt in die Forschung zur römischen Expansion bildete eine Monografie von William Harris, der die These eines „defensiven Imperialismus" als allzu römerfreundlich zurückwies (vgl. Harris 1979; 2004). Harris führte die zahlreichen Kriege Roms auf zwei andere Ursachen zurück:

- Erstens auf ein durch und durch militaristisches Ethos der Römer, für die Kriege und Siege die wichtigste Quelle von Ruhm und Ehre dargestellt hätten,
- zweitens auf ökonomische Motive.

Militarismus und ökonomische Motive?

Beute

Zwar habe es in Rom keinen auf systematische Ausbeutung der wirtschaftlichen Ressourcen zielenden Imperialismus – vergleichbar dem modernen Imperialismus – gegeben, doch seien Kriegsbeute und wirtschaftliche Erschließung der eroberten Länder ein wesentlicher Anreiz gewesen, Kriege zu führen. Harris versuchte seine prinzipiellen Überlegungen mit einer genauen Analyse der einzelnen Kriegsausbrüche zu untermauern.

In seiner Kritik am Konzept des „defensiven Imperialismus" hat Harris viel Zustimmung erfahren, jedoch ist sein Ansatz ebenfalls zu einseitig. Es ist zwar richtig, dass Krieg im römischen Denken allgegenwärtig war und sehr positiv wahrgenommen wurde, doch standen die Römer mit dieser militaristischen Haltung nicht allein. Auch für keltische Stämme, griechische Poleis und hellenistische Könige hatten Krieg und Raub eine hohe Bedeutung (vgl. Eckstein 2006). Ökonomische Motive mögen eine Rolle gespielt haben, reichen zur Erklärung aber nicht aus: Denn von den Senatoren, welche die wichtigen Entscheidungen in der Außenpolitik trafen, zog nur ein Teil aus einem Krieg persönlichen Nutzen

Senatorische Konkurrenz

Vor diesem Hintergrund richtet man in jüngerer Zeit den Blick vor allem auf die Entscheidungsprozesse in Rom (vgl. Rich 2004). So kann bei manchen außenpolitischen Konflikten beobachtet werden, dass eine Gruppe von Senatoren eine Eskalation anstrebte und mit allen Mitteln einen Krieg herbeiführen wollte, während eine andere Gruppe den Ausbruch eines Krieges zu verhindern suchte. Hinter diesen Konflikten standen weniger programmatische Differenzen über die römische Außenpolitik als vielmehr taktische Überlegungen: In Rom waren während des 3. und 2. Jahrhunderts v. Chr. die beiden Konsuln für die Führung der großen Kriege zuständig. Wer ein Konsulat innehatte, zog daraus Nutzen, wenn in seinem Amtsjahr ein Krieg entstand; denn dieser bot ihm die Möglichkeit, Ruhm und Beute zu erlangen und außerdem ein Netz von persönlichen Beziehungen im Kriegsgebiet aufzubauen. Dies mag dazu geführt haben, dass er selbst und seine Freunde gezielt Kriege herbeiführten, auch wenn diese in römischem Interesse nicht notwendig gewesen wären. Auf der anderen Seite konnten gerade Senatoren deshalb versuchen, im Senat eine eher friedensstiftende Politik durchzusetzen, um ihrem Gegner die Chance auf ein prestigeträchtiges Kommando zu nehmen.

Keiner der genannten Faktoren – Sicherheitsbedürfnis, militaristische Struktur, ökonomische Motive, senatorische Konkurrenz – kann alleine die rasche Expansion Roms erklären; jeder von ihnen mag eine Rolle gespielt haben. Um zu einem genauen, differenzierten Bild zu gelangen, müssen die Ursachen für jeden Krieg zunächst einmal für sich betrachtet werden. Wenn man die Entwicklung der römischen Außenpolitik im 2. Jahrhundert nachzuzeichnen versucht, ergibt sich eine Verschiebung von einem defensiven zu einem zunehmend aggressiven Vorgehen. Nach den Siegen über den Makedonenkönig Philipp V. (s. o.) und über den Seleukidenkönig Antiochos III. (192–188 v. Chr.) verzichteten die Römer noch auf Annexionen; ihr Bestreben ging vielmehr dahin, die Machtentfaltung dieser dynamischen und ehrgeizigen Herrscher einzudämmen. Die Römer knüpften dazu ein Netz von Freundschaften mit kleineren Mächten, beispielsweise mit Rhodos und den Königen von Pergamon, die sich durch eine enge Anlehnung an Rom Schutz vor ihren Feinden und eine Stärkung ihrer eigenen Position versprachen.

<small>Freundschaften mit griechischen Mächten</small>

Doch dieses System einer indirekten Herrschaft führte dazu, dass die Römer sich immer wieder mit innergriechischen Konflikten befassen mussten (vgl. Gruen 1984). Denn die mit Rom befreundeten Mächte gerieten häufig miteinander in Konflikt und schickten Gesandtschaften nach Rom, um Hilfe zu erbitten; die Römer fanden sich somit in der Rolle des Schiedsrichters wieder, der zwangsläufig manche Freunde verprellte und damit Unzufriedenheit hervorrief. Die politischen Diskussionen in den einzelnen Gemeinwesen Griechenlands wurden zunehmend durch einen Gegensatz zwischen Romfreunden und Romgegnern bestimmt. Die Römer verstärkten diese Tendenz, indem sie eine wachsende Intoleranz gegenüber einer eigenständigen Politik griechischer Mächte zeigten und nur noch die Wahl zwischen einer unterwürfigen Haltung und offenem Widerstand zuließen. Mit unterworfenen Feinden und ihren politischen Gegnern in den Poleis gingen die Römer nun mit großer Brutalität um: Nach dem Sieg des Lucius Aemilius Paullus über Perseus (168 v. Chr.) wurde das Makedonenreich aufgelöst und in vier Distrikte unterteilt; in Epirus ließ Paullus viele Städte plündern und nach der Darstellung von Polybios 150 000 Menschen versklaven (Polybios, *Geschichte* 30,15). In manchen Regionen wurden die Gegner Roms getötet, aus Achaia wurden 1 000 Mitglieder der Führungsschicht als Geiseln nach Rom deportiert.

<small>Verschärfung der römischen Politik</small>

Ein solch hartes Vorgehen schuf einen Nährboden dafür, dass sich griechische Politiker breite Unterstützung im Volk sichern konnten, wenn sie antirömische Ressentiments aktivierten. Ein angeblicher Sohn des Perseus rief in Makedonien zum Widerstand gegen Rom auf; nachdem er besiegt worden war, richteten die Römer in Makedonien eine Provinz ein (148 v. Chr.) und beendeten damit die Phase

<small>Übergang zu direkter Herrschaft</small>

der indirekten Herrschaft. Nachdem sich auch in Achaia die Wortführer einer antirömischen Politik durchgesetzt hatten, kam es zum – militärisch aussichtslosen – Krieg dieses früheren Verbündeten gegen Rom, in dessen Folge Korinth zerstört und weite Teile Griechenlands der Provinz Makedonien angegliedert wurden (146 v. Chr.). Im selben Jahr wurde auch Karthago zerstört und in Nordafrika eine Provinz eingerichtet. Attalos III. von Pergamon zog kurze Zeit später die Konsequenz aus der Unmöglichkeit einer eigenständigen Politik und vererbte sein Reich dem römischen Volk (133 v. Chr.). Die Römer nahmen die Herrschaft an und gliederten auch einen Teil Kleinasiens in ihr Reich ein. 63 Jahre nach der Freiheitserklärung des Flamininus waren sie damit endgültig zur direkten Herrschaft übergegangen.

8.2 Warum die Legionen siegten

Von den Zeitgenossen wurden die Gründe, warum die Römer in kurzer Zeit so zahlreiche Kriege in Übersee führten, weniger thematisiert. Für sie war es die wichtigere Frage, warum die Römer die Kriege allesamt gewannen und in kurzer Zeit alte, mächtige Reiche in die Knie zwangen. Polybios (ca. 200–120 v. Chr.) hielt die Suche nach den Gründen für den römischen Erfolg für *die* historiografische Herausforderung seiner Zeit:

Polybios

„Denn wer wäre so gleichgültig, so oberflächlich, dass er nicht zu erfahren wünschte, wie und durch was für eine Art von Einrichtung und Verfassung ihres Staates beinahe der ganze Erdkreis in nicht ganz dreiundfünfzig Jahren unter die alleinige Herrschaft der Römer gefallen ist? Oder wer hätte eine solche Leidenschaft für einen anderen Gegenstand ästhetischer Betrachtung oder wissenschaftlicher Erkenntnis, dass ihm daran mehr gelegen wäre, als hiervon zu hören?"

(Polybios, *Geschichte* 1,1)

Polybios gehörte zur Führungsschicht des Achäischen Bundes und befand sich unter den Geiseln, die nach dem Sieg über Perseus und seine Bundesgenossen 167 v. Chr. nach Rom gebracht wurden (zu Polybios' Biografie vgl. Walbank 1990). Dort lernte er viele hochrangige Senatoren persönlich kennen und gewann tiefe Einblicke in die politische Ordnung Roms. Diese, so sein Ergebnis, sei allen anderen Verfassungen überlegen, da sie Elemente aller drei reinen Verfassungen (Monarchie, Aristokratie, Demokratie) beinhalte: Die umfassende Befehlsgewalt der Konsuln im Felde bildeten das monarchische Element, die

Mischverfassungstheorie

starken Kompetenzen des Senats im Bereich der Außen- und Finanzpolitik das aristokratische, und demokratisch sei die Verabschiedung von Gesetzen sowie die Wahl von Beamten durch die Volksversammlung. Diese Analyse ist stark beeinflusst von einer vor allem in der Schule des Aristoteles vertretenen politischen Theorie, die eine gemischte Verfassung als Ideal entworfen hatte; sie trifft nicht die Realität der römischen Politik, da sie die überragende Rolle des Senats nicht ausreichend beachtet (→ KAPITEL 7). Wenn in der heutigen Forschung die Bedeutung der politischen Ordnung Roms für die militärischen Erfolge untersucht wird, wird vielmehr die Integrationskraft der römischen *res publica* unterstrichen (vgl. Flaig 2003; Jehne 2003): Das Ruhmstreben der Aristokratie war auf den politisch-militärischen Bereich bezogen, und auch die einfachen Soldaten legten eine Kampfmoral an den Tag, die nur durch die starke Identifikation mit der römischen Gesellschaftsordnung erklärt werden kann.

Integrationskraft

Stellt man die Frage nach dem römischen Erfolg auf militärischer Ebene, so muss zunächst das große Wehrpotenzial Roms und Italiens berücksichtigt werden. Im Gegensatz zu griechischen Poleis weiteten die Römer den Kreis der Bürger beständig aus: Bereits um 220 v. Chr. umfasste der Bürgerverband ungefähr 200 000 Mann und damit ein Vielfaches jeder griechischen Polis. Hinzu kam die Fähigkeit, auch die Gebiete außerhalb des eigentlichen römischen Territoriums zu integrieren: Das Bundesgenossensystem, das alle Städte und Stämme Italiens durch bilaterale Verträge an Rom band, bewährte sich im 3. und 2. Jahrhundert v. Chr. hervorragend und garantierte, dass Rom immer wieder große Heere aufstellen konnte – selbst nach einigen vernichtenden Niederlagen zu Beginn des Zweiten Punischen Krieges. In republikanischer Zeit wurden die Truppen für jeden Feldzug neu ausgehoben, zur Ausbildung eines stehenden Heeres kam es erst in der Kaiserzeit.

Wehrpotenzial

Den Kern des römischen Heeres bildeten die Legionäre, die mit einem großen länglichen Schild, Brustpanzer, Helm, Schwert und Wurflanzen bzw. einem Stoßspeer ausgerüstet waren (vgl. Hoyos 2007). Sie kämpften in vergleichsweise kleinen, beweglichen Einheiten, was sich in den Schlachten gegen hellenistische Heere als Vorteil erwies: Diese formierten sich in Form einer Phalanx, einer geschlossenen Schlachtreihe, in der jeder Soldat einen Schild und einen sehr langen Speer trug. In kompakter Formation war eine solche Phalanx sehr wirkungsvoll, aber wenn sie infolge von Geländebeschaffenheit oder ungleichmäßigem Druck auseinanderbrach, waren die Soldaten für den Einzelkampf schlecht gerüstet. Von manchen Schlachten wird

Bewaffnung des Legionärs

berichtet, dass die Römer zwar zunächst zurückweichen mussten, sich jedoch später die Beweglichkeit ihrer Truppen auszahlte. Dieser taktische Vorteil der römischen Kampfesweise wurde bereits von Polybios erkannt (*Geschichte*, 18,30–18,32).

<small>Feldherren</small>   Die strategischen Fähigkeiten der Feldherren bildeten sicherlich keinen Grund für die römischen Kriegserfolge. Zwar musste jeder Angehörige der Senatsaristokratie in jungen Jahren einen mehrjährigen Militärdienst absolvieren, doch dieser war nicht als strategische und taktische Schulung gedacht. Wenn sich Senatoren später ihres Militärdienstes rühmten, taten sie dies unter Verweis auf die persönliche Tapferkeit, die sie im Kampf an den Tag gelegt hatten: In mehreren überlieferten Fällen entblößten Senatoren während einer Rede ihre Brust und zeigten dem Volk ihre Narben; mit diesem sichtbaren Nachweis, dass sie für Rom ihr Leben aufs Spiel gesetzt hatten, verliehen sie ihren Worten zusätzliches Gewicht (vgl. Flaig 2003, S. 123ff.).

Da die Leitung großer Kriege von den jeweils amtierenden Konsuln ohne Rücksicht auf ihre militärische Begabung übernommen wurde, waren römische Heerführer ihren Gegnern bisweilen strategisch deutlich unterlegen, wie sich vor allem in den verheerenden Niederlagen gegen Hannibal zeigte (217 v. Chr. am Trasimenischen See, 216 v. Chr. bei Cannae). Wichtige Schlachten zu verlieren, hatte für die römischen Feldherren verhältnismäßig geringe Konsequenzen: Sie konnten häufig sogar ihre politische Karriere fortsetzen, während in anderen Kulturen militärisches Versagen mit Verbannung oder Tod bestraft wurde.

<small>Disziplin</small>   In Misskredit geriet hingegen ein Feldherr, der nicht willens oder in der Lage war, die Disziplin in der Truppe aufrechtzuerhalten. Denn die Autorität des Feldherrn wurde in Rom als wichtigste Grundlage der Kriegführung betrachtet: Zu Beginn jedes Feldzuges wurden die Soldaten auf den Feldherrn vereidigt, ohne dessen Erlaubnis es ihnen ebenso wenig gestattet war, einen Kampf zu beginnen, wie einen Kampf abzubrechen. Feigheit vor dem Feind, in Griechenland ‚nur' mit Ehrlosigkeit bestraft, hatte in Rom die Hinrichtung zur Folge. Die Grundlage der Autorität des Feldherrn war sein sozialer Status als Angehöriger der Senatsaristokratie. Doch dieser Status sollte im Lager nicht betont werden, etwa durch prächtige Ausstattung des Feldherrnzeltes, da dies die Distanz zu den einfachen Soldaten allzu augenfällig gemacht hätte. Aus der Zeit der späten Republik wird von mehreren römischen Feldherrn berichtet, sie hätten wie die Legionäre auf dem Boden geschlafen und dasselbe einfache Essen wie diese zu sich genommen.

<small>Affektive Nähe</small>   Mit diesen Gesten der „affektiven Nähe" (Flaig 2003, S. 21 und passim) überbrückten sie den sozialen Abstand und vertieften die

Beziehung zwischen Feldherrn und Soldaten, die in Rom nicht nur eine institutionelle, sondern auch eine persönliche war.

Die überragende Bedeutung des Feldherrn kommt ebenso in den zahlreichen religiösen Ritualen zum Ausdruck, welche die einzelnen Phasen des Krieges begleiteten (ausführlich dazu Rüpke 1990). Traf der Feldherr beim Heer ein, wurden ein Rind, ein Schwein und ein Schaf um das Feldlager geführt und anschließend geschlachtet – ein Ritual, das in der römischen Kultpraxis der Konstituierung von Gemeinschaften diente. Vor dem Auszug und vor einer Schlacht holte man göttliche Zeichen ein, indem man den Vogelflug beobachtete oder die Leber eines Opfertieres auf ihre Reinheit untersuchte. Nach einem siegreichen Krieg stattete der Feldherr den Göttern seinen Dank ab, indem er aus der Beute einen neuen Tempel errichten oder Siegesmonumente weihen ließ, die gleichzeitig seinen eigenen Ruhm mehrten. Diese – in Rom besonders ausgeprägte – rituelle Begleitung ließ Kriege als geregelte und sich in Übereinstimmung mit den Göttern vollziehende Prozesse erscheinen.

Krieg und Religion

8.3 Die Folgen der Expansion für Rom

Die Expansion und die innere Ordnung Roms beeinflussten sich wechselseitig. Auf der einen Seite bildete, wie oben bereits dargestellt, die Konkurrenz innerhalb der Senatsaristokratie eine der Triebfedern für die Ausweitung der römischen Macht, auf der anderen Seite führte die Ausweitung der römischen Macht zu einer weiteren Verschärfung dieser Konkurrenz. Für die Römer selbst bestand kein Zweifel daran, dass sich die Politik in Rom durch die Weltmachtstellung veränderte, und zwar zum Schlechteren. Die Veränderung wurde mit moralischen Kategorien beschrieben, etwa von Sallustius Crispus, dem bedeutendsten Geschichtsschreiber der römischen Republik (ca. 86 v. Chr. – ca. 35 v. Chr.), der – wie die meisten römischen Geschichtsschreiber – auch selbst politisch aktiv war (zu Sallusts Biografie vgl. Schmal 2001, S. 9–23). Ausgangspunkt seiner Betrachtung ist die ‚gute alte Zeit', als die Römer zwar arm waren und noch nicht die Welt beherrschten, aber selbstlos und tapfer der *res publica* dienten:

Verschärfung der Konkurrenz

Sallust

> „So hielt man daheim und im Feld auf gute Sitte; Gemeinsinn herrschte, ganz selten äußerte sich Eigennutz; Recht und Sittlichkeit galt bei ihnen mehr durch natürliche Gewöhnung als durch den Zwang der Gesetze."

(Sallust, *Die Verschwörung des Catilina* 9)

DIE RÖMISCHE EXPANSION

Moralischer Niedergang?

Die großen Eroberungen, insbesondere der endgültige Sieg über die gefährlichste Rivalin, Karthago, hätten dagegen die guten Sitten untergraben und Habsucht sowie andere Laster mit sich gebracht:

„Als aber durch Tätigkeit und Gerechtigkeit der Staat sich vergrößert hatte, mächtige Könige im Krieg bezwungen, wilde Stämme und große Völker gewaltsam unterworfen waren, Roms Nebenbuhlerin Karthago von Grund auf vernichtet war und nun alle Meere und Länder offen standen, da begann das Schicksal seine Tücke zu zeigen und alles durcheinander zu bringen. Denselben Männern, die Strapazen, Gefahren, bedenkliche und schwierige Lagen leicht ertragen hatten, wurden Ruhe und Reichtum, sonst wünschenswerte Güter, zur Last und zum Verhängnis. So wuchs zuerst das Verlangen nach Geld, dann nach Macht; dies war gewissermaßen die Wurzel alles Übels. Denn die Habsucht untergrub Treue, Redlichkeit und die übrigen guten Eigenschaften; dafür lehrte sie Hochmut und Grausamkeit, lehrte die Götter missachten und alles für käuflich halten. [...] Seitdem es dahin gekommen war, dass Reichtum Ehre brachte und ihm Ruhm, Macht und Einfluss folgten, da begann die Tugend zu schwinden, Armut galt als Schande, Unbescholtenheit sah man als bösen Willen an."
(Sallust, *Die Verschwörung des Catilina* 10-12)

Aus diesem moralischen Niedergang leitete Sallust schließlich die Verschärfung der Konflikte ab, die zu den Bürgerkriegen seiner Zeit geführt hatten (→ KAPITEL 9.1). Ähnliche Ursachenbeschreibungen finden sich auch bei anderen Autoren der Epoche: Für die Römer des 2. und 1. Jahrhunderts v. Chr. war es eine Tatsache, dass unter ihren Vorfahren bessere Sitten geherrscht hatten und dass die guten Sitten eine Voraussetzung für die militärischen Erfolge waren, welche wiederum den sittlichen Niedergang einleiteten.

Wenn man diese Ursachenanalyse auf ihre Stichhaltigkeit überprüfen möchte, muss zunächst festgehalten werden, dass der Reichtum der römischen Aristokratie in der Tat durch die Eroberungen stark zunahm: Gewaltige Mittel flossen – in Form von Kriegsbeute, Geschenken auswärtiger Herrscher oder Einkünften der Provinzverwaltung – in ihre Taschen und wurden in Rom zur Entfaltung materieller Pracht eingesetzt. Senatoren erbauten prächtige Häuser in Rom oder Villen auf dem Land, statteten diese mit kostbaren Möbeln aus und luden zu prächtigen Gastmählern mit erlesenen Zutaten.

Luxus

Hinsichtlich der kausalen Verknüpfung zwischen Expansion, Luxussteigerung und Verschärfung der Konkurrenz ist die Forschung allerdings von dem moralischen Erklärungsansatz Sallusts abgerückt.

Stattdessen wird in neueren Studien analysiert, wie sich die Bedingungen individueller politischer Karrieren geändert haben (vgl. Gruen 1990). Ausgangspunkt ist der Umstand, dass sich die nach Rom strömenden Reichtümer nicht gleichmäßig auf die römische Senatsaristokratie verteilten: Vielmehr partizipierten primär diejenigen, welche in die Position eines Feldherren oder eines Provinzstatthalters gelangten, und sekundär ihre Freunde, denen sie einen Teil ihrer Reichtümer überließen. Auch schon in früheren Zeiten war es sehr attraktiv gewesen, römische Truppen zu befehligen, aber die vergleichsweise kleinen Kriege, die Rom etwa im 4. Jahrhundert v. Chr. in Italien geführt hatte, konnten keine solch gravierende ökonomische Ausdifferenzierung der römischen Führungsschicht bewirken, wie sie durch die Expansion in Übersee eintrat.

Ökonomische Ausdifferenzierung

Durch verschiedene Luxusgesetze, die beispielsweise Höchstbeträge für die Kosten eines Gastmahls festsetzten, wurde versucht, die Sichtbarkeit ökonomischer Unterschiede einzudämmen; diese Grenzen wurden jedoch nicht eingehalten (vgl. Baltrusch 1989). Die Prachtentfaltung einiger Senatoren setzte nun die weniger reichen unter Druck: Entweder sie versuchten, es diesen gleichzutun und riskierten damit den finanziellen Ruin, oder sie ließen es zu, auf der Ebene der Repräsentation ins Hintertreffen zu geraten. Gleichzeitig stiegen im 2. und 1. Jahrhundert v. Chr. die Kosten für die politische Karriere deutlich: Öffentliche Spiele, mit denen die Gunst des Volkes gewonnen werden konnte, nahmen an Umfang und Pracht stark zu. Somit sahen sich viele junge Politiker gezwungen, sich zu verschulden, damit sie mit guten Erfolgsaussichten für die höheren Ämter kandidieren konnten. Waren sie erfolgreich und gelangten zur Prätur oder zum Konsulat, konnten sie die Schulden aus den Einkünften von Feldzügen oder aus der Provinzverwaltung zurückzahlen; wenn sie jedoch bei ihren Bewerbungen scheiterten, drohte ihnen politischer und sozialer Abstieg. Die Expansion Roms bot somit größere Möglichkeiten für den Erwerb von Macht und Reichtum, schuf aber auch größere individuelle Risiken; dies führte zwangsläufig zu einer Verschärfung der Konkurrenz.

Kosten der Karriere

Ein weiterer Grund für die Zunahme der Spannungen war die Machtfülle römischer Feldherren und Provinzverwalter. Diese hatten während ihrer Amtszeit praktisch unbegrenzte Handlungsspielräume, um Unterworfene zu schonen oder zu bestrafen, Privilegien zu vergeben oder Sanktionen zu verhängen. Von den Griechen wurden sie, was ihre Macht durchaus realistisch wiedergibt, wie Könige behandelt. Beispielsweise wurde für Titus Quinctius Flamininus ein Kult

Machtfülle römischer Feldherren

Abbildung 24: Goldstater mit Porträt des Titus Quinctius Flamininus (ca. 197 v. Chr.)

eingerichtet, wie er für hellenistische Herrscher üblich war; sein Porträt wurde auf Münzen geprägt (→ ABBILDUNG 24), was in Rom selbst noch keine Akzeptanz gefunden hätte.

Auch Lucius Aemilius Paullus knüpfte in seiner Selbstdarstellung direkt an monarchische Vorbilder an: Nachdem er den Makedonenkönig Perseus besiegt hatte, ließ er das halbfertige Pfeilermonument, das dieser in Delphi hatte errichten lassen, zu einem Denkmal seines *eigenen* Sieges umgestalten (→ ABBILDUNG 25):

Aemilius-Paullus-Monument

Der Schlachtenfries wurde teilweise umgearbeitet, indem einige der dargestellten Soldaten mit Langschilden versehen und damit als Römer gekennzeichnet wurden. Über dem anonymen Kampfgeschehen des Frieses ragte eine Reiterstatue des Aemilius Paullus empor, der damit seine eigene Person monumental und heroisch in einem der wichtigsten Heiligtümer Griechenlands abbildete: „Nicht nur die besiegten Gegner, sondern auch die römi-

Abbildung 25: Monument des Lucius Aemilius Paullus in Delphi (Pfeilerdenkmal, 168/67 v. Chr.)

schen Truppen bildeten im wörtlichen wie im metaphorischen Sinn den Sockel für den Ruhm des einen großen Feldherrn." (Hölscher 1987, S. 24) Man kann sich leicht vorstellen, dass es schwer fiel, Feldherren und Statthaltern nach Ablauf ihrer Amtszeit wieder in den auf Homogenität ausgerichteten Senat zu integrieren.

Fragen und Anregungen

- Erläutern Sie die These eines „defensiven Imperialismus" Roms.
- Aus welchen Gründen blieben die Römer in fast allen Kriegen siegreich?
- Beschreiben Sie die Auswirkungen der Expansion auf die innere Politik Roms.
- Nennen Sie Gründe, warum die Römer die Folgen der Expansion als negativ wahrnahmen.

Lektüreempfehlungen

- **Polybios: Geschichte, Gesamtausgabe in zwei Bänden.** Eingeleitet und übertragen von Hans Drexler [dt.], 2 Bände, Zürich 1961–63, 2. Auflage 1978/79. — Quellen

- **Gaius Sallustius Crispus: Werke,** übersetzt von Werner Eisenhut [lat./dt.], München 1985, 2. Auflage Zürich 1994.

- **C. Sallusti Crispi Catilina, Iugurtha, Historiarum fragmenta selecta, Appendix Sallvstiana,** recognovit brevique adnotatione critica instruxit Leighton D. Reynolds [lat.], Oxford 1991.

- **Craige B. Champion (Hg.): Roman Imperialism. Readings and Sources,** Oxford 2004. *Eine sehr nützliche Zusammenstellung von neueren Aufsätzen und den wichtigsten antiken Zeugnissen.* — Forschung

- **Paul Erdkamp: A Companion to the Roman Army,** Malden 2007. *Überblick über neuere Forschungen zu Fragen der Bewaffnung und Untergliederung der römischen Armee in ihrer historischen Entwicklung sowie zum Verhältnis zwischen militärischen und sozialen Prozessen.*

- Erich S. Gruen: The Hellenistic World and the Coming of Rome, 2 Bände, Berkeley 1984. *Umfassende Untersuchung der römischen Expansion im Osten unter Berücksichtigung der inneren Situation sowohl Roms als auch der griechischen Mächte.*

- Tonio Hölscher: Römische Bildsprache als semantisches System, Heidelberg 1987. *Exemplarische Überlegungen zur Übernahme und Transformation griechischer Kunstformen durch die Römer.*

- Jörg Rüpke: Domi militiae. Die religiöse Konstruktion des Krieges in Rom, Stuttgart 1990. *Untersuchung der den Krieg betreffenden religiösen Rituale, Symbole und Vorschriften in der Republik und der frühen Kaiserzeit.*

- Stephan Schmal: Sallust, Darmstadt 2001. *Gute kompakte Einführung in Leben und Werk des wichtigsten Geschichtsschreibers der römischen Republik.*

9 Politische Karrieren in der späten Republik: Pompeius

Abbildung 26: Portraitkopf des Pompeius Magnus (Marmor; Kopie des 1. Jahrhunderts n. Chr. nach einem Original ca. 55 v. Chr.)

Dieser gut erhaltene Marmorkopf wurde 1884 in einem Grabmal in Rom entdeckt und gelangte bald darauf nach Kopenhagen. Er entstand im frühen 1. Jahrhundert n. Chr. als Kopie einer Statue, die zu Lebzeiten des Feldherrn Pompeius (106–48 v. Chr.) in Rom aufgestellt worden war. Der Haarwirbel über der Stirnmitte ist ein Zitat aus der Frisur Alexanders (→ KAPITEL 5.3) – *äußeres Abzeichen des löwenhaften Mutes eines siegreichen Feldherrn. Ob die Gesichtszüge ebenfalls die Anspannung eines energischen Mannes darstellen oder – in gewolltem Kontrast zum Alexandermotiv – die Leutseligkeit des Pompeius betonen sollen, wird in der Forschung kontrovers diskutiert. Die Originalstatue befand sich wahrscheinlich in einem großen Gebäudekomplex, der Theater, Gartenanlagen und Säulenhallen einschloss und von Pompeius selbst errichtet worden war.*

In der späten Republik (133–30 v. Chr.) wurden Machtkämpfe in Rom mehr und mehr auf Schlachtfeldern anstatt in den politischen Institutionen entschieden. Römische Heere wurden nicht mehr nur gegen äußere Feinde eingesetzt, sondern auch, um die Interessen des Feldherrn gegenüber seinen politischen Konkurrenten in Rom durchzusetzen. Trotz der Bedeutungszunahme des Militärischen musste jeder, der dauerhaften Einfluss ausüben wollte, sich auch auf politischem Parkett bewähren, denn die Autorität des Senats war ungebrochen; zudem zählte die Meinung des einfachen Volkes in Rom viel. Die Karrierewege, die Selbstdarstellung und die Grenzen der Spielräume spätrepublikanischer Politiker zeigen sich sehr deutlich am Beispiel des Gnaeus Pompeius; dieser hat gerade in den letzten Jahren große Aufmerksamkeit auf sich gezogen (vgl. Christ 2004; Southern 2006; Heller 2007) und eine differenzierte Bewertung erfahren, nachdem ihm lange das negative Urteil eines der wirkungsmächtigsten Althistoriker des 19. Jahrhunderts angehaftet hatte, „eine von den kleinlichen und gemeinen Naturen" gewesen zu sein, ein „durchaus gewöhnlicher Mensch", der unter normalen Umständen nur „ein tüchtiger Wachtmeister" geworden wäre (Mommsen 1976, Bd. 4, S. 18; Bd. 5, S. 19).

9.1 **Pompeius' Karriere**
9.2 **Die Selbstdarstellung in Rom**
9.3 **Cicero und Pompeius**

9.1 Pompeius' Karriere

Die Epoche der späten römischen Republik (133–30 v. Chr.) ist gekennzeichnet von erbitterten, zunehmend gewaltsam ausgetragenen Machtkämpfen. Zu einer ersten Eruption von Gewalt in den Straßen Roms kam es, als nacheinander die Brüder Tiberius und Gaius Gracchus mit Traditionen römischer Politik brachen. Jeweils auf das Amt des Volkstribunen gestützt, brachten sie Gesetzesanträge ohne die Zustimmung oder sogar gegen den offenen Widerstand des Senats vor die Volksversammlung. Beim Volk stießen die Anträge, beispielsweise zur Verteilung von Ackerland an bedürftige römische Bürger, auf Zustimmung, was auch auf die glänzende Rhetorik der Gracchen zurückzuführen ist. Bei der Senatsmehrheit hingegen forderte das politische Vorgehen der Brüder heftigen Widerstand heraus, der in blutigen Straßenkämpfen kulminierte, bei denen sowohl Tiberius (133 v. Chr.) als auch Gaius Gracchus (121 v. Chr.) ihr Leben verloren. Trotz ihres Scheiterns prägten die Gracchen einen Politikertyp, der für die späte Republik kennzeichnend ist: den eloquenten Volkstribunen, der großen Einfluss auf das Volk ausübt, ohne entsprechenden Rückhalt im Senat zu besitzen.

Die Gracchen

Ein weiterer, noch wichtigerer Politikertyp ist der erfolgreiche Feldherr. Lucius Cornelius Sulla zog 88 v. Chr. an der Spitze seines Heeres nach Rom, um seine Gegner auszuschalten und die Verhältnisse in seinem Sinne zu ordnen. Dieser Marsch schuf ein folgenreiches Exempel, denn Sulla hatte bewiesen, dass die römischen Legionäre ihrem Feldherrn mehr verpflichtet waren als der *res publica*. Vom Feldherrn erwarteten sie die Erfüllung ihrer Wünsche, vor allem die Versorgung nach ihrer Dienstzeit. Seit Sulla musste bei der Vergabe von militärischen Kommanden beständig einkalkuliert werden, dass der Feldherr seine Truppen auch zur gewaltsamen Durchsetzung eigener innenpolitischer Interessen gebrauchen könnte.

Sullas Marsch auf Rom

In den folgenden Bürgerkriegen zeichnete sich auf Sullas Seite der sehr junge Gnaeus Pompeius aus (106–48 v. Chr.), der große Erfolge in Italien, Sizilien und Nordafrika erzielte. Nachdem sich Sulla aus der Politik zurückgezogen hatte und bald darauf verstorben war (78 v. Chr.), nahm Pompeius die Rolle des überragenden Feldherren ein. Er führte siegreiche Kämpfe gegen Aufständische in Italien und in Spanien, seine größten Erfolge aber waren die Niederwerfung der Piraten im gesamten Mittelmeergebiet (67 v. Chr.) und der Sieg über Mithridates VI. von Pontos, der eine beständige Bedrohung für die römischen Besitzungen und Freunde im Osten gewesen war. In der Folge der Feldzüge in

Pompeius als Feldherr

Kleinasien, Armenien und Syrien (66–62 v. Chr.) stellte Pompeius seine Fähigkeiten als Organisator nachdrücklich unter Beweis, indem er für diesen Raum eine neue Ordnung entwarf, die Roms Herrschaft im Osten auf eine neue, dauerhafte Grundlage stellte.

<small>Widerstand des Senats</small>

Weiten Kreisen der Senatsaristokratie war Pompeius ein Dorn im Auge. Ohne auf eine vornehme Ahnenreihe verweisen zu können, machte er eine steile Karriere, welche die traditionelle Ämterleiter Roms konterkarierte: Zu militärischen Kommanden gelangte er nicht dadurch, dass er über die niedrigen Ämter (Quästur, Ädilität) zur Prätur und schließlich zum Konsulat aufstieg, sondern indem er auf eigene Faust ein Heer aushob und dies Sulla zur Verfügung stellte. Und seinen ersten Triumph, traditionell der Höhepunkt der Karriere eines Römers, feierte er im Alter von 26 Jahren, als er noch nicht einmal Mitglied des Senats war! Eine solche Person war nicht in die klassische senatorische Hierarchie zu integrieren. Denn gemäß den Statuskriterien des Senats galten ehemalige Konsuln aus vornehmen Familien mehr als Pompeius, doch in anderer Hinsicht war ihnen dieser weit überlegen: Pompeius besaß die Unterstützung kampferprobter Soldaten, hatte auf seinen Feldzügen enorme Reichtümer gewonnen, die er für eine schillernde Selbstdarstellung nutzte (s. u.), und sein Prestige beim Volk von Rom war herausragend.

<small>Bündelung militärischer Macht</small>

Viele Senatoren hatten versucht, Pompeius' Karriere einzudämmen und zu verhindern, dass an ihn große Kommanden vergeben wurden. Doch letztendlich machten die vielfältigen Aufgaben, welche die Größe des Imperium Romanum mit sich brachte, die Bündelung von militärischer Macht notwendig. Am besten kann man dies anhand des Piratenproblems aufzeigen: Piraten, vor allem aus Kilikien, hatten seit dem 2. Jahrhundert v. Chr. den Schiffsverkehr zunehmend unsicher gemacht und waren auch an den Küsten auf Menschenfang gegangen – zunächst im östlichen Mittelmeer, schließlich aber auch an den Küsten Italiens und Spaniens. Kleinräumige Operationen einzelner römischer Statthalter hatten die Piraten nicht wirksam bekämpfen können, weil diese sich immer wieder an andere Orte zurückzogen. Als der Vorschlag diskutiert wurde, Pompeius das Kommando über alle Küsten zu übertragen, damit er in einer konzertierten Aktion die Piraten bekämpfen könne, plädierten viele Senatoren vehement gegen ein solch umfassendes Kommando, weil es einem Einzelnen zu große Macht einräume. Doch ein alternatives Konzept, wie die Aufgaben eines Weltreiches auf der Grundlage senatorischer Gleichheit zu lösen seien, fehlte, und der durchschlagende Erfolg des Pompeius gab den

Befürwortern großer Kommanden Recht: Durch sein systematisches Vorgehen wurden die Piraten in nur drei Monaten überall besiegt, und Meere und Küsten blieben für Jahrhunderte sicher.

Als Pompeius im Dezember 62 v. Chr. mit seinem siegreichen Heer nach Italien zurückkehrte, befürchteten viele, er würde wie Sulla an der Spitze seiner Legionen in Rom einziehen. Pompeius jedoch entließ die Soldaten und zog nur mit einem kleinen Gefolge nach Rom. Hatte er jedoch gehofft, er würde durch den Verzicht auf militärischen Druck die Senatoren auf breiter Front für sich einnehmen, sah er sich getäuscht. Vielmehr stießen alle seine politischen Wünsche, wie etwa die Anerkennung seiner Neuordnung von Provinzen und Klientelreichen im Osten und die Versorgung seiner Soldaten mit Land, auf den erbitterten Widerstand der Senatsmehrheit. Manche sahen die Gelegenheit gekommen, Pompeius nun endlich in seine Schranken zu weisen. Doch diese Politik führte letztendlich dazu, dass sich Pompeius mit zwei weiteren ehrgeizigen Männern, Gaius Iulius Caesar und Marcus Licinius Crassus, im sogenannten Ersten Triumvirat verbündete (60 v. Chr.). Dieses informelle Bündnis wird zu Recht als ein entscheidender Einschnitt in der Geschichte der Römischen Republik betrachtet: Die Triumvirn – die drei Mitglieder des Triumvirats – und ihre Anhänger kontrollierten in den kommenden Jahren die Politik in Rom, und als das Bündnis schließlich zerbrach, waren ein großer Bürgerkrieg und letztlich die Alleinherrschaft Caesars die gravierenden Folgen.

Erstes Triumvirat

Während des Bürgerkrieges stand die Mehrheit des Senats auf Seiten des Pompeius, da man glaubte, Caesar sei eine größere Gefahr für die *res publica*; jedoch ließen viele Senatoren keinen Zweifel daran, dass sie Pompeius' Macht nach einem Sieg über Caesar gerne wieder beschneiden würden. Dass Pompeius von vielen in seinem Lager nur als Instrument betrachtet wurde, um eine Alleinherrschaft Caesars zu verhindern, war eine der Ursachen für die Niederlage – trotz überlegener militärischer Ressourcen –, und die unglückliche Rolle des Pompeius im Bürgerkrieg hat sein Bild in der Überlieferung entscheidend geprägt (vgl. Heller 2007).

Bürgerkrieg

9.2 Die Selbstdarstellung in Rom

Pompeius' Selbstdarstellung in Rom pendelte zwischen zwei Polen: Auf der einen Seite versuchte er, die Größe seiner militärischen Erfolge glanzvoll zu dokumentieren, auf der anderen Seite strebte er danach,

Glanz und ‚Bescheidenheit'

nicht allzu ruhmbegierig zu erscheinen. Große Kommanden, so sollte es auf die Betrachter wirken, übernehme er nicht aus eigenem Antrieb, sondern weil man ihn darum bitte, und nicht zum eigenen Vorteil, sondern zur Steigerung von Macht und Wohlstand des römischen Volkes. Manche Historiker haben dieses Verhalten als Heuchelei verstanden und ein entsprechend negatives Bild von Pompeius gezeichnet (besonders einflussreich im späten 19. und frühen 20. Jahrhundert war das Urteil Theodor Mommsens – vgl. Mommsen 1976), jedoch entsprach es durchaus den üblichen kommunikativen Praktiken in Rom (für eine differenzierte Beurteilung vgl. Meier 1997, S. 169ff., 288ff.).

Nach erfolgreichen Kriegen wollte Pompeius dem Volk von Rom Schauspiele präsentieren, wie es sie noch nie gegeben hatte. Bereits bei seinem ersten Triumphzug (79 v. Chr.), noch zu Lebzeiten Sullas, hatte er sich für seinen Einzug in Rom etwas Besonderes ausgedacht: Er wollte, anstatt in der üblichen Pferdequadriga, auf einem von vier Elefanten gezogenen Wagen durch Roms Straßen fahren. Das Projekt scheiterte daran, dass der Elefantenwagen nicht durch das Triumphtor passte – Pompeius musste in einen Pferdewagen umsteigen. Der Triumphzug nach seiner Rückkehr aus dem Osten wurde auf zwei Tage ausgedehnt, weil er dem Volk von Rom die gesamte Kriegsbeute präsentieren wollte; doch letztendlich reichte auch diese Zeit nicht aus. Große Inschriften verkündeten die Namen der besiegten Völker: Betreffend den Piratenkrieg war die Rede von über zwölf Millionen Unterworfenen und 846 erbeuteten Schiffen; außerdem habe Pompeius „alle Völker, die zwischen dem Schwarzen und Roten Meer wohnen, unterworfen und die Grenzen des Reiches bis an die Enden der Welt vorgeschoben" (Diodor, *Weltgeschichte* 40,4).

Der Anspruch, Roms Waffen bis zu den Enden der Welt geführt zu haben, wird durch ein weiteres Detail untermauert. Pompeius trug beim Zug nicht das übliche Gewand des Triumphators, die purpurne Toga, sondern einen Mantel, der vergleichsweise unscheinbar aussah, aber von großer Symbolkraft war: Diesen solle, so sagte man, einst Alexander der Große besessen haben, der Inbegriff des sieghaften, nach Beherrschung der ganzen Welt strebenden Feldherrn. Pompeius hatte bereits in jungen Jahren den Beinamen *Magnus* – „der Große" – erhalten, und sowohl von ihm selbst als auch von anderen wurde er häufig zum römischen Pendant Alexanders des Großen stilisiert.

Eine Anlehnung an Alexander findet sich auch in dem berühmten Porträt des Pompeius (→ ABBILDUNG 26) in Form einer dynamischen Stirnlocke, jedoch beschränkt sich die Ähnlichkeit auf dieses eine Merkmal. Die Gesichtszüge des Pompeius weisen keine Spuren der lebhaften Mimik auf, welche die Alexanderporträts kennzeichnet, sie sind vielmehr betont ruhig. Die anspruchsvolle und vieldiskutierte Interpretation des Pompeiusporträts von Luca Giuliani geht von eben diesem Kontrast zwischen der „heldenhaften" Stirnlocke und dem leutseligen Gesichtseindruck aus (vgl. Giuliani 1986, S. 56ff.). Die Spannung zwischen einem statischen Gesamtaufbau und dynamischen Elementen sei auf die verschiedenen Adressaten des Porträts zurückzuführen: Den Soldaten habe sich Pompeius als mutiger und charismatischer Kriegsheld in der Nachfolge Alexanders des Großen präsentieren wollen, die Senatoren hingegen hätten ihn als biederen Politiker wahrnehmen sollen, von dem keine Gefahr für die *res publica* ausgehe. Giuliani bettet diese Gedanken in allgemeine Überlegungen zum Verständnis römischer Porträts ein und kann für den Fall des Pompeius auch auf schriftliche Quellen verweisen, die ebenfalls beide Facetten des Pompeius – Heldenhaftigkeit und Leutseligkeit – preisen.

Gegen diese Interpretation ist vorgebracht worden, es sei kaum glaubhaft, dass die römischen Legionäre vor allem auf die Stirnlocke, die Senatoren dagegen in erster Linie auf die unteren Partien des Gesichtes geachtet hätten. Außerdem wurde ein Kontrast zwischen statischen und dynamischen Elementen bestritten – vielmehr weise das gesamte Bildnis einen Ausdruck gespannter Aufmerksamkeit auf (vgl. Fittschen 1991). Diese grundsätzlichen Differenzen verdeutlichen exemplarisch die Schwierigkeiten bei der Interpretation antiker Porträts; hinzu kommt, dass häufig der genaue Aufstellungskontext unbekannt ist. Von Pompeius wurden zu Lebzeiten mehrere Statuen an zentralen Plätzen Roms aufgestellt, doch keines der Originale ist erhalten, sondern lediglich Kopien der Köpfe, die sich zwei unterschiedlichen Typen zuweisen lassen; doch weder das zeitliche Verhältnis der beiden Typen noch der Aufstellungsort des jeweiligen Originals kann mit Sicherheit ermittelt werden (zum aktuellen Forschungsstand vgl. Megow 2005, S. 63ff.). Dadurch ist eine historische Interpretation sehr schwierig. Schließlich ist es für die Aussageabsicht des Porträts von großer Bedeutung, in welchem Stadium seiner politischen Laufbahn sich Pompeius befand, als es hergestellt wurde.

Ein mögliches Vorbild für das analysierte Porträt ist die Statue, die 55 v. Chr. in einem von Pompeius finanzierten Gebäudekomplex aufgestellt wurde.

Dieser lässt sich aus der Luft auch im heutigen Stadtbild Roms noch erkennen (ABBILDUNGEN 27, 28), von den originalen Mauern haben sich jedoch nur geringe Reste erhalten, die zur Zeit einer sorgfältigen

Originale und Kopien

Pompeiustheater

Abbildung 27: Luftbild des Pompeiustheaters (man erkennt noch das Halbrund der Zuschauerränge)

Untersuchung unterzogen werden (vgl. Gagliardi/Packer 2006). Das wichtigste Element ist ein Theater von monumentalen Ausmaßen: Der Durchmesser der Zuschauerränge (2) beträgt etwa 150 Meter, die Höhe 45 Meter. Zur Zeit der Errichtung des Pompeiustheaters war die Umgebung noch nicht mit großen Bauten bedeckt wie später in der Kaiserzeit, sodass das Pompeiustheater weithin sichtbar war.

Steinerne Theater hatte es in Rom bis zu diesem Zeitpunkt noch nicht gegeben. Schriftliche Quellen berichten sogar darüber, dass hundert Jahre zuvor ein bereits halbfertiges Theater auf Anordnung der Zensoren abgerissen worden war und man lieber wieder auf kurzzeitig errichtete Holzkonstruktionen zurückgegriffen hatte. Der Grund für diese Ablehnung von steinernen Theatern lag wahrscheinlich darin, dass man eine zu große Konzentration von Prestige auf den Bauherrn unterbinden wollte. Gerade vor diesem Hintergrund erscheint der monumentale Bau revolutionär und verdeutlicht die Spielräume, die herausragende Persönlichkeiten in der späten Republik gewonnen hatten. Einen persönlichen Bezug zum Bauherrn hat der Tempel der Venus Victrix (der „siegreichen" Venus), der sich oberhalb der Zuschauerränge erhob (1); Pompeius stilisierte sich, wie zuvor schon Sulla, als Liebling der Siegesgöttin Venus und hob damit seine militärischen Erfolge in eine religiöse Sphäre. Das Theater lässt sich auch

Venustempel

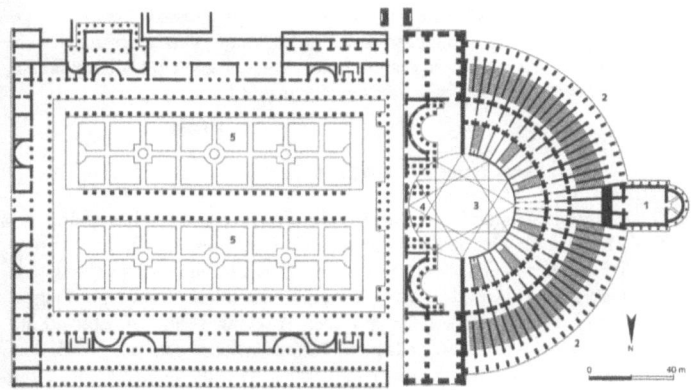

Abbildung 28: Rom, Marsfeld: Theater und Porticus des Pompeius [I3], 61–55 v. Chr. (rekonstruierter Grundriss)

als Treppenanlage verstehen, die zu einem Tempel hinaufführte – solche Anlagen gab es damals in der italischen Architektur –, bei der halbrunden Anlage des Pompeius handelte es sich jedoch typologisch eindeutig um ein Theater, und sie wurde auch als Theater genutzt, d. h. für musikalische Darbietungen und Aufführungen unterschiedlicher Art.

An Orchestra (3) und Bühnenwand (4) des Theaters schloss sich eine ca. 180 × 135 Meter große Gartenanlage an (5), die – wie aus der antiken Literatur bekannt ist – mit Statuen, Springbrunnen und Pflanzen geschmückt war und zu einem sehr beliebten Aufenthaltsort für das Volk Roms wurde. Sie war umgeben von Säulenhallen, die Schutz sowohl gegen Sonne als auch gegen Regen boten. Hinter diesen wiederum waren Räume von unterschiedlicher Größe angelegt, darunter auch ein Saal für Senatssitzungen (an diesem Ort wurde Caesar am 15. März 44 v. Chr. ermordet).

Gartenanlage

Die gesamte Anlage war bald nach Pompeius' Rückkehr aus dem Osten geplant worden; im Jahre 55 v. Chr., während seines zweiten Konsulats, wurde sie eingeweiht. Dabei wurde dem Volk von Rom ein Spektakel präsentiert, wie es bislang noch nicht gesehen worden war: Berühmte Schauspieler, die sich bereits in den Ruhestand begeben hatten, wurden von Pompeius für einen letzten Auftritt gewonnen, und exotische Tiere wurden in großer Zahl abgeschlachtet:

Spiele

Insgesamt sollen bei den Spielen 600 Löwen und 410 Leoparden getötet worden sein, daneben auch 18 Elefanten. Finanziert wurden die Spiele – wie auch der gesamte Bau – von der gewaltigen Kriegsbeute, die Pompeius bei seinen Feldzügen gemacht hatte.

9.3 Cicero und Pompeius

Manche Senatoren empfanden die Spiele bei der Einweihung des Theaters als ein maßloses Spektakel. Der Politiker Cicero (106–43 v. Chr.) kommentierte im September 55 v. Chr. nicht ohne Häme kleinere Fehlschläge: Die von Pompeius inszenierten Sportwettkämpfe hätten beim Volk von Rom keinen Anklang gefunden, und die als besondere Attraktion gedachten Elefanten hätten keinen Jubel, sondern vielmehr Mitleid ausgelöst (Cicero, *An seine Freunde* 7,1,3).

Ciceros Leben

Ciceros' Schriften kommt für die Erforschung von Politik- und Kulturgeschichte der späten römischen Republik eine herausragende Bedeutung zu. In einer zum Ritterstand gehörenden Familie geboren, durchlief er aufgrund seines überragenden Redetalents eine glänzende Karriere: Er erlangte – für einen Mann ohne senatorische Vorfahren sehr ungewöhnlich – sogar das Konsulat und großen Einfluss im Senat, ohne jedoch den Makel seiner niedrigen Abkunft jemals ablegen zu können.

Korrespondenz

Aus seiner Feder sind zahlreiche Schriften überliefert, darunter Reden in der von ihm selbst überarbeiteten und publizierten Fassung, vielfältige philosophische Werke und seine umfangreiche Korrespondenz. Diese besteht aus Briefen ganz unterschiedlichen Charakters: Manche sind sehr formell gehalten, andere wiederum – vor allem diejenigen an seinen Freund Atticus – sind bisweilen flüchtig geschrieben und enthalten viele vertrauliche Informationen. Die Briefe gewähren einen detaillierten Einblick in die Biografie Ciceros, denn für manche Phasen seines Lebens kann man Tag für Tag verfolgen, an welchen Orten er sich aufhielt und mit welchen Personen er sich traf – sie illustrieren den Alltag eines römischen Politikers. Daneben kann man ihnen auch politische Urteile Ciceros entnehmen, etwa seine Einschätzung der Stimmung in Rom und seine Beurteilung anderer Politiker.

Aussagen über Pompeius

Insbesondere Ciceros Aussagen über Pompeius haben große Aufmerksamkeit auf sich gezogen (vgl. Heller 2007, S. 40ff.), da man an ihnen exemplarisch nachvollziehen kann, wie sich – in Anbetracht der großen Umbrüche in der späten Republik – eine Beziehung zwischen zwei führenden politischen Persönlichkeiten in dieser Zeit entwickeln konnte. Cicero bezog zum ersten Mal in einer bedeutenden Angelegenheit für Pompeius Stellung, als er durch eine Rede an das Volk den Antrag unterstützte, diesem den Oberbefehl gegen Mithridates zu übertragen (*Über den Oberbefehl des Pompeius*; 66 v. Chr.). Während Pompeius im Osten Krieg führte, pries Cicero in mehreren Reden seinen Siegeszug und war offensichtlich sehr darum bemüht, sich in Rom als engen Vertrauten und Freund des großen Feldherrn darzustellen. In einem Brief an Pompeius im April 62 v. Chr. kommt dieses Bemühen deutlich zum Ausdruck:

„Ich will Dir auch nicht verhehlen, was ich in Deinem Schreiben vermisse, und ganz offen mit Dir reden, wie es meinem Charakter und unseren freundschaftlichen Beziehungen entspricht. Meine Erfolge sind danach, dass ich um unserer Freundschaft wie auch des Vaterlandes willen einen Glückwunsch in Deinem Schreiben erwarten durfte; doch davon hast Du wohl nur Abstand genommen, weil Du befürchtetest, bei irgend jemand Anstoß zu erregen. Aber ich darf Dich darauf aufmerksam machen, dass mein Wirken für die Rettung des Vaterlandes im Urteil und Zeugnis der ganzen Welt Anerkennung findet."

(Cicero, *An seine Freunde* 5,7)

<small>Bitte um Glückwunschschreiben</small>

Die angesprochenen Erfolge Ciceros waren die Maßnahmen, die zur Niederwerfung der sogenannten Catilinarischen Verschwörung geführt hatten. Cicero legt, wie man den Zeilen entnehmen kann, nicht allein aus Eitelkeit Wert darauf, dass Pompeius ihm dazu gratuliert. Vielmehr hätte Cicero ein offizielles Glückwunschschreiben des Pompeius als sicht- und vorzeigbares Zeugnis ihrer engen Verbindung einsetzen können. Damit hätte Cicero in Anbetracht der Situation von 62 v. Chr. seine Position in Rom untermauern können; denn Pompeius, obwohl noch im Osten des Reiches, war in dieser Zeit der mit Abstand mächtigste Mann Roms, und seine baldige Rückkehr warf ihre Schatten voraus. Zum damaligen Zeitpunkt konnte noch niemand voraussagen, dass Pompeius darauf verzichten würde, in Rom an der Spitze seiner Truppen einzuziehen, die *res publica* nach seinem Gutdünken neu zu ordnen und seine Anhänger mit den wichtigsten Ämtern zu belohnen. Deshalb bemühten sich zahlreiche Senatoren nicht nur um die Freundschaft mit Pompeius, sondern auch um die Freundschaft mit dessen Freunden. Wenn Cicero als Motiv des Pompeius vermutet, dieser habe bei niemandem Anstoß erregen wollen, geht daraus bereits hervor, dass Cicero ein Glückwunschschreiben vielen Senatoren gezeigt hätte; der eigentliche Adressat wäre nicht Cicero selbst, sondern die römische Öffentlichkeit gewesen.

<small>Freundschaft</small>

Nachdem Pompeius wieder nach Rom zurückgekehrt war, pflegten die beiden freundschaftlichen Umgang, doch Pompeius' Bündnis mit Caesar und Crassus wurde von Cicero wie von anderen konservativen Senatoren als großer Fehler angesehen. Cicero und Pompeius hielten ihre Freundschaft formal aufrecht, doch das Verhältnis war getrübt. Als die Triumvirn im Jahre 59 v. Chr. beim Volk von Rom einen rapiden Popularitätsverlust erlebten, kommentierte Cicero dies in seinen Briefen spöttisch, und dabei zielte er weniger auf Crassus oder Caesar, sondern vor allem auf Pompeius, den er in dieser Zeit gerne mit Spitznamen wie „Beduinenscheich" bezeichnete:

Spott über Pompeius

„So weiß nun unser Freund, der üblen Nachrede ungewohnt, sonst immer von Beifall umtost, vom Glanz des Ruhmes umstrahlt, jetzt körperlich herunter und seelisch gebrochen, nicht, was er machen soll; er sieht, ein Schritt vorwärts wäre sein Fall, ein Schritt rückwärts eine Inkonsequenz. Die Guten hat er zu Feinden, die Lumpen nicht zu Freunden. Sieh, wie weich ich bin: die Tränen brachen mir aus, als ich ihn am 25. Juli über die Kundmachungen des Bibulus vor dem Volkes sprechen sah. Wie großartig wusste er einst an dieser Stelle zu prahlen, getragen von der grenzenlosen Liebe des Volkes, von allen umjubelt! Und jetzt – wie niedergeschlagen, wie gedemütigt stand er da, nicht nur der Versammlung, nein, auch sich selbst ein Bild des Jammers!"

(Cicero, *An Atticus* 2, 21, 3)

Publius Clodius

Bald darauf geriet Cicero unter politischen Druck, weil sein Feind Publius Clodius – ein Volkstribun, der seine Karriere mit Hilfe der Triumvirn begonnen hatte – gegen ihn agitierte. In dieser Situation erhoffte sich Cicero gerade von Pompeius Schutz; und selbst als diese Hoffnung trog, dieser nichts für ihn unternahm und Cicero Rom verlassen musste, gab er den Glauben nicht auf, dass Pompeius sich für seine Rückkehr einsetzen würde.

Später, als der Bürgerkrieg zwischen Caesar und Pompeius ausbrach, schwankte Cicero lange, welche Position er einnehmen solle. Caesar bemühte sich sehr darum, ihn auf seine Seite zu ziehen, und Cicero begann in der Anfangsphase des Krieges an Pompeius' militärischen Fähigkeiten zu zweifeln; dennoch entschied er sich letztlich dafür, diesem in sein Feldlager zu folgen. Den Ausschlag gaben zum einen die sicherlich richtige Einschätzung, dass Caesar für den Bestand der traditionellen *res publica* eine weitaus größere Gefahr darstellte als Pompeius, zum anderen der Umstand, dass die meisten anderen ranghohen Senatoren ebenfalls dem Pompeius gefolgt waren.

Fragen und Anregungen

- Zeichnen Sie die Etappen der politischen Biografie des Pompeius nach.
- Inwieweit sprengte die Karriere des Pompeius die traditionelle Hierarchie unter den Senatoren?
- Beschreiben Sie den Baukomplex des Pompeiustheaters.
- Überlegen Sie: Worin besteht der spezifische Quellenwert von Ciceros privater Korrespondenz (etwa im Kontrast zu seinen Reden)?

Lektüreempfehlungen

- Marcus Tullius Cicero: An seine Freunde, übersetzt von Helmut Kasten [lat./dt.], München 1964, 6. Auflage 2004. Quellen

- Marcus Tullius Cicero: Atticus-Briefe, übersetzt von Helmut Kasten [lat./dt.], München 1959, 5. Auflage 1998.

- Marcus Tullius Cicero: Die politischen Reden, übersetzt und erläutert von Manfred Fuhrmann [lat./dt.], 3 Bände, Darmstadt 1993.

- Filippo Coarelli: Rom. Ein archäologischer Führer [ital. 1974], erweiterte und überarbeitete Neuauflage Mainz 2000. *Standardwerk zu den antiken Überresten Roms. Gleichermaßen zur Lektüre vor Ort als auch zum Nachschlagen geeignet.* Forschung

- Cristina M. Gagliardi / James E. Packer: A New Look at Pompey's Theater: History, Documentation, and Recent Excavation, American Journal of Archaeology 110, 2006, S. 93–122. *Publikation der vorläufigen Ergebnisse eines neuen Forschungsprojektes („The Pompey Project") zum Pompeiustheater; vgl. auch die Präsentation auf der Homepage des King's College London, mit digitalen 3D-Rekonstruktionen.*

- Matthias Gelzer: Pompeius. Lebensbild eines Römers. Neudruck der Ausgabe von 1984 mit einem Forschungsüberblick von Elisabeth Hermann-Otto, Stuttgart 2005. *Das ursprüngliche Manuskript wurde 1944 fertiggestellt. Aufgrund der sorgfältigen*

Quellenauswertung gilt es auch heute noch als Grundlage für Forschungen zu Pompeius. Die Neuauflage enthält darüber hinaus einen gut strukturierten Überblick über neuere Forschungsdebatten.

- **Luca Giuliani: Bildnis und Botschaft. Hermeneutische Untersuchungen zur Bildniskunst der römischen Republik**, Frankfurt a. M. 1986. *Ein viel diskutierter Versuch, unter Rückgriff auf die antike Rhetorik die visuellen Codes römischer Porträts zu entschlüsseln.*

- **Gregory Owen Hutchinson: Cicero's Correspondence. A Literary Study**, Oxford 1998. *Analyse der Briefe Ciceros als Werke der Literatur; der biografische und historische Kontext wird weitgehend ausgeblendet.*

- **Christian Meier: Res publica amissa. Eine Studie zu Verfassung und Geschichte der späten römischen Republik**, Wiesbaden 1966, 3. Auflage Frankfurt a. M. 1997. *Die späte römische Republik wird als „Krise ohne Alternative" analysiert: Demnach lag die Überforderung der politischen Ordnung offen zutage, gleichzeitig war man nicht in der Lage, eine grundsätzlich andere Ordnung als die bestehende zu konzipieren.*

10 Augustus und das Prinzipat

Abbildung 29: Panzerstatue des Augustus von Prima Porta (Marmor; kurz nach 20 v. Chr.)

Die Statue zeigt Augustus in militärischer Gewandung und Pose: Er trägt einen Panzer, um die Hüfte ist ein Feldherrnmantel („Paludamentum") geschlungen, die rechte Hand erhebt er in der Geste einer Ansprache an die Soldaten („adlocutio"). Auf dem Panzer ist dargestellt, wie ein durch Hosen und langärmeliges Gewand als Parther gekennzeichneter Mann (rechts) einem Römer ein Feldzeichen überreicht. Dies ist ein Verweis auf einen diplomatischen Erfolg des Augustus: Diesem war es 20 v. Chr. gelungen, den Partherkönig zur Herausgabe der Feldzeichen zu bewegen, welche die Römer bei einer vernichtenden Niederlage unter Crassus (53 v. Chr.) verloren hatten. Weitere Figuren auf dem Panzer verweisen auf Fruchtbarkeit und Wohlstand und damit auf das von Augustus propagierte Goldene Zeitalter. Die 2,04 Meter hohe Statue aus der Villa von Prima Porta in der Nähe Roms ist hervorragend erhalten, lediglich die Finger sind ergänzt; bei dem verlorenen Gegenstand in der linken Hand des Augustus handelte es sich um ein Zepter oder einen Speer. Wie viele Marmorstatuen war auch diese ursprünglich bunt bemalt. Sie ist wohl die Kopie einer Bronzestatue, die in Rom an einem zentralen Ort aufgestellt war.

Die Benutzung des Begriffs „Propaganda" für die Antike ist problematisch, da dieser an moderne Verhältnisse denken lässt; antike Herrscher richteten weder Abteilungen zur Propagierung ihrer Herrschaft ein, noch verfügten sie über moderne Massenmedien. Jedoch versuchten auch sie, Botschaften über ihre Person, ihre Erfolge, die von ihnen geschaffene politische Ordnung und ihre gesellschaftlichen Vorstellungen zu verbreiten. Bei Augustus lässt sich dies aufgrund der Fülle zeitgenössischer Bild- und Textzeugnisse besonders gut beobachten. Deshalb wird im Folgenden – nach einer Beschreibung der von Augustus geschaffenen Herrschaftsform des Prinzipats – die Darstellung dieser neuen Ordnung in verschiedenen Gattungen exemplarisch vorgestellt.

10.1 **Die Errichtung der neuen Ordnung**
10.2 **Die Bilderwelt**
10.3 **Die Literatur**

10.1 Die Errichtung der neuen Ordnung

Die römische Republik ging in einer Serie von blutigen Auseinandersetzungen unter. Aus mehrjährigen Bürgerkriegen, die fast alle Regionen des Römischen Reiches in Mitleidenschaft gezogen hatten, ging zunächst Gaius Iulius Caesar als Sieger hervor. Seine Alleinherrschaft währte allerdings nur kurz, da er schon wenige Monate nach der Niederwerfung der letzten Gegner von einer Gruppe senatorischer Verschwörer ermordet wurde (15. März 44 v. Chr.). Die Mörder wollten mit ihrer Tat Rom vom Tyrannen befreien und die traditionelle Senatsherrschaft wiederherstellen, doch sie verfügten über kein Konzept, wie die zentrifugalen Kräfte innerhalb der Führungsschicht eingedämmt und die Macht der Heerführer beschnitten werden könnten (→ KAPITEL 9.1). Es folgten weitere blutige Bürgerkriege, die vor allem in den östlichen Provinzen große Verwüstungen und wirtschaftliche Belastungen zur Folge hatten. Nachdem zunächst die Mörder Caesars besiegt worden waren, kämpften die ehemaligen Anhänger Caesars um die Macht. Schließlich setzte sich dessen Adoptivsohn, Gaius Iulius Caesar Octavianus, durch: Er besiegte seinen stärksten Rivalen Marcus Antonius und die ägyptische Königin Kleopatra 31 v. Chr. in der entscheidenden Seeschlacht bei Actium (Westgriechenland).

Bürgerkriege

Damit hatte Octavian, auf seine siegreichen Truppen gestützt, alle Macht in der Hand. Die unmittelbar anstehenden Aufgaben, vor allem die Demobilisierung der Truppen und die Versorgung der Veteranen, ließen sich aus der Kriegsbeute finanzieren. Schwieriger war die Frage nach der künftigen politischen Ordnung Roms. Denn die Errichtung einer – als solchen deklarierten – Monarchie kam nicht in Betracht. Zwar hätten weder die Bewohner der Provinzen, die in der späten Republik unter den Rangkämpfen der Senatoren sehr gelitten hatten, noch die Soldaten Einwände gegen eine Monarchie gehabt, doch in der Stadt Rom selbst waren Widerstände zu erwarten. Bereits Caesar hatte die Erfahrung gemacht, dass Ehrungen, die ihn in die Nähe von Königen rückten, beim Volk von Rom, vor allem aber bei den Senatoren Unmut auslösten. Denn in Rom galt eine Königsherrschaft als Tyrannei – die Erinnerung an die glorreiche Vertreibung der etruskischen Könige war eines der Kernelemente im politischen Bewusstsein der Römer.

Widerstand gegen Monarchie

Deshalb wählte Octavian den Weg, die Errichtung der Alleinherrschaft als Wiederherstellung der traditionellen republikanischen Ordnung erscheinen zu lassen. Nach einigen Jahren der Konsolidierung und der Vorbereitungen – so wurden einige Senatoren aus dem Senat ausgeschlossen – kam es im Januar 27 v. Chr. zu einem bemerkenswerten Staatsakt: Octavian erklärte gegenüber dem Senat, dass er alle seine außerordentlichen Kompetenzen, die er während des Bürgerkrieges angesammelt hatte, an den Senat und das Volk von Rom zurückgeben wolle. Daraufhin drängte ihn der (zumindest teilweise vorher eingeweihte) Senat, Rom nicht im Stich zu lassen, und Octavian gab diesem Drängen nach. Im Rahmen dieses Meisterstücks der politischen Inszenierung wurde Octavian der Ehrentitel „Augustus" (= „der Erhabene") verliehen, ein Begriff mit einer sakralen Note; der ebenfalls in Betracht gezogene Titel als neuer Romulus war verworfen worden, da sich der Gründer Roms laut einer Version des Mythos zum Tyrannen entwickelt hatte.

Staatsakt von 27 v. Chr.

In dem kurz vor seinem Tode verfassten Tatenbericht, der in den Metropolen des gesamten Reiches durch öffentlich angebrachte Inschriften verbreitet wurde, stellt Augustus den Staatsakt wie folgt dar:

Der Tatenbericht des Augustus

„In meinem sechsten und siebten Konsulat (28/27 v. Chr.), nachdem ich den Bürgerkriegen ein Ende gesetzt hatte, habe ich, der ich mit Zustimmung der Allgemeinheit zur höchsten Gewalt gelangt war, den Staat aus meiner Macht wieder der freien Entscheidung des Senats und des römischen Volkes übertragen. Für dieses mein Verdienst wurde ich auf Senatsbeschluss Augustus genannt. [...] Seit dieser Zeit überragte ich zwar alle an Ansehen (*auctoritas*), Amtsgewalt (*potestas*) aber besaß ich hinfort nicht mehr als diejenigen, die auch ich als Kollegen im Amt gehabt habe."

(Augustus, *Res Gestae* 34)

Deutlich ist hier das Bemühen, die eigene Position in den Rahmen der traditionellen Ordnung zu stellen: Nicht *geführt* habe er Bürgerkriege, sondern *beendet*; zur Macht in Rom sei er nicht durch die Gewalt der Waffen gelangt, sondern durch den Willen der Römer; diese Macht habe er wieder den verfassungsmäßigen Organen übertragen. In der offiziellen Lesart hatte Augustus die römische Republik wieder hergestellt (*res publica restituta*). Der Anspruch, dass seine Stellung auf dem Boden der Tradition stehe, wird auch durch die den gesamten Text durchziehenden Erwähnungen dokumentiert, die konstatieren, dass seine Ehrungen auf Senats- oder Volksbeschlüssen beruhen.

Res publica restituta

Augustus gab sich alle Mühe, nicht als ein über den Senatoren stehender Herrscher, sondern als Erster unter Gleichen (*primus inter pares*) zu erscheinen. Deshalb betonte er stets, dass das Prinzip der Kollegialität, ein Kernelement der republikanischen Ordnung, gewahrt blieb, verkehrte auch im täglichen Umgang mit den Senatoren von gleich zu gleich und pflegte mit ihnen Freundschaftsbeziehungen. Er verzichtete darauf, durch die Straßen Roms mit einem übergroßen Gefolge zu ziehen – Anzahl und Rang der Begleiter waren zu Zeiten der Republik ein Abbild des politischen Einflusses –, und er stellte Macht und Reichtum nicht durch eine luxuriöse Lebensführung zur Schau.

Dennoch ist die Aussage, er habe an *potestas* seine Kollegen nicht überragt, selbstredend nur die halbe Wahrheit, denn Augustus häufte Ämter und Kompetenzen an, die ihm auch rechtlich eine alles überragende Ausnahmestellung garantierten. Mehrere Jahre hintereinander bekleidete er das Konsulat, und als er es 23 v. Chr. niederlegte, erhielt er die tribunizische Amtsgewalt (*tribunicia potestas*), d. h. er wurde zwar nicht formal Volkstribun, erhielt aber dessen Kompetenzen. Vor allem aber hatte er weiterhin alle militärische Macht: Die Provinzen des Imperium Romanum waren zwischen dem Senat und Augustus aufgeteilt, indem die eine Hälfte von senatorischen Magistraten, die andere von Augustus verwaltet wurde. Augustus erhielt dabei die Grenzprovinzen, wo auch die meisten Legionen standen, zu deren Oberbefehlshaber er somit wurde. Darüber hinaus unterhielt er vor den Toren Roms die Elitetruppe der Prätorianer, welche seine Macht in der Hauptstadt sicherte. In Anbetracht dieser monarchischen Machtfülle ist es also durchaus berechtigt, von Augustus und seinen Nachfolgern als Kaisern zu sprechen.

Häufung von Kompetenzen

Das Prinzipat, wie die neue Ordnung nach Augustus' Stellung als *Princeps* (Erster) genannt wurde, war eine Monarchie im Rahmen einer Republik. Die Beteiligten agierten, als habe die republikanische Ordnung noch Bestand: Augustus tat so, als besäße er die Macht nicht, die er realiter hatte; der Senat tat so, als besäße er eine Macht, die er realiter nicht hatte (vgl. Winterling 2003, S. 16). Damit die Fassade gewahrt bleiben konnte, war es notwendig, dass Augustus seinen Willen in wichtigen Angelegenheiten rechtzeitig durchblicken ließ, ohne dass dies wie ein Befehl wirkte. Es wäre demütigend für die Senatoren gewesen, lediglich als Erfüllungsgehilfen von Augustus' Willen angesehen zu werden, und ebenfalls demütigend, wenn ihre Beschlüsse durch diesen außer Kraft gesetzt worden wären.

Prinzipat

Alle Beteiligten in diesem System benötigten ein großes kommunikatives Geschick, nicht zuletzt Augustus selbst. Bezeichnenderweise soll er, bevor er 14 n. Chr. in hohem Alter starb, mit seinen letzten Worten die Umstehenden aufgefordert haben, ihm Beifall zu spenden, wie dies Schauspielern gebührt. Bei seinen Nachfolgern sollte sich zeigen, wie prekär die Beziehung zwischen Princeps und Senat war:

Kommunikation Princeps – Senatoren

Tiberius (14–37) versuchte dem Senat Freiheiten zu überlassen, die dieser zu übernehmen gar nicht mehr in der Lage war, Caligula (37–41) führte den Senatoren ihre Machtlosigkeit in aller Deutlichkeit vor Augen und verletzte damit deren Ehrempfinden tief.

Auch unter Augustus war das Verhältnis nicht spannungsfrei. Jedem war klar, dass nun die Nähe zum Princeps die Rangfolge unter den Senatoren bestimmte. Ein politischer Aufstieg, das traditionelle Lebensziel römischer Aristokraten, erfolgte somit nicht mehr im Rahmen der freien Konkurrenz der führenden Familien, sondern war nur mit dem Wohlwollen oder zumindest nicht gegen den Widerstand des Augustus möglich und damit teilweise entwertet. Darüber hinaus waren die höchsten Ehrungen, wie etwa ein Triumphzug, gar nicht mehr zu erreichen, sondern für die Mitglieder von Augustus' Familie reserviert. Andere Senatoren sollten ihr Prestige nicht so vermehren können, dass sie eine Konkurrenz für den Princeps darstellen würden. Obwohl die letzten Jahrzehnte der römischen Republik jedermann gezeigt hatten, dass die kollektive Herrschaft der Aristokratie nicht mehr zur Verwaltung des Reiches tauglich und eine Monarchie unumgänglich geworden war, sehnten sich manche Senatoren nach der alten, republikanischen Ordnung zurück; es wurden mehrfach Anschläge auf Augustus' Leben geplant, die jedoch alle vereitelt werden konnten.

10.2 **Die Bilderwelt**

Augustus und seine Nachfolger waren im gesamten Römischen Reich in Bildnissen präsent. Vor allem auf Münzen traten sie selbst den Bewohnern entlegener Provinzen vor Augen, aber auch durch rundplastische Werke: Allein von Augustus haben sich über 250 solcher Porträtskulpturen erhalten. Natürlich saß der Princeps nicht bei jedem dieser Werke Modell, vielmehr gab es einige Urbilder, die in großer Zahl kopiert wurden. Obwohl diese Kopien in der Regel sehr präzise gearbeitet wurden, unterscheiden sie sich in Details; die Kopienkritik, d. h. die Untersuchung der erhaltenen Kopien im Hinblick auf die Ähnlichkeit zum (verlorenen) Urbild, ist eine archäologische Spezialdisziplin. Die Urbilder waren wohl Werke, die in Rom an prominenter Stelle standen und aus besonderem Anlass aufgestellt worden waren: zum Herrschaftsantritt, zu militärischen Erfolgen, Jubiläen etc.

Die Porträts des Augustus lassen sich drei Grundtypen zuweisen, die vor allem anhand der Gestaltung der Locken unterschieden werden können:

DIE BILDERWELT

Abbildung 30: Panzerstatue des Augustus von Prima Porta (Kopf; kurz nach 20 v. Chr.)

- dem sogenannten „Octavian-Typus", der in der Zeit der Bürgerkriege entstand,
- dem nach der berühmten Panzerstatue benannten „Prima Porta-Typus" – der Porträttypus war allerdings bereits früher, vielleicht 27 v. Chr. geschaffen worden –,
- und dem „Typus Forbes", dessen Entstehungszeit umstritten ist: In der Regel wird er in die Zeit kurz nach der Erringung der Alleinherrschaft gesetzt oder mit den Säkularspielen von 17 v. Chr. verbunden (zur Forschungsdiskussion über Zuweisung und Datierung der Typen vgl. Boschung 1993, S. 51ff.).

Der „Prima Porta-Typus" (→ ABBILDUNG 30) ist gekennzeichnet durch die klaren Konturen des Gesichtes und die deutlich voneinander abgesetzten Sichellocken; gegenüber den anderen Typen ist er am stärksten an den Stilformen der griechischen Klassik orientiert. Bildnisse dieses Typus wurden noch hergestellt, als Augustus bereits in hohem Alter stand: Sie hatten eben nicht die Aufgabe, den Betrachter zu informieren, wie der Herrscher aussah, sondern sollten Botschaften über dessen Qualitäten vermitteln. In diesem Fall ist es vor allem der ruhige, erhabene Ausdruck, der das Erscheinungsbild der Figur

Botschaft des Porträts

prägt. Während der „Octavian-Typus" der Bürgerkriegszeit noch einen energischen und angestrengten Mann präsentiert hatte, der sich durchzusetzen weiß, erscheint das Porträt nun als Verbildlichung der neuen, harmonischen, keinen Stürmen ausgesetzten Ordnung.

Die politische Erneuerung Roms hatte Augustus auch mit einer moralischen Erneuerung verknüpft, welche den Römern die (postulierten) Werte früherer Zeiten wiederbringen sollte. Durch Ehegesetze sollten die Familie gestärkt und die Zeugung von Nachwuchs gefördert werden. Es wurde ein Ehezwang eingeführt, Kinderreiche wurden begünstigt und Kinderlose bestraft (vgl. Mette-Dittmann 1991). Fruchtbarkeit war auch eines der zentralen Themen bei der sogenannten Säkularfeier (17 v. Chr.), mit der Augustus den Beginn eines neuen, „goldenen" Zeitalters propagierte. Der Ablauf dieses Festes ist gut bekannt, da sich das Protokoll inschriftlich erhalten hat. Es wurden Reinigungsriten durchgeführt und zahlreiche Opfer an verschiedene Gottheiten, sowohl an die olympischen Götter wie auch an Vegetationsgötter, dargebracht; Prozessionen banden die zentralen Tempel Roms in die Feier ein. Als einer der Höhepunkte trug ein Chor von weiß gekleideten Kindern ein Kultlied vor, das von dem Dichter Horaz für diesen Anlass verfasst worden war. Darin heißt es, in der für solche Sakraltexte typischen feierlich-schwerfälligen Sprache:

Die Säkularfeier

> „Göttin, lass uns Kinder erblühn und gib dem
> Spruch der Väter über den Bund des Weibes
> Froh Gedeihn und über des Kindersegens
>   Ehegesetze, [...]
>
> Reich an Vieh und Früchten soll Mutter Erde
> Mit der Ähre kränzen der Ceres Stirne;
> Jovis Luft und heilsames Nass erquicke
>   Nährend das Wachstum!
> (Horaz, *Carmen Saeculare*, V. 17–20, 29–32)

Bilder der Fruchtbarkeit

In der Bilderwelt der folgenden Jahre ist Fruchtbarkeit ein allgegenwärtiges Motiv. Ein Beispiel ist der Friedensaltar (*Ara Pacis*), den Augustus 13–9 v. Chr. errichten ließ. Neben der Familie des Princeps und Szenen der römischen Frühgeschichte ist auch eine sitzende Frauenfigur dargestellt, die zwei Säuglinge hält (→ ABBILDUNG 31).

Die Frau ist nicht eindeutig zu bestimmen – häufig wird sie mit der Erdgöttin Tellus oder mit der Personifikation des Friedens, Pax, identifiziert –, die Botschaft des Bildes aber ist davon unabhängig: Dargestellt ist das Mutterglück; die üppig sprießenden Pflanzen sowie Schaf und Rind unter der Frauenfigur evozieren daneben auch

Abbildung 31: Osteinfriedung der Ara Pacis, Rom; Szene 1: Ara Pacis, Ost, ‚Tellus'-Relief (13–9 v. Chr.)

Vorstellungen von einer glücklich gedeihenden Natur. Das Bild wirkt gleichsam als eine Illustration zu den zitierten Versen aus dem *Carmen Saeculare*, dem Betrachter wird eine Welt von Wohlstand und Fruchtbarkeit präsentiert. Mit der Darstellung von militärischer Stärke, wie sie etwa in der Haltung und auf dem Panzer der Statue von Prima Porta zu erkennen ist, passt diese bildliche Inszenierung eines Goldenen Zeitalters gut zusammen. Schließlich war es ja die Stärke der Legionen und ihres Oberbefehlshabers, welche Frieden und üppiges Wohlergehen erst möglich machten.

Goldenes Zeitalter

10.3 Die Literatur

Die augusteische Epoche war eine Blütezeit der lateinischen Literatur, wofür Autoren wie der Geschichtsschreiber Livius (ca. 59 v. Chr. – 17 n. Chr.) sowie die Dichter Vergil (70–19 v. Chr.), Horaz (65–8 v. Chr.), Tibull (ca. 50–19 v. Chr.), Properz (47–2 v. Chr.) und Ovid (43 v. Chr. – ca. 17 n. Chr.) stehen. Die Förderung der Literatur ging von höchsten Kreisen aus, vor allem von Maecenas, einem der engsten Freunde und Ratgeber des Augustus. Dieser unterstützte beispielsweise Vergil, Horaz und Properz durch Vermittlung von Kontakten und finanzielle Zuwendungen; als Inbegriff des reichen Kunstförderers lebt er noch heute im Begriff „Mäzen" fort. Augustus und auch Maecenas erhofften sich eine Literatur, welche die neue Ordnung in positivem Licht

Förderung der Literatur

erstrahlen lässt. Die Vorstellung einer Kulturpolitik, die den Dichtern konkrete thematische Vorgaben macht, würde diese Beziehung von politischem Herrscher und Künstler aber nicht angemessen erfassen. Keiner der genannten Autoren wurde zu einem Hofdichter, dessen Werke allein auf den Lobpreis des Princeps bezogen gewesen wären; vielmehr ergibt ein Blick in die Werke ein differenzierteres Bild.

Vergil, Aeneis

Vergils *Aeneis* (20er-Jahre v. Chr.) ist ein in Hexametern abgefasstes Versepos über Aeneas, den mythischen Stammvater der Römer. Nicht nur das Versmaß erinnert an Homer (→ KAPITEL 1.1), sondern auch zahlreiche Erzähl- und Kompositionselemente zeigen deutlich dessen Einfluss. Eingewoben in die Erzählung über die Flucht des Aeneas aus dem brennenden Troia, die Irrfahrten, die Besiedlung Latiums und den Sieg über die Feinde sind zahlreiche Bezüge zur augusteischen Ordnung. Am deutlichsten sind diese Bezüge bei Aeneas' Fahrt in die Unterwelt, wo ihm die große Zukunft seiner Nachkommen verkündet wird. Am Ende dieser langen Zukunftsvision steht Augustus selbst:

Geschichtstheologie

„Hierhin wende du jetzt deinen Blick, schau an dieses Volk hier.
Deine Römer: Caesar ist hier und des Iulus gesamte
Nachkommenschaft, die einst aufsteigt zum Himmelsgewölbe.
Der aber hier ist der Held, der oft und oft dir verheißen,
Caesar Augustus, der Spross des Göttlichen. Goldene Weltzeit
Bringt er wieder für Latiums Flur, wo einstens Saturnus
Herrschte, er dehnt sein Reich, wo fern Garamanten und Inder
Wohnen, und weiter – dies Land liegt außerhalb unserer Sterne,
Außer der Sonne jährlicher Bahn, wo Atlas, des Himmels
Träger, die Wölbung dreht, die strahlt von funkelnden Sternen."
(Vergil, *Aeneis* 6, V. 788–798)

Die Betonung der militärischen Stärke Roms und seines Herrschers, die kosmische Überhöhung des Römischen Reiches und eine Geschichtstheologie, welche Augustus als Fluchtpunkt der Entwicklung Roms erscheinen lässt, entsprechen dessen Selbstdarstellung; bereits einige Jahre vor der Säkularfeier wird hier ein Goldenes Zeitalter beschworen.

Aeneas und Augustus

Die Figur des Aeneas trägt einige Züge des Augustus. So verkörpert er *pietas*, verstanden als Gehorsam gegenüber den Befehlen der Götter, und nimmt sein Schicksal im Dienste Roms auf sich; *pietas* ist aber auch ein Wert, der in der Selbstdarstellung des Augustus beschworen wurde (zu dieser und anderen Analogien vgl. Binder 1971). Jedoch ist die *Aeneis* kein Lobgedicht und Aeneas kein epischer Stellvertreter des Augustus, vielmehr ist der Titelheld eine vielschichtige Figur. Besonders die amerikanische Forschung hat die negativen Züge des Aeneas betont und bisweilen sogar versucht, Vergils Epos als oppositionelles Werk zu lesen. Diese Deutung geht aber sicher zu weit. So ist etwa aus dem Umstand, dass Aeneas am Ende seinen um Gnade flehenden Gegner Turnus umbringt, gefolgert worden, der Dichter habe damit das moralische Scheitern des Aeneas/ Augustus darstellen wollen (Putnam 1965). Diese These ist inzwischen überholt, und sie verdeutlicht vor allem, wie problematisch die Übertragung eigener Wertmaßstäbe ist, denn für Römer war das Umbringen von Feinden, auch von hilflosen, nicht verwerflich: Beispielsweise wurden nach Triumphzügen die feindlichen Heerführer stranguliert. Aus der Tötung des Turnus ist vor diesem Hintergrund weder eine Kritik an Aeneas noch an Augustus ableitbar.

Vergil hatte die letzten Jahrzehnte der Republik und die kaum unterbrochene Kette blutiger Bürgerkriege noch miterlebt, Ovid dagegen war noch ein Kind, als Octavian sich die Alleinherrschaft in Rom sicherte. Darin kann man einen Grund sehen, weshalb Ovids Dichtung unbekümmert und unpolitisch ist, in der die augusteische Ordnung nicht als Endprodukt eines schmerzhaften Prozesses erscheint, sondern schlicht als gegeben aufgefasst wird. Ovid verfasste neben vielen anderen Werken Liebesgedichte und eine Anleitung zur Liebeskunst, deren Tenor den augusteischen Vorstellungen von Ehe und Familie keinesfalls entsprach. Respektlos ist der Umgang mit der neuen Ordnung auch in den *Fasten*, einem Werk über den römischen Festkalender, in dem Ovid die mythologischen Ursprünge der Feiertage erzählt und Reflexionen zu einzelnen Festen anstellt. Mehrfach verweist er dabei auf Augustus, beispielsweise in den Versen zum 5. Februar; an diesem Tag war Augustus der Titel „Vater des Vaterlandes" (*pater patriae*) verliehen worden:

Ovid, *Fasten*

Jetzt wär' mein Wunsch, dass tausend Stimmen ich hätt' und die Kraft, mit
    Welcher du den Achill einst, Mäonide, besangst,
Jetzt, wo im Wechselvers von den heiligen Nonen ich künde:
    Meinem Kalender wird nicht höhere Ehre zuteil.
Mir gebricht's an Talent, und die Last übersteigt meine Kräfte;
    Wird doch für diesen Tag höchste Gesangskunst verlangt!
Warum wollte ich Tor den elegischen Versen so schwere
    Last auferlegen? Die trägt nur der heroische Vers!
Du erhabener Vater des Vaterlands! Dir gab den Namen
    Volk und Senat; auch wir Ritter verliehen ihn dir!
Vorher gab ihn dir die Geschichte, erst später bekamst den
    Wahren Namen du; längst warst du der Vater der Welt!

> Heißt doch auf Erden du wie Jupiter oben im Himmel:
> Vater der Menschen bist du, Vater der Götter ist er!
> Romulus, räume das Feld! Er schützt und stärkt deine Mauern,
> Du musstest zusehen, wie Remus als Hürde sie nahm!
> Tatius beugte sich dir, Caenina, das winzige Cures;
> Er hat ein Rom unter sich, welches den Erdkreis umfasst.
> Du hattest nur ein kleines Stück eroberten Landes,
> Caesar hat alles Land, welches der Himmel umwölbt.
> Du raubst die Fraun, unter ihm müssen keusch mit dem Gatten sie leben;
> Unrecht beherbergst im Hain du, doch vertrieben hat's er;
> Du griffst gern zur Gewalt, unter Caesar blühn die Gesetze;
> Dominus nannte man dich, jener wird Princeps genannt;
> Dich klagt Remus noch an, doch jener verzieh seinen Feinden;
> So wie der Vater einst dich, macht er den Vater zum Gott.
> (Ovid, *Fasten* 2, V. 119–144)

Ironie

Dieser Passus ist charakteristisch für den eleganten Stil und die alles ironisierende Erzählweise Ovids. Das Metrum des Werkes, das elegische Distichon, bestehend aus je einem Hexameter und Pentameter, erklärt er in seiner Darstellung selbst als unpassend: Ein solch würdevoller Gegenstand wie der Lobpreis des Augustus benötige vielmehr den Hexameter (→ KAPITEL 1.1), das Versmaß Homers und Vergils. Die Zuweisung von ‚Aufgabenbereichen' an einzelne Versmaße ist in der antiken Literatur nicht ungewöhnlich, aber hier ist es lediglich eine witzige Einleitung für den danach tatsächlich erfolgenden Lobpreis.

Dieser nimmt nun zentrale Motive der augusteischen Selbstdarstellung auf: den von Senat und Volk verliehenen Titel *pater patriae*, die militärische Stärke Roms, die Pflege von Recht und Gesetz, die Sorge um die Sittsamkeit der Römer und Römerinnen, die Bezeichnung als *Princeps* und die Vergöttlichung seines (Adoptiv-)Vaters Caesar. Jedoch fällt das Lob allzu überschwänglich aus, die Ironie ist augenfällig. Den Vergleich zwischen Augustus und dem Stadtgründer Romulus treibt Ovid auf die Spitze, indem er auch die Mauerhöhe und den Herrschaftsraum einbeziet.

Ovids Verbannung

Ovid wurde 8 n. Chr. nach Tomis ans Schwarze Meer verbannt; darin den Versuch des Herrschers zu sehen, missliebige Dichter mundtot zu machen, liegt nahe, ist aber aus den Quellen nicht zu entnehmen. Den Gründen für die Verbannung Ovids haben viele Forscher nachgespürt, ohne zu einem klaren Ergebnis zu gelangen. „Es gibt so gut wie keine denkbare – und auch undenkbare – Hypothese, die seit der Antike über das Mittelalter und die Neuzeit hinweg bis in unsere Tage nicht erörtert und mit zahlreichen Indizien scharfsinnig untermauert worden wäre." (Schmitzer 2001, S. 19) Ob der generelle Charakter von Ovids Dichtung, ein bestimmtes Werk, die Verwicklung in einen politischen Skandal um Augustus' Enkelin Julia oder ein anderes Motiv ausschlaggebend waren, bleibt offen.

Fragen und Anregungen

- Erläutern Sie die Herrschaftsform des Prinzipats. Handelte es sich um eine Monarchie oder eine Republik?

- Warum war die Kommunikation zwischen Princeps und Senatoren so kompliziert?

- Stellen sie dar, inwiefern die Porträts Aussagen über Augustus und dessen Herrschaft vermittelten.

- Nennen Sie Gemeinsamkeiten und Unterschiede in der Darstellung des Augustus in Bildkunst und Literatur. Nennen Sie Gründe für die Unterschiede.

Lektüreempfehlungen

- **Augustus: Meine Taten, nach dem Monumentum Ancyranum, Apolloniense und Antiochenum.** Übersetzt von Ekkehard Weber [lat./gr./dt.], München 1970, 6., überarbeitete Auflage Darmstadt 1999. *Quellen*

- **Vergil: Aeneis,** herausgegeben und übersetzt von Maria und Johannes Götte [lat./dt.], Bamberg 1958, 8. Auflage München 1994.

- **Publius Vergilius Maro: Opera,** recognovit brevique adnotatione critica instruxit Roger A. B. Mynors [lat.], Oxford 1969.

- **Horaz: Sämtliche Werke. Teil I: Carmina; Oden und Epoden;** nach Kayser, Nordenflycht und Burger herausgegeben von Hans Färber. **Teil II: Sermones et Epistulae;** übersetzt und zusammen mit Hans Färber bearbeitet von Wilhelm Schöne [lat./dt.], München 1957, 10. Auflage 1985.

- **Ovid: Fasti,** übersetzt und herausgegeben von Niklas Holzberg [lat./dt.], München 1995.

- P. Ovidi Nasonis Fastorum libri sex, recognovit Ernst H. Alton [lat.], Stuttgart/Leipzig 1997.

Forschung
- Jochen Bleicken: Augustus. Eine Biographie, Berlin 1998. *Ausführliche, auf einer sorgfältigen Quellenkritik aufbauende Darstellung von Augustus' Leben und Politik.*

- Dietrich Boschung: Die Bildnisse des Augustus, Berlin 1993. *Ausführliche Untersuchung der Augustusporträts innerhalb der Reihe „Das römische Herrscherbild".*

- Dietmar Kienast: Augustus. Prinzeps und Monarch, Darmstadt 1982, 3., durchgesehene und erweiterte Auflage 1999. *Gelungene Einführung in Augustus' Leben und politisches Werk, die sowohl einen Überblick über die chronologische Entwicklung als auch Ausführungen zu einzelnen Aspekten der neuen Ordnung enthält.*

- Hans-Peter Stahl (Hg.): Vergil's *Aeneid*. Augustan Epic and Political Context, London 1998. *Sammelband, der verschiedene Interpretationsansätze zusammenführt und einen guten Einblick in Forschungskontroversen liefert.*

- Werner Suerbaum: Vergils „Aeneis". Epos zwischen Geschichte und Gegenwart, Stuttgart 1999. *Einführung in das Werk aus der Perspektive des Lesers, d. h. es werden nicht die Intentionen des Autors zu erschließen versucht, sondern verschiedene mögliche Leseweisen des Textes dargestellt.*

- Paul Zanker: Augustus und die Macht der Bilder, München 1987, 3. Auflage 1997. *Standardwerk zur Bildsprache der Kunstwerke augusteischer Zeit. Die Verbreitung von Botschaften durch den Herrscher wird herausgearbeitet, ohne eine moderne Vorstellung eines Propagandaapparates zu wecken.*

11 Das Römische Reich in der Kaiserzeit

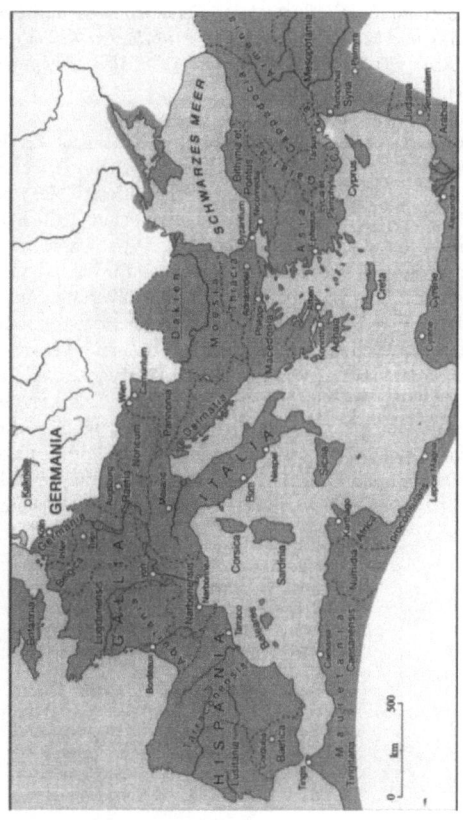

Abbildung 32: Das Römische Reich im 2. Jahrhundert n. Chr.

DAS RÖMISCHE REICH IN DER KAISERZEIT

Rom beherrschte viele Jahrhunderte lang den gesamten Mittelmeerraum mitsamt angrenzender Gebiete: In der Kaiserzeit reichte das Imperium Romanum von Schottland bis an das Rote Meer, vom Kaukasus bis nach Marokko (die Provinzen Dacia, Mesopotamia und Assyria konnten allerdings nicht dauerhaft gehalten werden, Armenien war ein ständiger Zankapfel zwischen Rom und dem Partherreich), das römische Einflussgebiet ging noch weit darüber hinaus. Ein größeres und stabileres Reich hat es in diesem Raum nicht gegeben, und Rom gilt bis heute als besonders erfolgreiches Modell eines Imperiums (vgl. Münkler 2005).

Die Frage nach den Ursachen für die Dauerhaftigkeit des Imperium Romanum muss auf verschiedenen Ebenen behandelt werden. Zum einen war ein schlagkräftiges und gut organisiertes Heer nötig, das die Feinde Roms im Zaum zu halten vermochte. Jedoch kann auf Dauer kein Reich allein mit militärischen Mitteln gesichert werden; zu fragen ist deshalb auch nach den Gründen für die hohe Akzeptanz der römischen Herrschaft bei der Reichsbevölkerung. Aufstände in den Provinzen waren sehr selten; die Akzeptanz der römischen Herrschaft zeigt sich auch daran, dass sich die römische Lebensart in vielen Regionen verbreitete, v. a. im Westen des Reiches, wie sich etwa an der Urbanistik ablesen lässt. Stabilisierende Faktoren des Römischen Reiches waren die Art der Provinzverwaltung, die auf der einen Seite effizient war, auf der anderen Seite nicht die Form eines Zwangsapparates einnahm, und die Blüte der Wirtschaft, die vielen Regionen einen in der Vormoderne selten erreichten Wohlstand brachte.

11.1 **Reichsverwaltung und Grenzverteidigung**
11.2 **Die Wirtschaft des Imperium Romanum**
11.3 **Die Romanisierung der Provinzen**

11.1 Reichsverwaltung und Grenzverteidigung

Das Römische Reich außerhalb Italiens war in Provinzen eingeteilt, die sich in Größe und Bevölkerungszahl stark unterschieden (man vergleiche etwa auf der Karte Hispania Tarraconensis mit Moesia Inferior). Die Anzahl der Provinzen variierte infolge von Gebietsgewinnen/-verlusten und Verwaltungsreformen. Insgesamt ging der Trend in der Kaiserzeit eindeutig zu kleineren, überschaubaren Provinzen. Ein flächendeckendes Verwaltungssystem mit einem Personal, das von Rom aus gestellt und gesteuert wurde, gab es nicht, die Verwaltung erfolgte vielmehr im Zusammenspiel zwischen römischer und lokaler Administration.

Provinzen

Insbesondere die Städte waren für die Stabilität des Römischen Reiches von großer Bedeutung; sie wirkten entscheidend bei der Eintreibung von Steuern und bei der Aufrechterhaltung der öffentlichen Ordnung und Sicherheit mit. In einigen Regionen des Reiches, vor allem im Osten, gab es bereits eine lange städtische Tradition, im Norden und Westen förderten die Kaiser die Anlage neuer Städte. Das wichtigste Gremium in den Städten war der Rat, in dem sich die lokale Führungsschicht formierte. Diese stand in aller Regel loyal zu Rom, da sie die römische Herrschaft als Garanten ihrer eigenen Macht in der Stadt betrachtete. Außerdem war die lokale Führungsschicht durch Freundschafts- und Patronageverhältnisse mit der römischen Aristokratie verbunden, und überdies gab es die Möglichkeit, selbst in die höchsten Stände Roms aufzusteigen: Im Verlauf der Kaiserzeit nahm die Anzahl von Rittern und Senatoren nichtitalischer Herkunft deutlich zu.

Städte

Die Statthalter der Provinzen rekrutierten sich zu Beginn der Kaiserzeit überwiegend aus dem Senatorenstand, seit dem 2. Jahrhundert griffen die Kaiser zunehmend auf Ritter zurück. An eigenem Personal nahm der Statthalter einen Stab von Schreibern und Amtsdienern in die Provinz mit, der ihm nach Ende der Amtszeit wieder nach Rom folgte. Zu den Aufgaben des Statthalters gehörte die Aufrechterhaltung von Ruhe und Ordnung, in den „kaiserlichen" Grenzprovinzen (→ KAPITEL 10.1) vor allem die Versorgung der Truppe und die Verteidigung gegen Einfälle von Feinden. Ein wichtiger Aufgabenbereich aller Statthalter war das Rechtswesen. Während kleinere Rechtsfälle von der lokalen Gerichtsbarkeit entschieden wurden, gelangten Gewaltverbrechen und Prozesse mit höherem Streitwert an den Statthalter. Dieser reiste, vor allem in den größeren Provinzen, an verschiedene Standorte, um dort Gericht zu halten oder Eingaben entgegenzunehmen, die seine Kanzlei in der Folge abarbeitete.

Statthalter

Daneben war der Statthalter für die bautechnische Überprüfung öffentlicher Gebäude zuständig. Zeigten sich hier Mängel, konnte er die städtischen Magistrate mit Reparaturarbeiten beauftragen. Außerdem hatte der Statthalter die Funktion, Rom in der Provinz zu repräsentieren, und so musste er sich bei Banketten lokaler Aristokraten, aber auch bei öffentlichen Festen zeigen, etwa bei Gelübden und Opfern für den Kaiser oder bei Sportwettkämpfen.

Für die Diskussion des allgemeinen Charakters der römischen Herrschaft bis zum 4. Jahrhundert n. Chr. sind die Thesen des britischen Historikers Fergus Millar von großer Bedeutung (vgl. Millar 1992). Millar analysierte sehr umfassend die Kommunikation zwischen dem Kaiser und den Untergebenen, wobei er sowohl Einzelpersonen (Amtsträger und Privatleute) als auch Verbände, wie z. B. Städte und Vereine, in den Blick nahm. Er gelangte zu dem Ergebnis, dass römische Kaiser Politik nicht planvoll gestalteten, sondern vielmehr reagierend regierten: Erst wenn sie unmittelbar dazu aufgefordert worden seien, seien sie aktiv geworden. Aufgabe der Kaiser und der gesamten römischen Verwaltung sei nicht die Erarbeitung und Durchsetzung politischer Ideen gewesen, sondern die Antwort auf Eingaben, Anfragen und Wünsche, die an sie herangetragen wurden. Millar prägte für diesen Regierungsstil die Formel „petition-and-response".

Petition-and-response

Im Kern hat sich dieses Interpretationsmodell in der Forschung durchgesetzt, es ist jedoch in mancher Hinsicht relativiert worden. So hat etwa Jochen Bleicken darauf hingewiesen, dass sich gerade durch die zahlreichen Bitten und Eingaben, die aus dem ganzen Reich in der kaiserlichen Zentrale zusammenkamen, ein umfassender Erfahrungsschatz gebildet habe. Und dieses reichhaltige Wissen habe es wiederum möglich gemacht, Leitlinien für die Lösung häufig auftretender Probleme zu entwickeln – wenn auch nicht politische Programme zu entwerfen. Da das politische Handeln der Römer stets fest in der Tradition verwurzelt gewesen sei, sei es zwar nicht zu grundlegenden Reformen gekommen, aber in einzelnen Komponenten habe man die Ordnung durchaus umgestalten bzw. die staatliche Tätigkeit auf neue Bereiche ausdehnen können (vgl. Bleicken 1982). Dieses System sei sehr effizient gewesen, weil die Herrschenden wichtige Informationen über die Zustände im Reich nicht durch einen kostspieligen bürokratischen Apparat sammeln mussten, sondern diese gewissermaßen „von unten" geliefert bekamen.

Planvolle Politik

Die römische Armee war, gemessen an der Größe des Reiches und der Länge der Außengrenzen, sehr klein: Der französische Militärhistoriker Le Bohec errechnete für das Jahr 23 n. Chr. eine Gesamtzahl

Die Armee

von ca. 300 000 Mann für Landheer und Flotte. Die größten Verbände waren in den am meisten gefährdeten Grenzregionen (Rhein, Donau, Euphrat) stationiert, in vielen anderen Provinzen standen dagegen überhaupt keine Truppen. Eine Elitetruppe der Prätorianer vor den Toren Roms sorgte für die Präsenz von Militär im Zentrum der Macht (vgl. Le Bohec 1993, S. 36f.).

Die meisten Grenzen des Römischen Reiches waren durch natürliche Formationen definiert, etwa Flüsse oder Steppenränder. Jedoch wurden die Grenzen von den Römern nie als Ende ihres Einflussgebietes angesehen; der römische Kaiser verstand sich als Herrscher der Welt und nahm als solcher das Recht in Anspruch, auch in Gebieten außerhalb der römischen Provinzen Roms einzugreifen, wenn ihm dies geboten schien. Wo es keine natürlichen Grenzen gab, legten die Römer lange Wälle an, etwa den Hadrianswall in Britannien und den sogenannten obergermanisch-rätischen Limes, der das nordöstlich von Rhein und Donau gelegene unterworfene germanische Gebiet einschloss. Dieser bestand aus Palisaden bzw. Steinmauern mit in regelmäßigen Abständen angelegten Wachtürmen sowie Kastellen. Für eine Abwehr von angreifenden Heeresverbänden waren diese Verteidigungsanlagen bei Weitem nicht stark genug; das römische Konzept der Grenzverteidigung sah vielmehr vor, Angreifer mit beweglichen Truppen zurückzuschlagen. Der Limes diente eher zur Kennzeichnung der Grenzen römischer Organisation und zu einer besseren Kontrolle des beherrschten Raumes.

Limes

Für römische Bürger bestand prinzipiell eine Wehrpflicht, die jedoch ohne Belang war, da sich immer genügend Freiwillige für den Dienst im Heer fanden. Dieses war in der Kaiserzeit – im Gegensatz zur Republik (→ KAPITEL 8.2) – ein stehendes Heer von Berufssoldaten. Die Römer selbst dienten in Legionen, Einheiten schwer bewaffneter Infanterie mit einer Sollstärke von etwa 5 500 Mann. Die Dienstzeit betrug 20 Jahre, in denen die Legionäre keine Ehe eingehen durften. Jedoch war ihnen die Verbindung mit einer Frau in einem Konkubinat gestattet, d. h. einer sozial akzeptierten, aber nicht rechtlich bindenden Form des Zusammenlebens zwischen Mann und Frau; nach der ehrenvollen Entlassung aus dem Heer wurden diese Verbindungen legitimiert, ebenso die aus ihr hervorgegangenen Kinder. Erst Septimius Severus (Kaiser von 193–211) gestattete Legionären die Eheschließung während ihrer Dienstzeit.

Legionäre

Für einfache Legionäre bestand die Möglichkeit, in die Ränge der Zenturionen aufzusteigen, den Kommandanten der sogenannten Hundertschaften. Die verschiedenen Zenturionenränge, 59 pro Legion, waren untereinander hierarchisiert, sodass es immer Anreize zum weiteren Aufstieg gab, bis man es zum *primus pilus*, zum ersten Zenturio der Legion, gebracht hatte. Hier endete die Karriereleiter für den einfachen Soldaten, die Offiziersränge wurden mit Senatoren und Rittern besetzt.

Die Legionen bildeten das Rückgrat der römischen Armee: Durch ihr Training, ihre Disziplin, Beweglichkeit und hervorragende Bewaffnung waren sie jeder anderen Infanterie überlegen (vgl. Gilliver 2007). Wichtige taktische Aufgaben wurden durch Hilfstruppen erfüllt, die aus Nichtbürgern zusammengestellt wurden. Dazu gehörten etwa die Kavallerie, von der die Römer selbst nur kleinere Kontingente stellten, Bogenschützen und Schleuderer, aber auch weitere Infanterieeinheiten für den Nahkampf. Neben der militärischen Funktion hatten die Hilfstruppen auch große Bedeutung für die Integration der Reichsbevölkerung: Sie waren zwar schlechter bezahlt als die Legionäre, besaßen geringeres Prestige und hatten mit 25 Jahren eine längere Dienstzeit; sie wurden für ihre Tätigkeit aber nach der Entlassung aus dem Dienst mit dem Bürgerrecht belohnt.

Dies geschah in einem formalen Rechtsakt, über den Urkunden eines besonderen Typs, die sogenannten Militärdiplome, Auskunft geben. Diese bestehen jeweils aus einem Paar von Bronzetafeln, die miteinander verbunden und versiegelt wurden. Der eigentliche Urkundentext stand auf der versiegelten Innenseite, auf der Außenseite wurde er wiederholt.

Ein Beispiel eines solchen Militärdiploms ist hier abgebildet (→ ABBILDUNG 33), der Text lautet wie folgt:

„Der Imperator Caesar, Sohn des vergöttlichten Nerva, Nerva Traianus Augustus Germanicus, Dacicus, Pontifex Maximus, im Jahre seiner 9. tribunizischen Gewalt, zum 4. Mal zum Imperator ausgerufen, zum 5. Mal Konsul, Vater des Vaterlandes, hat den Reitern und Fußsoldaten, welche in folgenden drei Alen und sieben Kohorten dienten [...] [es folgt die Aufzählung der Einheiten, Anm. d. Verf.] nachdem sie 25 und mehr Jahre dienten und mit ehrenvoller Entlassung verabschiedet worden sind – ihre Namen sind unten verzeichnet – ihnen selbst, ihren Kindern und Nachkommen, das Bürgerrecht gegeben, und hat ihre Ehe legalisiert mit ihren Ehefrauen, die sie zum Zeitpunkt der Bürgerrechtserteilung hatten, und, wenn sie ledig waren, denjenigen, welche sie später heiraten würden, jedem einzelnen und jeder einzelnen, wie es sich versteht, am 24. September, im Konsulatsjahr des Marcus Vitorius Marcellus und des Gaius Caecilius Strabo.

Abbildung 33: Militärdiplom des Marcus Spedius Corbulo (Dyptichon aeneum ignoto oreintis loco rep., 105 n. Chr.)

Von der Cohors II Ituraeorum, unter dem Kommando des Lucius Aquillius Oculatius, von den Fußsoldaten, dem Marcus Spedius Corbulo, Sohn des Marcus, aus der Stadt Hippus. Abgeschrieben und geprüft aus der Bronzetafel, welche aufgehängt ist zu Rom an der Mauer hinter dem Tempel des Divus Augustus bei der Minerva."
(Militärdiplom für Marcus Spedius Corbulo; Übersetzung nach Walser)
Der entlassene Soldat konnte mit dieser Urkunde jederzeit seine durch den Kaiser verliehenen Privilegien beweisen, formal handelte es sich

> Beglaubigte Abschrift

dabei um eine beglaubigte Abschrift des in Rom archivierten kaiserlichen Erlasses. Durch die Angaben zur Positionierung der genannten Einheiten sind die Militärdiplome eine sehr wichtige Quelle für die römische Militärgeschichte.

Die römische Armee war in der Verteidigung der Grenzen lange Zeit sehr erfolgreich und sicherte vielen Landstrichen die längste Friedenszeit ihrer Geschichte. Schwieriger wurde die Lage im späten 2., vor allem aber im 3. Jahrhundert, als die Truppen aufgrund von innerrömischen Machtkämpfen häufig die Grenzen verließen und sich außerdem starke neue Gegner formierten. Im Jahr 260 wurde der obergermanisch-rätische Limes aufgegeben, weil das Gebiet jenseits von Rhein und Donau nicht mehr gegen die Angriffe der Alamannen zu halten war.

> Krise der Grenzverteidigung

11.2 Die Wirtschaft des Imperium Romanum

Das wirtschaftliche Leben wurde in römischer Zeit – wie in der Vormoderne üblich – vom agrarischen Sektor dominiert. Die meisten Menschen arbeiteten auf den Feldern, und viele von ihnen versorgten sich mit allem Lebensnotwendigen selbst, ohne auf einen Markt, d. h. auf einen Ort des Zusammentreffens von Angebot und Nachfrage, angewiesen zu sein. Landbesitz bildete auch die materielle Grundlage der städtischen Oberschichten, doch daneben bot das Imperium Romanum noch andere Möglichkeiten für weit ausgreifende geschäftliche Tätigkeiten, etwa im Handel und im Bankenwesen.

> Agrarwirtschaft

Für den Fernhandel bot das Römische Reich ideale Voraussetzungen. Erstens waren die Bedingungen für den Seetransport exzellent. Seit Pompeius' durchschlagendem Erfolg von 67 v. Chr.
waren die Gewässer für mehrere Jahrhunderte frei von Piraterie. Das Mittelmeer – als Binnenmeer des Römischen Reiches – bildete die Drehscheibe für den Fernhandel, und auch die Flüsse (etwa Rhone, Rhein, Donau) waren von großer Bedeutung (vgl. Jacques/Scheid 1998, S. 424ff.). Zweitens waren Landtransporte ebenfalls verhältnismäßig gut zu bewerkstelligen. Diese kosteten zwar um ein Vielfaches mehr, doch das Straßennetz schuf günstige Möglichkeiten, auch diejenigen Orte zu beliefern, die nicht über See- oder Flusswege zu erreichen waren. Die Straßen wurden vor allem aus militärischen Erwägungen angelegt, doch kamen sie ebenso dem Warenverkehr zugute, weil sie das Binnenland gut erschlossen. Drittens waren die Binnenzölle im Römischen Reich niedrig, sodass sie die Waren kaum verteu-

> Fernhandel

erten; an den Grenzen des gallischen Zollbezirkes etwa wurde ein Zoll von 2,5 % erhoben. Viertens verfügte Rom über eine gut entwickelte Geldwirtschaft mit reichsweit anerkannten Münzen, und fünftens sorgte die Friedensperiode, die viele Provinzen im 1. und 2. Jahrhundert n. Chr. genossen, für Wohlstand und Güternachfrage in relativ breiten Schichten der Bevölkerung.

Der Fernhandel im Imperium Romanum ist gut erforscht, vor allem für die Produkte Wein, Olivenöl und Fischsoße. Diese Güter wurden in Transportamphoren befördert, welche über die Handelswege Aufschluss geben können, da sie normalerweise nur einmal verwendet wurden und die Inschrift auf den Amphoren neben dem Produkt und der Güteklasse häufig auch den Produktionsort und/oder den Hersteller nennt (→ ABBILDUNG 34).

Transportamphoren

Öl aus Spanien beispielsweise ist bis nach Italien, an den Rhein, die Donau und nach Britannien geliefert worden, und der Weinbedarf Roms ist zu einem großen Teil ebenfalls aus Spanien gedeckt worden. Ebenso sind Fischsoßen über sehr weite Entfernungen transportiert worden. Der Warenverkehr mit anderen Gütern, etwa mit

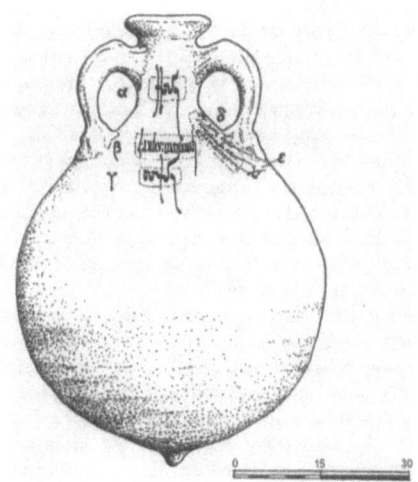

Abbildung 34: Amphore des Typus Dressel 20 (Schema der Aufschriften: Leergewicht (α), Händler (β), Gewicht des abgefüllten Öls (γ), Zollvermerk (δ) und Lade- oder Speichervermerk (ε))

Holzprodukten oder Textilien, hat hingegen weit weniger archäologische Spuren hinterlassen; hier ist man auf schriftliche Quellen angewiesen.

Daneben förderte die Größe des Imperium Romanum auch die Wanderung von Handwerkern. Bei manchen Produkten war es auf Dauer günstiger, die Werkstätten in die Nähe der Konsumenten zu verlagern als über große Entfernungen Handel zu betreiben. So wurden die westlichen Produktionszentren von Terra Sigillata, einer anspruchsvollen Glanztonkeramik, während der frühen Kaiserzeit von Arezzo (Mittelitalien) zuerst nach Südgallien, dann auch an den Rhein, nach Spanien und Nordafrika verlagert. Da die Herstellung von Terra Sigillata zu komplex ist, als dass man eine neue Werkstatt ohne Kenntnisse von Spezialisten hätte aufbauen können, ist hier von einer Wanderung zahlreicher Handwerker auszugehen. Die einzelnen Standorte entwickelten jeweils eigene charakteristische Produktionsmerkmale, an ihrem Aufstieg und Niedergang kann man gut den harten Konkurrenzkampf nachvollziehen (vgl. Eschbaumer 2001).

Zu den Aufgaben des Kaisers gehörte die Versorgung der stadtrömischen Bevölkerung mit Getreide, das von weit entfernten Reichsteilen, etwa aus Ägypten oder der Provinz Africa, verschifft wurde. Außerdem war der Kaiser für die Versorgung der Legionen mit Nahrungsmitteln und Ausrüstung zuständig. Auch die meisten Bergwerke und Marmorsteinbrüche waren in kaiserlichem Besitz. Der Kaiser bildete damit einen wichtigen Faktor im Wirtschaftsleben; ob es zu einer planvollen Steuerung ökonomischer Prozesse kam, wird in der Forschung kontrovers diskutiert (vgl. Drexhage/Konen/Ruffing 2002, S. 27ff.). Bezeugt sind Eingriffe der Verwaltung bei Versorgungskrisen, indem etwa das Horten von Getreide unterbunden wurde, doch sind diese Maßnahmen vermutlich eher zur Vermeidung von Unruhen getroffen worden und hatten daher eine mehr politische als ökonomische Zielsetzung.

Die Bedeutung von Sklaven war von Provinz zu Provinz und je nach Wirtschaftszweig sehr unterschiedlich. Im landwirtschaftlichen Bereich etwa war Sklavenarbeit beim arbeitsintensiven Weinanbau rentabel, da das ganze Jahr hindurch Arbeitskräfte benötigt wurden, während beim Getreideanbau, der nur zu bestimmten Zeitpunkten im Jahr eine hohe Arbeitsleistung erforderte, der Einsatz von Saisonarbeitern günstiger war. Den Anteil der Sklaven an der Gesamtbevölkerung zu bestimmen, ist aufgrund von Quellenmangel sehr schwierig. Lediglich Ägypten bietet ausreichend Material, da sich im Wüstensand die Dokumente aus Papyrus – dem gewöhnlichen Beschreibstoff der Antike – in großer Anzahl erhalten haben. Diese stellen die wichtigsten Texte für die antike Wirtschafts- und Sozialgeschichte dar (vgl. die zahlreichen Beispiele bei Drexhage / Konen / Ruffing 2002), da sie nicht nur für Literatur der übliche Schriftträger waren, sondern auch für Pacht- und Kaufverträge, für Abrechnungen, Inventarlisten, offizielle und private Briefe. Nach einer Auswertung der Papyri waren im Ägypten der römischen Kaiserzeit ca. 10 % Sklaven, aber in anderen Provinzen kann der Anteil deutlich höher gelegen haben.

Das Angebot an Sklaven – und damit auch ihr Preis – war starken Schwankungen unterworfen. Nach großen Kriegen wurden zumeist zahlreiche Menschen versklavt, etwa nach dem jüdischen Aufstand 66–70 n. Chr. (→ KAPITEL 12.2), dagegen wurde in anderen Zeiten das Angebot knapp; dadurch könnten die Anreize für Sklavenbesitzer gestiegen sein, die Fortpflanzung unter ihren Sklaven zu fördern. Zu den Lebensumständen und zur Lebenserwartung der Sklaven können keine generellen Angaben gemacht werden, da sie in ganz unterschiedlichen Branchen und Positionen eingesetzt wurden: Das Spektrum reichte von unmenschlichen Bedingungen in den Bergwerken bis hin zu Führungspositionen in Betrieben oder Beschäftigungen in wohlhabenden Haushalten, in denen hochgeschätzte Hausklaven spezialisierte Tätigkeiten verrichteten.

Lebensumstände

11.3 Die Romanisierung der Provinzen

Einen Prozess der Romanisierung kann man auf verschiedenen Ebenen beobachten. Im Hinblick auf die Rechtsstellung der Reichsbevölkerung ist die zunehmende Ausweitung des römischen Bürgerrechtes bedeutsam, beispielsweise durch seine Verleihung an ausgediente Soldaten der Hilfstruppen (→ KAPITEL 11.1). Das römische Bürgerrecht ergänzte dabei das lokale Bürgerrecht, d. h. seine Träger behielten die Rechte und Pflichten ihrer Stadt oder ihres Stammes. Lediglich diejenigen Provinzbewohner, die in den Senatorenstand aufgestiegen waren, wurden juristisch aus dem Bürgerverband ihrer Heimat gelöst (vgl. Eck 2001, S. 51–53). Außer durch die Verleihung an Individuen verbreitete sich das römische Bürgerrecht auch durch die Gründung von *coloniae*, geschlossenen Ansiedlungen römischer Bürger, in der Regel von Veteranen. 212 schließlich verlieh der Kaiser Caracalla allen freien Bewohnern des Römischen Reiches das römische Bürgerrecht. Eine solche Ausweitung konnte deshalb stattfinden, weil die

Römisches Bürgerrecht

Möglichkeit der politischen Partizipation beim römischen Bürgerrecht nur eine untergeordnete Rolle spielte – im Gegensatz etwa zu Athen, wo sich die Bürgerschaft ganz wesentlich durch das Recht auf aktive politische Tätigkeit definierte (→ KAPITEL 4.1). In Rom hingegen waren die personenrechtlichen Vorteile, etwa bei Erbschaften oder Prozessen, von größerer Bedeutung.

Sichtbarer Ausdruck des kulturellen Einflusses der Römer sind die Städte, vor allem im Norden und Westen des Reiches. In diesen Regionen, wo es vor der römischen Zeit nur eine schwache urbanistische Tradition gab, entstand nun ein fast flächendeckendes Netz von Städten, die sich deutlich erkennbar am römischen Vorbild orientierten (vgl. Kolb 1984, S. 180ff.). Dies betrifft die Bautechnik, z. B. die Verwendung von Beton, aber auch die Gebäudeformen: Fast alle Städte verfügten über Thermenanlagen und ein Theater, die größeren außerdem noch über ein Amphitheater für Gladiatorenkämpfe und Tierhatzen. Im Zentrum wurden rechteckige Plätze nach Art des römischen Forums angelegt, die von Säulenhallen gesäumt waren; Tempelanlagen sowie Gebäude für Ratsversammlungen und Gerichte waren Teil des architektonischen Ensembles. Weitere von den Römern übernommene urbanistische Elemente waren die Wohnblocks (*insulae*) und die Wasserversorgung mittels Aquädukten.

Urbanistik

Diese Veränderungen waren nicht nur äußerlicher Natur, sondern lassen auch auf die Einstellung der Provinzbevölkerung zur römischen Herrschaft schließen. Tacitus (ca. 55 – ca. 120), der wichtigste Geschichtsschreiber der römischen Kaiserzeit, kommentierte die Veränderungen wie folgt:

Tacitus

„Denn damit sich die zerstreut lebenden, unzivilisierten und deshalb leicht zu kriegerischen Unternehmungen neigenden Menschen durch Annehmlichkeiten an Frieden und Ruhe gewöhnten, ermahnte er (Agricola) sie persönlich und half ihnen mit öffentlichen Mitteln, Tempel, Marktplätze und Häuser zu errichten; dabei lobte er die Willigen und tadelte die Zögernden. So stellte sich Ehrgeiz statt Zwang ein [...] Allmählich verfiel man auch verlockenden Lastern, wie sie Säulenhallen, Bäder und erlesene Gastmähler bieten. Und das nannten die Unerfahrenen Kultur, wo es doch nur ein Stück Knechtschaft war."

(Tacitus, *Agricola* 21)

Lebensstandard

Der Annahme, dass höherer Lebensstandard zwangsläufig „Verweichlichung" mit sich bringt – ein Topos in der antiken Literatur –, wird man heute nicht mehr folgen, aber wesentliche Elemente des Urbanisierungsprozesses beschreibt Tacitus vollkommen zutreffend: Für die

Römer waren Städte die bestmöglichen Stützen ihrer Herrschaft. Deshalb förderten sie deren Anlage und Ausbau, ohne dabei Zwang anwenden zu müssen. Denn die Bevölkerung der Provinzen übernahm aus eigenem Antrieb viele Elemente der römischen Kultur, und der hohe Lebensstandard im Imperium Romanum, der vielerorts bis zum 20. Jahrhundert unerreicht blieb, war eine wesentliche Ursache dafür, dass es kaum Aufstände gegen die römische Herrschaft gab.

Städte als Stützen der Herrschaft

Im Römischen Reich gab es ein buntes Gemisch verschiedenster Kulte (einen guten Überblick über die Vielfalt liefert der Sammelband Cancik/Rüpke 1997). Der Kaiserkult – die Verehrung des römischen Herrschers durch Opfer und Gebete – hatte zwar Ansätze einer reichsweiten Kultform, aber er wurde in den verschiedenen Regionen unterschiedlich praktiziert. In den östlichen Provinzen waren die Menschen seit Jahrhunderten gewohnt, dem Herrscher einen Kult einzurichten – auch römische Feldherren der Republik waren schon auf diese Weise geehrt worden – im Westen dagegen war der Kaiserkult eine neuartige Praxis.

Kaiserkult

Die Einrichtung des Kaiserkultes in den Provinzen wurde von den Herrschern gefördert, jedoch nicht forciert – in manchen Fällen lehnten die Kaiser sogar selbst die Einrichtung neuer Kulte ab. Die Initiative ging häufig von der Provinzbevölkerung aus, die den Kaiser als Wohltäter betrachtete und ihm in den Kulthandlungen eine entsprechende Gegengabe liefern wollte, von der man sich wiederum erneute Wohltaten des Kaisers in der Zukunft versprach. Bei der generellen Bewertung des Kaiserkultes wurden in der Forschung ganz unterschiedliche Wege beschritten: Während manche die religiöse Komponente betonten – die Göttlichkeit des Kaisers sei als ein Aspekt antiker Religiosität ernst zu nehmen (vgl. Clauss 1999) –, versuchten ihn andere als Verankerung der römischen Macht in den Provinzen zu begreifen (hervorragend die Studie von Price 1984).

Kaiser als Wohltäter

Fragen und Anregungen

- Skizzieren Sie die Diskussion über den Charakter (passiv-reaktiv oder gestaltend?) der römischen Herrschaft.

- In welcher Hinsicht förderte das Heer die Integration der Provinzbevölkerung in das Römische Reich?

- Nennen Sie die wichtigsten Merkmale der Wirtschaft im Imperium Romanum.

- Erläutern Sie die wichtigsten Veränderungen, die sich für die Bewohner griechischer Poleis am Übergang von der hellenistischen zur römischen Zeit ergaben.

Lektüreempfehlungen

Quellen
- Gaius Plinius Caecilius Secundus: Briefe, übersetzt von Helmut Kasten [lat./dt.], München 1968, 7., durchgesehene Auflage Zürich 1995. *Das zehnte Buch enthält den Briefwechsel zwischen Plinius und Kaiser Trajan und gibt anschaulich die Tätigkeiten eines römischen Statthalters wieder.*

- Greek Papyri from Roman Egypt, herausgegeben von William M. Brashear [gr./engl.], Berlin 1976 (Ägyptische Urkunden aus den Staatlichen Museen Berlin. Griechische Urkunden, Bd. 13).

- Cornelius Tacitus: Agricola, herausgegeben, übersetzt und erläutert von Alfons Städele [lat./dt.], Darmstadt 1991, 2., verbesserte Auflage Düsseldorf 2001.

- Gerold Walser: Römische Inschrift-Kunst. Römische Inschriften für den Akademischen Unterricht und als Einführung in die lateinische Epigraphik [lat./dt.], Stuttgart 1988.

Forschung
- Fergus Millar: The Emperor in the Roman World (31 BC – AD 337), Ithaca 1977, 2. Auflage London 1992. *Umfassende Untersuchung zum Regierungsstil des römischen Kaisers, die in die (damals) provokante These mündet, seine politische Tätigkeit müsse als rein reaktiv bezeichnet werden.*

- Yann Le Bohec: Die römische Armee. Von Augustus zu Konstantin dem Großen, Stuttgart 1993. *Überblick über Ausrüstung, Kommandostruktur und Organisation, darüber hinaus wird auch die kulturelle und politische Bedeutung der kaiserzeitlichen Armee beleuchtet.*

- Hans-Joachim Drexhage/Heinrich Konen/Kai Ruffing: Die Wirtschaft des Römischen Reiches (1.–3. Jahrhundert). Eine Einführung, Berlin 2002. *Gute aktuelle Einführung mit einer Darstellung des Forschungsstandes und einer Fülle Quellen zu unterschiedlichen Aspekten der römischen Wirtschaft.*

- Thomas Fischer (Hg.): Die römischen Provinzen. Eine Einführung in ihre Archäologie, Stuttgart 2001. *Einführung in Gegenstand und Methoden der provinzialrömischen Archäologie. Die Beiträge über das Fundmaterial im Nordwesten des Römischen Reiches geben einen guten Überblick über die Romanisierung dieser Region.*

- Hubert Cancik / Jörg Rüpke (Hg.): Römische Reichsreligion und Provinzialreligion, Tübingen 1997. *Der Sammelband liefert einen Überblick über die religiöse Vielfalt im Imperium Romanum, sowohl über die Kulte, die reichsweit verbreitet waren, als auch über spezifische lokale Kulte.*

- Rom und das Reich in der Hohen Kaiserzeit; Bd. 1: François Jacques / John Scheid: Die Struktur des Reiches, Stuttgart 1998; Bd. 2: Claude Lepelley (Hg.): Die Regionen des Reiches, München 2001. *Ausführliche, sowohl nach Regionen als auch nach strukturellen Kriterien gegliederte Darstellung von Verwaltung und Wirtschaft des Römischen Reiches.*

12 Regionale Identitäten im Imperium Romanum

Abbildung 35: Mumienporträt einer jungen Frau (ca. 120 n. Chr.)

In Ägypten wurde die alte Tradition der Mumifizierung, d. h. der Konservierung von Leichnamen durch bisweilen sehr aufwendige Verfahren, auch unter römischer Herrschaft fortgesetzt. Jedoch wurden nun die traditionellen Totenmasken mit idealen Gesichtszügen in vielen Fällen durch (auf Holz oder Leinen) aufgemalte Porträts der Verstorbenen ersetzt. Diese Mumienporträts sind von großer Bedeutung, weil sie Aufschluss über die antike Tafelmalerei geben, die von griechischen und römischen Autoren sehr gerühmt wurde, aber weitgehend verloren gegangen ist. An ihnen lässt sich darüber hinaus exemplarisch das Zusammenspiel von regionalen Traditionen und römischen Einflüssen aufzeigen: Mumienporträts kamen mit der Herrschaft der Römer über Ägypten auf, und die Frisuren der Dargestellten orientieren sich an der vom römischen Kaiserhaus vorgegebenen ‚Reichsmode'; die Mumifizierung an sich und die Praktiken des ägyptischen Totenkultes hingegen waren Römern fremd. Die Mumienporträts sind die Ausdrucksform einer regionalen Oberschicht unter den Bedingungen eines Weltreiches.

Als der Apostel Paulus in Jerusalem vor den römischen Kommandanten geführt wurde, soll sich dieser darüber gewundert haben, dass er griechisch sprach. Paulus habe ihm erwidert: „Ich bin ein Jude aus Tarsos, Bürger einer nicht unbedeutenden Stadt in Kilikien." (Apostelgeschichte 21,39) Im Verlauf des Prozesses verwies Paulus darauf, dass er römischer Bürger sei und deshalb das Recht besitze, seinen Fall vor das kaiserliche Gericht zu tragen. Paulus verstand sich nach diesem Text zugleich als stolzer Polisbürger von Tarsos, als Angehöriger der religiös-ethnischen Gruppe der Juden und als Mitglied der römischen Rechtsgemeinschaft. Ein solches Geflecht von Selbstzuordnungen ist typisch für das Imperium Romanum; denn es war geprägt von kultureller Vielfalt – ungeachtet der im vorigen Kapitel beschriebenen Romanisierung und Verflechtungen der einzelnen Reichsteile mit dem Zentrum – und vereinte zahlreiche unterschiedliche Sprachen, Religionen und auch politische Strukturen, entlang derer sich vielfältige regionale Identitäten ausbilden konnten. Deren Entwicklung unter den Bedingungen des Römischen Reiches soll in diesem Kapitel exemplarisch skizziert werden.

12.1 „Römer werden, Grieche bleiben"
12.2 **Die Juden in römischer Zeit**
12.3 **Ägyptische Mumienporträts**

12.1 „Römer werden, Grieche bleiben"

Die optische Sichtbarkeit der römischen Herrschaft war im Westen und Osten des Reiches unterschiedlich: Während im Westen viele Städte stark umgestaltet oder überhaupt erst gegründet wurden, waren die Veränderungen im Osten des Reiches, wo auf eine lange städtische Tradition zurückgeschaut werden konnte, nicht so augenfällig. Zwar führte das wirtschaftliche Aufblühen vieler Provinzen zu einer verstärkten Bautätigkeit, die meisten Bautypen folgten jedoch hellenistischen Traditionen. Typisch römische Architekturformen wie etwa Amphitheater finden sich im Osten nur selten; Gladiatorenspiele waren auch dort verbreitet, fanden aber normalerweise in Theatern statt. Ein ähnlicher Befund ergibt sich beim Blick auf die Sprachen: Im Westen wurden Sprachen wie das Etruskische, Keltische oder Punische unter römischer Herrschaft an den Rand gedrängt und weitgehend durch Latein ersetzt. Im Osten hingegen blieb das Griechische die wichtigste Sprache, was sowohl literarische Quellen als auch Inschriften und Papyri zeigen; lateinische Texte sind nur selten zu finden. Die Dominanz des Griechischen umfasste alle Lebensbereiche, auch die politische Administration.

Unterschiede Ost-West

Diese Beobachtungen bilden den Ausgangspunkt für die Frage, in welcher Hinsicht die Griechen unter den Bedingungen der römischen Herrschaft eine eigene Identität bewahren konnten. Diese Frage ist seit den 1990er-Jahren intensiv diskutiert worden (vgl. Alcock 1997; Colvin 2004), was unter anderem darauf zurückzuführen ist, dass durch das Auseinanderbrechen der Sowjetunion und Jugoslawiens der Blick der Wissenschaft auf regionale Identitäten innerhalb eines politischen Verbandes gelenkt wurde. Bei der Untersuchung der Griechen im Imperium Romanum richtete sich die Aufmerksamkeit hauptsächlich auf die „Zweite Sophistik", eine kulturelle Strömung vor allem des 2. nachchristlichen Jahrhunderts (vgl. Borg 2004 für eine Analyse aus unterschiedlichen Perspektiven). Ohne dass die Außengrenzen exakt gezogen werden können, werden dieser Geistesströmung Rhetoriklehrer und Redner zugeordnet, welche die Rhetorik als Kunstform zur Perfektion führen wollten. Bekannte Vertreter sind etwa Aelius Aristeides (117–181) und Dion von Prusa (ca. 40–110), dessen Borysthenes-Rede – jüngst in einer hervorragenden Ausgabe erschlossen (s. u.) – ein gutes Beispiel für die komplexe Struktur der Reden darstellt. Die bereits in der Antike geprägte Bezeichnung „Zweite Sophistik" bezieht sich auf die Sophisten des 5. Jahrhunderts v. Chr., welche als erste die Grundlagen einer philosophischen Rhetorik legten.

„Zweite Sophistik"

Kunstsprache

Der Rückbezug auf die griechische Klassik war für die Vertreter der „Zweiten Sophistik" Programm. Als gutes und korrektes Griechisch galt in ihren Augen, die Sprache der Autoren des 5. und 4. Jahrhunderts v. Chr., vor allem der attischen Redner nachzuahmen. Die Verwendung von Vokabeln, Formen und Wortstellungen, die bei diesen ungebräuchlich gewesen waren, stellte für sie eine Barbarei dar, die einem gebildeten Menschen Schmerzen bereite: „Wer könnte das ertragen!" ist ein häufig gebrauchter Kommentar zu solchen Abweichungen vom sprachlichen Ideal. Wer zur Bildungselite gehören wollte, musste damit rechnen, dass alle seine mündlichen oder schriftlichen Äußerungen kritisch kontrolliert wurden; ‚Fehler' führten zu Kritik, Spott und Ausgrenzung. Denn die Beherrschung des klassischen Griechisch wurde nicht nur als spezielle Fertigkeit betrachtet, sondern als Basis aller Bildung:

Sprachlicher Regelverstoß

> „Jede unkorrekte sprachliche Äußerung bietet ein hinreichendes Zeugnis für Unbildung. Daher ist es nötig, dass diejenigen, die sich der Grammatik widmen, den Vortrag ihrer Äußerungen frei von Sprachfehlern und Barbarismen halten und um die darin vorkommenden Fehler wissen. Denn die Grammatik ist die Mutter der Philosophie und Rhetorik und ihrer Natur nach Wurzel und Ursprung jeder anständigen Wissenschaft und Kunst. Sie kann ein Kind zur Vollkommenheit aufziehen, durch kunstvolle Erfahrung zur fehlerlosen Erfahrung der Sprache führen, aus der sich jedes Lob erhebt."
> (Pseudo-Herodian, *Über sprachlichen Regelverstoß und Barbarismus*, 294f.)

Von dem Sprachgebrauch der römischen Kaiserzeit war das, was die Vertreter der „Zweiten Sophistik" als korrekte Sprache bezeichneten, weit entfernt. Die Umgangssprache, die sich vor allem in den auf Papyrus erhaltenen Privatbriefen fassen lässt, aber auch das in den politischen Institutionen gesprochene Griechisch wich in Syntax und Vokabular deutlich vom Sprachideal der Bildungselite ab. Lukian von Samosata (ca. 120–190), der zahlreiche satirische Schriften über Phänomene seiner Zeit verfasste, verspottete die rückwärtsgewandte Sprachartistik einiger Zeitgenossen: „Ich habe dich *jetzt* gefragt, du aber antwortest mir wie zur Zeit Agamemnons." (Lukian, *Demonax* 26)

Exklusivität durch Bildung

Der elitäre Charakter einer solch artifiziellen Sprache liegt auf der Hand. Es handelte sich nicht nur um eine kauzige Spielerei weltabgewandter Intellektueller, sondern es ging um Macht (vgl. Schmitz 1997). „Bildung" im Sinne sprachlicher Virtuosität wurde in verschiedenen Kontexten gezeigt: in exklusiven Zirkeln, etwa beim Trinkgelage, aber auch bei öffentlichen Reden. Indem die Bildungselite dem Volk ihre Überlegenheit im Sprachgebrauch demonstrierte, zelebrierte sie ihre Exklusivität, und da in der betreffenden Zeit aus überlegener Bildung politische Ansprüche abgeleitet werden konnten, legitimierte sie damit ihre Führungsrolle. Manche der großen Redner wurden in hohe Ämter gewählt oder in wichtigen Missionen zum Kaiser geschickt, wo sie ihre rhetorischen Fertigkeiten zum Wohl der Polis einsetzen sollten.

Welche Aufschlüsse gibt aber diese Idealisierung einer vergangenen Sprache über das Verhältnis der gebildeten Griechen zu den Römern? Zunächst ist festzuhalten, dass sich die Vergangenheitsorientierung nicht auf die sprachliche Ebene beschränkt. Pausanias etwa, der im 2. Jahrhundert eine Beschreibung Griechenlands verfasste, ging bei seinem literarischen Rundgang durch die Städte und Heiligtümer vor allem auf die Meisterwerke der klassischen Zeit ein, während die Monumente seiner eigenen Zeit weit weniger Erwähnung fanden. Er erzeugte das Bild eines durch eine gemeinsame glorreiche Vergangenheit und eine gemeinsame Kultur geeinten Griechenlands.

Vergangenheitsorientierung

Bisweilen wird diese in der griechischen Literatur der römischen Kaiserzeit fassbare Vergangenheitsorientierung als Zeichen der Unzufriedenheit mit der römisch dominierten Gegenwart interpretiert: Aufgrund der Machtlosigkeit der Griechen hätten sich die Autoren einer Vergangenheit zugewandt, in der die griechischen Poleis frei und mächtig waren; diese Glorifizierung der Klassik könne als Zeichen des Protestes gegen die römische Herrschaft aufgefasst werden (vgl. Bowie 1970). Doch gegen diese Interpretation wurde eingewandt, dass sich viele der Autoren aktiv in der Politik engagierten und eine generelle Unzufriedenheit mit den Zuständen ihrer Zeit aus den Quellen nicht ablesbar sei. Zwar fänden sich neben der Erwähnung vergangener griechischer Größe auch Spitzen gegen die Römer – der Topos vom „ungebildeten Römer" scheint beliebt gewesen zu sein –, aber ebenso viel Lob für die römische Herrschaft. Die Orientierung an der griechischen Klassik sei somit nicht gegen die neuen Herren gerichtet gewesen; denn es habe sich nicht um einen Widerspruch gehandelt, die politische Dominanz Roms zu akzeptieren und gleichzeitig die kulturelle Identität der Griechen zu betonen. Oder anders gesagt: Man konnte Römer werden und gleichzeitig Grieche bleiben (vgl. Woolf 1994).

Kritik an Rom?

12.2 Die Juden in römischer Zeit

Die in Palästina siedelnden jüdischen Stämme waren unter den Königen David und Salomo (1000–931 v. Chr.) in einem Reich mit dem Zentrum Jerusalem vereint gewesen, das nach Salomos Tod in zwei sich befehdende Teilreiche, Israel und Juda, zerfallen war. 722 v. Chr. wurde Israel von den Assyrern, 587 v. Chr. Juda von den Babyloniern besiegt; der für den jüdischen Kult zentrale Tempel in Jerusalem wurde zerstört, ein Teil der Oberschicht nach Mesopotamien deportiert. Der Wille, die eigene Identität auch in der Fremde zu bewahren, bildete die Grundlage für die weitere Entwicklung des Judentums. Als der Perserkönig Kyros die „Babylonische Gefangenschaft" beendete und den deportierten Juden 538 v. Chr. die Rückkehr nach Jerusalem gestattete, wurde der Tempel wieder aufgebaut und eine auf der Heiligen Schrift beruhende Lebensordnung mit einem Hohepriester an der Spitze geschaffen.

Tempel in Jerusalem

Die Führungselite bemühte sich um ein gutes Verhältnis zu den Perserkönigen, nach dem Ende des Perserreiches zu den hellenistischen Monarchen, um die jüdische Lebensordnung sowohl im Kernland als auch in der Diaspora zu sichern. Denn außer in Jerusalem und Palästina lebten auch zahlreiche Juden als Minderheit in einer nichtjüdischen Umgebung, in großer Anzahl vor allem in Alexandria. Die jüdischen Sitten, beispielsweise die Sabbatruhe oder das Verbot der Abbildung Gottes, standen im Gegensatz zu griechischen religiösen Traditionen, und die Zahlungen der Juden an den Tempel von Jerusalem wurden von mancher Seite als ein Verlust an Finanzkraft der Polis angesehen. In dieser potenziell konflikthaltigen Situation erhofften sich die Juden von den Monarchen den Schutz ihrer Rechte, und in der Regel hatten ihre Bitten Erfolg.

Diaspora

Als Teile der jüdischen Führungsschicht 167 v. Chr. die traditionelle Lebensführung bedroht sahen, kam es zu einem Aufstand gegen die Seleukiden und zur Gründung eines eigenen Königreiches unter der Dynastie der Hasmonäer, das aufgrund der Schwäche der hellenistischen Monarchien ein Jahrhundert überdauerte. Doch mit dem Auftreten der Römer in dieser Region war das Machtvakuum beendet und damit die Voraussetzung für einen unabhängigen jüdischen Staat nicht mehr gegeben. Pompeius wurde während seines Kommandos gegen Mithridates von Pontos (→ KAPITEL 9.1) nach Palästina gerufen, als es dort zum Konflikt zweier Thronprätendenten gekommen war. Pompeius nahm 63 v. Chr. Jerusalem ein und betrat den Tempel, was in den Augen der Juden ein Sakrileg darstellte – seine spätere Nie-

Hasmonäer

derlage gegen Caesar wurde von ihnen als Gottes Strafe angesehen (Psalmen Salomos 2,24–2,31). In der Folgezeit jedoch gereichte die römische Macht den Juden nicht zum Schaden, vielmehr griffen die Römer bei Konflikten zwischen Diasporajuden und Griechen häufiger zugunsten ersterer ein.

Ein besonderes Geschick im Umgang mit den römischen Machthabern entwickelte Herodes, der zunächst die Unterstützung des Marcus Antonius und später des Octavian/Augustus erlangte. Ihm wurde die Königsherrschaft über das jüdische Kernland, aber auch über große Gebiete mit mehrheitlich nichtjüdischer Bevölkerung übertragen. Herodes ist in mancher Hinsicht der Inbegriff des späthellenistischen Monarchen, der seine Macht der Gunst Roms verdankte und nur über sehr eingeschränkten außenpolitischen Spielraum verfügte, dafür aber seine Größe mit umso größerer Bautätigkeit zu dokumentieren versuchte. Er ließ den Tempel in Jerusalem zu einem der größten und prächtigsten Heiligtümer der damaligen Welt ausbauen, weitere Städte schmückte er mit Theatern und Amphitheatern; auch die Griechen des Mutterlandes, z. B. das Heiligtum von Olympia, kamen in den Genuss seiner Großzügigkeit. In die griechisch-römische Tradition ist er als glanzvoller Herrscher, als „Herodes der Große" eingegangen; viele Juden sahen in ihm dagegen einen Gegner jüdischer Tradition – die (erfundene) Geschichte vom Kindermord zu Bethlehem zeigt, welche Missetaten man ihm zutraute.

Herodes der Große

Nach Herodes' Tod (4 v. Chr.) bemühten sich seine Nachfolger, die guten Beziehungen zu Rom aufrechtzuerhalten (vgl. Wilker 2007), insgesamt aber verschlechterten sich die Beziehungen zwischen Römern und Juden. Wirtschaftliche Schwierigkeiten, vor allem der Steuerdruck und die daraus resultierende Verschuldung vieler jüdischer Bauern, mögen eine Rolle gespielt haben, ebenso die Korruption und Ungeschicklichkeit mancher römischer Statthalter in dieser Region. Doch diese Gründe allein können nicht erklären, warum die Juden schließlich sogar einen – militärisch aussichtslosen – Aufstand gegen die römische Herrschaft unternahmen (66–70 n. Chr.) und bis zum katastrophalen Ende mit fanatischer Entschlossenheit kämpften. Verantwortlich hierfür ist vielmehr eine religiöse Radikalisierung: Endzeitvisionen, die das baldige Erscheinen des Messias und die Wiedererrichtung des Reiches von David und Salomo ankündigten, hatten Konjunktur; religiöse Eiferer (Zeloten) betrachteten nicht nur die Römer als Feinde von Gottes Ordnung, sondern auch die jüdischen Eliten, die als Kollaborateure angesehen und gewaltsam bekämpft wurden (zu religiösen und sozialen Entwicklungen in dieser Zeit vgl. Goodman 2007).

Zeloten

Die in den griechischen und römischen Quellen erkennbaren antijüdischen Ressentiments wurden durch diese religiöse Radikalisierung verschärft, und in Alexandria gelang es 38 n. Chr. einer Gruppe von griechischen Rädelsführern, die Masse gegen die Juden aufzuhetzen, sodass es zu einem der schlimmsten Pogrome der Antike kam. Auf Papyrus hat sich ein Brief des Kaisers Claudius von 41 n. Chr. erhalten, der an beide Seiten mahnende Worte richtet:

Pogrom in Alexandria

Brief des Claudius

„[...] es hat sich in mir gegen diejenigen, die wieder mit den Unruhen beginnen, ein unversöhnlicher Zorn aufgestaut; und ich sage euch ein für allemal, dass, wenn ihr nicht der mörderischen und verstockten Wut gegeneinander ein Ende setzt, ich gezwungen sein werde zu zeigen, wie ein Kaiser ist, dessen Milde in gerechten Zorn umschlägt. Deshalb richte ich noch einmal einen beschwörenden Appell an euch, dass einmal die Alexandriner milde und menschenfreundlich mit den Juden umgehen, die seit langem mit ihnen dieselbe Stadt bewohnen, und dass sie keine ihrer Riten zur Verehrung ihres Gottes in den Schmutz ziehen, sondern sie nach ihren Gewohnheiten leben lassen [...] und den Juden befehle ich nachdrücklich, nicht mehr anzustreben, als sie erhalten haben, und nicht, wie wenn sie in zwei Städten wohnten, künftig zwei Gesandtschaften hierher zu schicken, was vormals noch nie geschehen ist, noch sich in die Wettkämpfe der Gymnasiarchen und Kosmeten [d. h. der für die Ephebenausbildung zuständigen Magistrate, Anm. d. Verf.] einzudrängen, während sie doch ihre eigenen Rechte genießen und sich in einer Stadt, die nicht die ihre ist, eines Überflusses an vielen Privilegien erfreuen [...] Wenn ihr aber beide von alledem ablassen und mit gegenseitiger Milde und Menschenfreundlichkeit zusammenleben wollt, so will auch ich die größte Fürsorge für die Stadt an den Tag legen entsprechend der engen und von den Vorfahren her bestehenden Bindungen zu euch."

(Papyrus Londinensis 1912, Col. IV, 77–104)

Dass die Juden von Alexandria, wie aus dem Brief hervorgeht, zwei Gesandtschaften an Claudius geschickt hatten, zeigt, dass die Diasporajuden keine einheitliche Gruppe darstellten: Auf der einen Seite standen die weitgehend an die griechische Kultur angepassten Vertreter der jüdischen Oberschicht, auf der anderen radikale Gruppen, die sich von den Griechen scharf abzugrenzen versuchten. Eine Unterdrückung der jüdischen Religion stand – dies wird auch in dem Brief von Claudius deutlich – für die Römer nicht zur Debatte: Der polytheistischen römischen Religion war Intoleranz fremd. Den Römern ging es einzig um die Aufrechterhaltung von Ruhe und Ordnung.

Ein Vertreter des hellenisierten Judentums ist Flavius Josephus (ca. 37–100), dessen Bericht über den jüdischen Aufstand eine äußerst wertvolle Quelle darstellt. Denn Josephus war aus mehreren Perspektiven Augenzeuge der Ereignisse. Zunächst kommandierte er die Truppen der Aufständischen in Galiläa, wurde dann aber von den Römern gefangen genommen. In der Gefangenschaft gelangte er in die Nähe des römischen Feldherrn Vespasian, des späteren Kaisers, und erlangte dessen Gunst. Die Belagerung und Zerstörung Jerusalems erlebte er im römischen Feldlager, gestorben ist er wahrscheinlich in Rom. Josephus ist damit ein Grenzgänger zwischen verschiedenen Kulturen, und in seinem Bericht stellt er den Krieg nicht als eine unvermeidbare Konfrontation zwischen Römern und allen Juden dar; vielmehr betont er die Kooperationsbereitschaft der jüdischen Oberschicht (der er selbst angehörte) und gibt die Schuld vor allem den religiösen Eiferern aus dem einfachen Volk.

Flavius Josephus

In vielen Episoden macht er die angespannte Situation im Vorfeld des Aufstandes deutlich, in der es leicht zur Eskalation kommen konnte:

Eskalation von Gewalt

„Nach dem Tode des Herodes, des Herrschers von Chalkis, setzte Claudius den Agrippa, den Sohn des Agrippa, in die Herrschaft des Onkels ein. Für den übrigen Teil der Provinz folgte in der Statthalterschaft auf Alexander Cumanus, unter dem Unruhen ausbrachen und das Blutvergießen bei den Juden erneut einsetzte. Als sich nämlich die Menge zum Fest der ungesäuerten Brote in Jerusalem versammelt und die römische Kohorte auf dem Dach der Säulenhalle um das Heiligtum Aufstellung genommen hatte – an den Festtagen bewachen sie immer in voller Bewaffnung das versammelte Volk, damit es keinen Aufstand beginne –, da erhob ein Soldat sein Gewand, bückte sich und kehrte in unanständiger Weise den Juden das Gesäß zu, zugleich gab er einen Laut von sich, der dieser Haltung entsprach. Darüber geriet das ganze Volk in hellen Zorn und forderte mit Geschrei von Cumanus die Bestrafung des Soldaten; einige junge Männer, die zu wenig beherrscht waren, und andere aus dem Volk, die von Natur zum Aufstand neigten, schritten zum Kampf, hoben Steine auf und begannen, auf die Soldaten zu werfen. Cumanus fürchtete nun, das ganze Volk wolle ihn angreifen; er ließ daher noch mehr Schwerbewaffnete anrücken. Als sich diese in die Hallen ergossen, befiel die Juden ein unwiderstehliches Erschrecken; sie wandten sich um und versuchten, aus dem Heiligtum in die Stadt zu fliehen. Die Gewalt der sich unter den Ausgängen zusammendrängenden Masse war so groß, dass

sie sich untereinander niedertraten und erdrückten, wobei 30 000 getötet wurden. So brachte das Fest Trauer über das ganze Volk und Totenklage in jede Familie."
(Flavius Josephus, *Der jüdische Krieg* 2,223–2,227)

Auch wenn die Zahl der Toten – wie üblich bei Josephus – weit übertrieben ist, wird das prinzipielle Dilemma deutlich. Um Unruhen vorzubeugen, ließ der römische Statthalter bei großen jüdischen Festen, zu denen traditionell viele Pilger nach Jerusalem kamen, Truppen aufmarschieren, schuf aber gerade dadurch die Möglichkeit für gegenseitige Provokationen. Auf der Seite der Juden waren die Gemäßigten nicht mehr in der Lage, die Radikalen im Zaum zu halten.

Der jüdische Aufstand

66 n. Chr. gewannen Letztere endgültig die Oberhand: Die römische Besatzung in Jerusalem wurde belagert und trotz der Zusicherung freien Abzugs getötet, womit alle Brücken hinter den Aufständischen abgebrochen waren. Teile der jüdischen Aristokratie setzten sich nun an die Spitze der Aufstandsbewegung, was wiederum von den Zeloten abgelehnt wurde. Die innerjüdischen Konflikte führten zu einem blutigen Bürgerkrieg, in dessen Verlauf sogar die Getreidespeicher in Flammen aufgingen. Die Kampfkraft der Aufständischen wurde durch diese Selbstzerfleischung stark geschwächt, noch bevor die Römer überhaupt mit der Belagerung begonnen hatten. Durch den fanatischen Kampfesmut der Verteidiger und die starken Befestigungen Jerusalems waren die folgenden Kämpfe auch für die Römer schwierig und verlustreich, aber letztendlich gelang die Einnahme Jerusalems (70 n. Chr.) und der noch in jüdischer Hand verbliebenen Orte – im Jahr 74 ging der Krieg mit der Einnahme der Bergfestung Masada zu Ende.

In den folgenden Jahrzehnten gab es weitere große Judenaufstände (115–117 in Ägypten, 132–135 in Palästina), die ebenfalls blutig niedergeschlagen wurden. Die Folgen der Aufstände waren gravierend: Neben den großen Verlusten an Menschenleben brachten sie für die Juden auch das Ende ihrer staatlich-religiösen Ordnung: Der

Zerstörung des Tempels

Tempel in Jerusalem war bei den Kämpfen abgebrannt und wurde nicht wieder aufgebaut; die Kultgegenstände wurden beim Triumphzug in Rom mitgeführt. Die Stadt Jerusalem wurde unter dem Namen Aelia Capitolina neu gegründet; Juden war der Zutritt zu dieser nun heidnisch-hellenistischen Stadt untersagt, die traditionellen Opfer auf dem Tempelberg waren somit nicht mehr möglich. Dies hatte für die weitere Entwicklung des Judentums große Auswirkungen, denn nun stand nicht mehr der Tempel im Mittelpunkt der jüdischen Identität; stattdessen gewann die Auslegung der Heiligen Schrift in den Thoraschulen an Bedeutung.

12.3 Ägyptische Mumienporträts

Judäa stellte unter den Regionen des Imperium Romanum aufgrund seiner spezifischen Religion einen Sonderfall dar, Ägypten aufgrund seiner Landesnatur: Die Nilschwemme sorgte für eine hohe landwirtschaftliche Kapazität und regte gleichzeitig die Bildung umfassender Organisationsstrukturen an, da mittels eines abgestimmten Kanalsystems die Erträge gesteigert werden konnten. In Ägypten hatte sich viel früher als in Griechenland oder Rom eine Hochkultur herausgebildet, und dies war allen Seiten bekannt. Viele Verwaltungsstrukturen und religiöse Traditionen der Pharaonenzeit blieben auch unter der griechisch-makedonischen Herrschaft der Ptolemäer und, nachdem Octavian 30 v. Chr. Ägypten von Antonius und Kleopatra gewonnen hatte, unter den Römern wirksam.

Ägypten als Sonderfall

Eine Denkmälergattung, in der das Zusammenfließen verschiedener Traditionen besonders augenfällig wird, sind die Mumienporträts, von denen sich knapp 1 000 Exemplare erhalten haben, die meisten davon in der Oase Fayum südwestlich von Kairo (ausführlich zur Geschichte dieser Gegend in römischer Zeit vgl. Derda 2006). Diese sind eine in doppelter Hinsicht spezifische Gattung, da sie nur in Ägypten und nur in der römischen Kaiserzeit produziert wurden. Während fast die gesamte Tafelmalerei der Antike verloren ist, haben sich Mumienporträts im trockenen ägyptischen Wüstensand teilweise hervorragend erhalten; sie geben Aufschluss über die Technik der antiken Maler, die aus den Schriftquellen allein kaum zu rekonstruieren ist. Beliebt war die Enkaustik, bei der die Pigmente in vorsichtig erwärmtem Bienenwachs gelöst wurden, bisweilen unter Zugabe von Ölen oder anderen Fetten. Nacheinander trug man verschiedene Farbschichten auf; ob am Ende das ganze Bild erwärmt wurde, um besonders leuchtende Farben und Changiereffekte zu erzielen, ist umstritten (vgl. Borg 1996, S. 5ff.). Daneben kamen auch Wasserfarben zur Anwendung.

Maltechnik

Die Fundumstände der meisten Mumienporträts sind kaum bekannt, die Gattung muss im Wesentlichen aus den Objekten selbst erschlossen werden. Die Forschungsgeschichte (vgl. dazu Borg 1998, S. 34ff.) ist dabei reich an Absurditäten. So wurden im 19. Jahrhundert Mumienporträts aufgrund vager Ähnlichkeiten mit hellenistischen Herrschern identifiziert, noch beliebter waren aber Versuche, aus den Gesichtszügen auf Charaktereigenschaften der dargestellten Personen zu schließen. In der Zeit des Dritten Reiches dienten die Porträts gar als Anschauungsmaterial rassekundlicher Theorien, da

Forschungsgeschichte

man in manchen Bildern eine typische semitische Physiognomie zu erblicken glaubte.

Die Unsinnigkeit solcher Ansätze ergibt sich von selbst; in der modernen Forschung wird angezweifelt, dass es sich bei den Mumienporträts überhaupt um realitätsgetreue Abbildungen der Verstorbenen handelt (vgl. Borg 1998, S. 38–40). Zwar deuten Lebendigkeit und teilweise individuelle Gestaltung der Darstellungen vordergründig darauf hin, dass der Künstler die Person so malen wollte, wie sie tatsächlich aussah – etwa im Kontrast zu den idealisierten Porträts römischer Kaiser (→ KAPITEL 10.2); doch bei genauerer Betrachtung fällt auf, dass ein Apparat von Formeln Anwendung fand: Mundpartie, Brauen oder Stirnzone sind bei vielen Mumienporträts fast identisch gestaltet, sodass anhand dieser Kriterien Gruppen gebildet werden können, die man einzelnen Werkstätten oder Künstlern zuweisen kann. Um allzu große Ähnlichkeiten der einzelnen Bilder zu vermeiden, variierte man z. B. die Proportionen des Gesichtes.

Formelapparat

Von besonderer Bedeutung für die chronologische Einordnung der Porträts sind die Frisuren. Diese entsprechen fast durchgängig der ‚Reichsmode', d. h. den von Kaiser und Kaiserin geprägten und in den Darstellungen im gesamten Imperium übernommenen Typen. Die Haar- und Barttracht auf einem Mumienporträt eines jungen Mannes in München (→ ABBILDUNG 36) entspricht dem Porträt Hadrians, römischer Kaiser von 117–138, die zu Beginn des Kapitels abgebildete Frau trägt eine typische Frauenfrisur derselben Zeit. Die frühesten Frisuren finden ihre Entsprechungen in der Mode, die während der Herrschaft des römischen Kaisers Tiberius (14–37) eingeführt wurden; zu dieser Zeit scheint also die Gattung der Mumienporträts aufgekommen zu sein. Nach demselben Datierungskriterium kam es um die Wende vom 2. zum 3. nachchristlichen Jahrhundert zu einem Rückgang der Produktion, für das Ende der Gattung gibt es verschiedene Ansätze (s. u.).

Frisuren

Die Mumienporträts kamen also bald nach der Eroberung Ägyptens durch die Römer auf, doch daraus sollte man nicht schließen, dass es sich bei den Verstorbenen um eingewanderte Römer handelte. Eine Toga, als Statusabzeichen römischer Bürger, lässt sich auf keinem der Bilder eindeutig identifizieren. Es scheint vielmehr so, als habe der römische Einfluss indirekt die Entstehung der Gattung verursacht: In Rom spielten Porträts bei der bildlichen Repräsentation eine wichtige Rolle, auch in der Grabkunst. Nach dem Tod in einem Bildnis dargestellt zu werden, galt als Zeichen der Zugehörigkeit zur Elite. Diese Form, soziale Identität abzubilden, verbreitete sich mit

Römischer Einfluss

Abbildung 36: Mumienporträt eines jungen Mannes (ca. 120 n. Chr.)

der römischen Herrschaft im Mittelmeerraum, und in Ägypten wurde sie in der besonderen Ausprägung der Mumienporträts eingeführt.

Die häufig gestellte Frage, ob die abgebildeten Personen Griechen oder Ägypter seien, führt in eine falsche Richtung (dazu Bagnall 1997). Denn bei der Gruppe der Dargestellten handelte es sich um eine bikulturelle Oberschicht, für die eine solche ethnische Gegenüberstellung befremdlich gewesen wäre. Diese griechisch-ägyptische Oberschicht hatte sich im Verlauf der ptolemäischen Herrschaft herausgebildet: Ägypter waren in wichtige Posten in Armee und Verwaltung aufgestiegen, Griechen vollzogen ägyptische Rituale und hatten teilweise auch Priesterämter der alten ägyptischen Tempel übernommen. Es war eine Gruppierung entstanden, die sich einerseits durch das Bekenntnis zur griechischen Kultur – ablesbar etwa an der Einrichtung von Gymnasien (→ KAPITEL 6.3) –, andererseits

Griechisch-ägyptische Elite

durch ägyptische Traditionen definierte. Aus der Analyse von Papyri ist bekannt, dass manche Personen zwei Namen trugen: einen griechischen für offizielle Dokumente, einen ägyptischen für den privaten Gebrauch. Dadurch erscheint es methodisch sehr problematisch, anhand der Namen, die auf die Mumie oder das Porträt selbst gemalt waren, auf die ethnische Herkunft der Person zu schließen.

Häuslicher Totenkult

Auf eine ägyptische Tradition des Totenkultes deuten die Abnutzungsspuren auf vielen Mumienporträts. Diese wären nicht entstanden, wenn man die Verstorbenen schnell bestattet hätte; doch stattdessen verging offenbar ein längeres Intervall zwischen der Mumifizierung und dem Begräbnis. Solche Intervalle sind auch durch schriftliche Quellen belegt, und diese geben ebenfalls an, dass Mumien in den häuslichen Totenkult einbezogen waren, indem sie zum Beispiel an Gelagen ‚teilnahmen'. Eine solche Form der Totenverehrung ist aus dem pharaonischen Ägypten bekannt, der griechisch-römischen Tradition war sie hingegen fremd.

Ende der Mumienporträts

Zur Erklärung des Endes der Mumienporträts gibt es verschiedene Thesen, die von der Datierung der spätesten Exemplare abhängen. Lange Zeit war die Meinung vorherrschend, bis ins späte 4. Jahrhundert seien Mumienporträts gemalt worden, ehe 392 das Verbot heidnischer Kulte durch Kaiser Theodosius für das Ende dieser Bestattungsform gesorgt habe (vgl. Parlasca 1966, S. 200f.). Dagegen wurde von Barbara Borg eingewandt, dass die spätesten datierbaren Frisuren ihre Entsprechungen in der Mitte des 3. Jahrhunderts fänden, aber bereits ab ca. 200 ein Rückgang zu beobachten sei. In dieser Zeit findet sich kein punktuelles Ereignis, das einen Abbruch der Mumienporträts erklären könnte; deshalb muss nach allmählich wirksamen Ursachen gesucht werden. Borg meint diese Ursachen in einem religiösen wie sozialen Wandel zu erkennen: Neben einer Krise der altägyptischen Religion, die etwa am Vordringen des Christentums und an der rückläufigen Unterstützung römischer Kaiser für den Bau und den Unterhalt der ägyptischen Tempel ablesbar sei, habe ein Auseinanderbrechen der griechisch-ägyptischen Kultursymbiose den Mumienporträts gleichsam den gesellschaftlichen Boden entzogen. Kulturelle Unterschiede seien wieder stärker betont worden; die Stadtbevölkerung habe sich nun als Träger griechisch-römischer Traditionen im Kontrast zu der ägyptischen Landbevölkerung definiert, und damit sei auch eine Abkehr von ägyptischen Begräbnissitten einhergegangen (vgl. Borg 1996, S. 204ff.).

Fragen und Anregungen

- Inwiefern kann man die griechische Literatur der Kaiserzeit als vergangenheitsorientiert bezeichnen?
- Nennen Sie die wichtigsten Ursachen für die Aufstände der Juden gegen Rom.
- Beschreiben Sie die Darstellungsform der Mumienporträts. Berücksichtigen Sie dabei auch Ort und Zeit ihrer Produktion.
- Warum war der kulturelle Einfluss Roms im Westen des Reiches stärker als im Osten?

Lektüreempfehlungen

- **Dion von Prusa: Die Borysthenes-Rede.** Eingeleitet, übersetzt und mit interpretatorischen Essays versehen von Heinz-Günther Nesselrath / Balbina Bäbler / Maximilian Forschner / Albert de Jong [gr. / dt.], Darmstadt 2003.   *Quellen*

- **Aelius Aristeides: Die Romrede,** herausgegeben, übersetzt und mit Erläuterungen versehen von Richard Klein [dt.], Darmstadt 1983.

- **Flavius Josephus: Der jüdische Krieg,** herausgegeben und mit einer Einleitung sowie mit Anmerkungen versehen von Otto Michel und Otto Bauernfeind [gr. / dt.], 3 Bände, Darmstadt 1959–69.

- **Jüdische Schriften aus hellenistisch-römischer Zeit,** begründet von Werner Georg Kümmel, neue Folge herausgegeben von Hermann Lichtenberger [dt.], Gütersloh seit 1973. *Reihe von Übersetzungen und Kommentaren jüdischer Texte.*

- **Morris L. Bierbrier (Hg.): Portraits and Masks. Burial Customs in Roman Egypt,** London 1997. *Sammelband mit breit gestreuten Beiträgen zu Forschungsproblemen ägyptischer Mumienporträts.*   *Forschung*

- **Barbara Borg: Mumienporträts. Chronologie und kultureller Kontext,** Mainz 1996. *Umfassende Aufarbeitung der Gattung; neben den Fragen der Maltechnik, Darstellungsweisen, Stil und Datierung wird auch eine Einordnung der Gattung in gesellschaftliche Kontexte versucht.*

- Klaus Bringmann: Geschichte der Juden im Altertum. Vom babylonischen Exil bis zur arabischen Eroberung, Stuttgart 2005. *Aktuelle Einführung, besonderes Augenmerk wird auf das Verhältnis der Juden zu Griechen und Römern gelegt.*

- Martin Goodman: The Ruling Class of Judaea. The Origins of the Jewish Revolt against Rome A.D. 66-70, Cambridge (UK) 1987. *Der Autoritätsverlust der jüdischen Oberschicht beim einfachen Volk wird nachgezeichnet und als eine der entscheidenden Ursachen für den Aufstand gegen Rom benannt.*

- Thomas Schmitz: Bildung und Macht. Zur sozialen und politischen Funktion der zweiten Sophistik in der griechischen Welt der Kaiserzeit, München 1997. *Auf der Grundlage der soziologischen Theorie Pierre Bourdieus wird die „Zweite Sophistik" im Hinblick auf die Strategie untersucht, Macht durch Bildung zu legitimieren.*

- Greg Woolf: Becoming Roman, Staying Greek: Culture, Identity and the Civilizing Process in the Roman East, Proceedings of the Cambridge Philological Society 40, 1994, S. 116-143. *Die Frage der Romanisierung in den östlichen Provinzen wird auf der Ebene der Wahrnehmung behandelt: Wie sahen die Römer die Griechen, und wie sahen die Griechen die neuen Herren und – im Kontrast dazu – sich selbst?*

13 Die Christen und das Imperium Romanum

Abbildung 37: Silbermedaillon Konstantins, Münzstätte Ticinum (315 n. Chr.) (Vorderseite: Büste Konstantins mit Panzer, Helm und Schild, IMP(ERATOR) CONSTANTINUS P(IUS) F(ELIX) AUG(USTUS)

Das abgebildete Silbermedaillon wurde im Jahr 315 in Ticinum, dem heutigen Pavia, zur Feier des zehnjährigen Thronjubiläums des römischen Kaisers Konstantin (ca. 280–337) und seines Sieges über Maxentius geprägt. Besonderes Interesse hat es auf sich gezogen, weil auf einer Scheibe am Helm Konstantins das Christogramm ☧ (gebildet aus den Anfangsbuchstaben von Christus, Chi und Rho) zu erkennen ist. Offensichtlich brachte Konstantin im Jahre 315 seinen Erfolg im Krieg – die Rückseite mit der Darstellung einer Ansprache an die Soldaten verweist eindeutig in die militärische Sphäre – mit dem Christengott in Verbindung. Andererseits sticht das Zeichen auf dem Medaillon nicht besonders hervor, und die übrige Darstellung steht ganz in heidnischen Traditionen. Beispielsweise hatte das Motiv auf dem Schild, die von der Wölfin gesäugten Zwillinge Romulus und Remus, in der Bildsprache des Maxentius eine wichtige Rolle gespielt.

Konstantin war der erste römische Kaiser, der sich zum Gott der Christen bekannte und das Christentum durch viele Privilegien förderte. Nach der Schilderung christlicher Autoren soll er im Oktober 312, am Vorabend der entscheidenden Schlacht gegen seinen Konkurrenten Maxentius, bekehrt worden sein, als ihm Gott erschienen sei und den Sieg verheißen habe; an einer solchen spontanen Bekehrung Konstantins bestehen jedoch berechtigte Zweifel.

Die Christen stellten im Imperium Romanum zu Beginn des 4. Jahrhunderts eine Minderheit, insbesondere waren sie in der römischen Aristokratie kaum vertreten. Auch Konstantin musste bei seiner Hinwendung zum Christentum Rücksicht auf die zahl- und einflussreichen Heiden nehmen. Aber dennoch änderte sich während seiner Herrschaft die Rolle der Christen im Imperium Romanum: Waren sie zuvor eine wenn auch nicht von ständigen Verfolgungen heimgesuchte, so doch am Rande der Gesellschaft stehende Gruppe gewesen, gewannen sie jetzt großen Einfluss auf die Reichspolitik und durch die kaiserliche Privilegierung zahlreiche neue Mitglieder. Zudem wurden nun innerchristliche Diskussionen ein Thema der Reichspolitik, und Konstantin wurde, mehr als ihm dies lieb war, zum Schlichter in theologischen Streitigkeiten.

13.1 **Die frühen christlichen Gemeinden**
13.2 **Die „Konstantinische Wende"**
13.3 **Das Christentum unter Konstantin**

13.1 Die frühen christlichen Gemeinden

Das Christentum entstand in Palästina als eine Bewegung um den Wanderprediger Jesus aus Nazareth. Trotz seiner Hinrichtung – er hatte durch seinen Anspruch, der Messias zu sein, bei führenden Juden Anstoß erregt – vermehrte sich die Zahl seiner Anhänger. Entscheidend für den Erfolg der Missionierung war der Beschluss, auch Nichtjuden in die Gemeinschaft aufzunehmen. Die ersten Christen lebten in der Gewissheit, das Weltenende stünde unmittelbar bevor; die Herausbildung von festeren Strukturen erfolgte erst zu einem späteren Zeitpunkt: Im 2. Jahrhundert entwickelte sich ein Kanon von Texten, der sich als „Neues Testament" gemeinsam mit der Heiligen Schrift der Juden als Grundlage des christlichen Glaubens etablierte. Auf der Ebene der Kirchenorganisation bildete sich das Bischofsamt als Spitze der einzelnen städtischen Gemeinden heraus.

Anfänge

Bis zum Anfang des 4. Jahrhunderts breitete sich das Christentum beträchtlich aus. Zur Erklärung des Missionserfolges ist außer auf die Glaubensinhalte selbst auch auf die Kommunikationsstrukturen zu verweisen, die das Christentum attraktiv machten: Christen bauten nicht nur innerhalb der jeweiligen Gemeinden ein enges soziales Netz auf, die Gemeinden waren darüber hinaus reichsweit miteinander verbunden, etwa durch häufige Korrespondenz – die überlieferte christliche Briefliteratur dieser Zeit ist immens – und zahlreiche Reisen (vgl. Markschies 2006, S. 186ff.). Trotzdem waren die Christen zur Zeit von Konstantins Herrschaftsantritt überall im Imperium Romanum noch in der Minderheit. Im Osten des Reiches, in Städten und in der Unterschicht waren sie relativ stark vertreten, während im Westen und in vielen ländlichen Gebieten kaum Christen lebten; auch unter den Führungsschichten befanden sich nur wenige Christen. Der Durchbruch zur führenden Religion Europas war vor der Hinwendung Konstantins zum Christentum also keinesfalls abzusehen.

Mission und Vernetzung

Als spezifische asketische Lebensform bildete sich das Mönchtum heraus, zum einen als individuelles Eremitentum, zum anderen als klösterliche Gemeinschaft, deren Mitglieder sich einer strengen Ordensregel unterwerfen mussten. Beide Formen entstanden im 3. Jahrhundert in Ägypten und verbreiteten sich von dort aus zunächst im Osten, wo Mönche in der Folgezeit beträchtlichen gesellschaftlichen Einfluss gewannen: Wegen ihrer asketischen, weltlichem Luxus entrückten Lebensführung besaßen sie eine große Autorität unter den Christen, und als fanatisierte schlagkräftige Truppen bildeten Mönche bei gewaltsamen Auseinandersetzungen einen wichtigen Faktor. Mit beträcht-

Mönchtum

licher Verzögerung breitete sich das Mönchtum auch im Westen des Reiches aus, wo allerdings die Autorität der Bischöfe dominant blieb.

Die Christen standen dem Imperium Romanum nicht feindlich gegenüber; vielmehr betonten manche Kirchenväter, z. B. Origines aus Alexandria (ca. 185–252), dass Rom als Garant von Frieden und Einheit eine Voraussetzung für die Entfaltung des Christentums bilde (Origines, *Gegen Celsus* 2,30). Der monotheistische Anspruch, keine anderen Götter zuzulassen, führte allerdings zu einer Marginalisierung der Christen in der Gesellschaft; schließlich waren viele soziale Anlässe, etwa die städtischen Feste, mit Götteropfern verknüpft (→ KAPITEL 6.1). Als problematisch erwies sich insbesondere die Ablehnung des Kaiserkultes, der ein wichtiges Element bildete, um die Bevölkerung der Provinzen an Rom zu binden (→ KAPITEL 11.3). Eine Verweigerung des Opfers an den Kaiser wurde nicht als Ausdruck einer religiösen Haltung, sondern als politischer Akt der Auflehnung begriffen und entsprechend bestraft. Plinius, der als Statthalter von Bithynien (ab 109) mit der Christenproblematik konfrontiert war, brachte in einem Brief an Trajan sein Unverständnis für die Haltung der Christen zum Ausdruck (vgl. Plinius der Jüngere, *Briefe* 10,96). Sie könnten durchaus ihren Gott verehren, solange sie eben das Opfer an den Kaiser vollzögen. Diejenigen, die dies auch nach mehrmaliger Aufforderung verweigerten, ließ er hinrichten.

Ablehnung des Kaiserkultes

Zu einer systematischen Christenverfolgung kam es aber in den ersten beiden Jahrhunderten nicht. Eine Verschärfung der Lage ergab sich im 3. Jahrhundert durch die anhaltende politische, militärische und ökonomische Krise Roms. Manche Kaiser verstärkten in Anbetracht der Krise den religiösen Druck auf die Reichsbevölkerung. So verhängte Decius, der von 249 bis 251 herrschte, einen allgemeinen Opferzwang für alle Bewohner des Imperium Romanum – ein Zwang, der unter den oben genannten Umständen die Christen in große Bedrängnis bringen musste. Manche fielen, um ihr Leben zu retten, vom Christentum ab, andere vollzogen das Opfer, versuchten aber ihr Leben in der Gemeinde fortzusetzen, wieder andere verweigerten das Opfer und wurden hingerichtet. Trotz dieses Aderlasses konnten die christlichen Gemeinden nicht dauerhaft geschwächt werden, und ab 260 wurden die Christen wieder geduldet.

Verfolgungen

Eine weitere Verfolgung setzte Diocletian (Kaiser von 284–305) im Jahr 303 in Gang; er befahl, die Kirchen zu zerstören, die Schriften zu verbrennen und Kleriker zu verhaften. Doch diese Maßnahmen wurden in den einzelnen Regionen des Reiches mit unterschiedlicher Intensität durchgeführt und nach wenigen Jahren wieder eingestellt.

13.2 Die „Konstantinische Wende"

Kaiser Konstantin gelangte wie die meisten seiner Vorgänger als Truppenführer zur Herrschaft. Diocletian hatte versucht, das im 3. Jahrhundert durch häufige Bürgerkriege und Barbareneinfälle geschwächte Imperium Romanum durch eine Vierkaiserherrschaft (Tetrarchie) zu stabilisieren, indem das Reichsgebiet unter zwei Augusti und zwei an Rang niedrigere Caesares aufgeteilt wurde, doch eine dauerhafte Harmonie unter diesen wurde nicht erreicht. Als der Augustus des Westens, Constantius Chlorus, am 25. Juli 306 in Eboracum (York) starb, riefen seine Truppen entgegen den Regeln der Tetrarchie seinen Sohn Konstantin zum neuen Kaiser aus. Mit dieser Usurpation begann eine Kette von Bürgerkriegen, aus denen Konstantin, dessen Machtbereich zunächst nur den Nordwesten des Reiches umfasste, als Sieger hervorging: 312 schlug er Maxentius, den Herrscher von Italien und Nordafrika, an der Milvischen Brücke vor den Toren Roms, 324 schließlich besiegte er Licinius, den Kaiser der östlichen Provinzen, mit dem er lange Zeit erfolgreich kooperiert hatte. Bis zu seinem Tode 337 war Konstantin unangefochtener Alleinherrscher des Römischen Reiches.

<small>Herrschaftsantritt und Bürgerkriege</small>

Bei den genannten Kämpfen ging es um Macht und Herrschaft, es handelte sich nicht um Religionskriege zur Verbreitung des Christentums, zu denen sie von der Nachwelt gerne stilisiert wurden. Weder waren Maxentius oder Licinius Feinde der Christen – im Gegenteil hatten beide die unter Vorgängern durchgeführten Verfolgungen beendet und die Christen toleriert –, noch war Konstantin in Christi Namen angetreten. Vielmehr lassen sich in den ersten Jahren heidnische Götter als seine Schutzgötter nachweisen, beispielsweise der „unbesiegte Sonnengott" (*Sol Invictus*), den auch frühere Kaiser verehrt hatten.

<small>Keine Religionskriege</small>

Die Bekehrung zum Christentum wird von den christlichen Autoren auf eine Gotteserscheinung vor der entscheidenden Schlacht gegen Maxentius (am 28. Oktober 312) zurückgeführt:

<small>Bekehrung Konstantins?</small>

„Aufgefordert wurde da im Schlafe Konstantin, das himmlische Zeichen Gottes auf die Schilde setzen zu lassen und so in den Kampf zu ziehen. Er verfuhr wie befohlen, und indem er den Buchstaben X umlegte und seine Spitze umbog, setzt er Christi Zeichen ☧ auf die Schilde. Mit diesem Symbol gewappnet, greift das Heer zu den Waffen."

(Laktanz, *Über die Todesarten der Christenverfolger* 44,4–44,6)

Diese Schrift entstand in den Jahren nach dem Sieg über Maxentius, wahrscheinlich 315, in unmittelbarer Nähe zum Kaiser – Laktanz war der Erzieher von Konstantins ältestem Sohn. Dennoch wird man der Schilderung keinen Glauben schenken können: Selbst wenn Konstantin, was bei diesem ansonsten sehr pragmatischen Menschen kaum vorstellbar ist, durch einen nächtlichen Traum zum Christengott geführt worden wäre, ist eine Bekehrung des ganzen Heeres unmöglich. Konstantins Soldaten waren zum weitaus größten Teil Heiden, und es hätte sicher eher zu Verwirrung als zu Begeisterung geführt, wenn er ihnen am Vorabend einer entscheidenden Schlacht befohlen hätte, das Zeichen einer ihnen fremden Gottheit auf die Schilde zu malen. Plausibler ist der Erklärungsversuch, dass sich auf den Schilden der Soldaten bereits zuvor ein sternförmiges Symbol – als Zeichen des Sonnengottes – befunden habe, das in der Retrospektive zum Christogramm umgedeutet wurde (vgl. Bleicken 1992, S. 30ff.).

Zweifel an Bekehrung

Eine spontane Bekehrung Konstantins zum Christentum postuliert neben Laktanz auch Eusebius in seiner – erst nach dem Tode Konstantins entstandenen – Biografie des Kaisers (*Über das Leben Konstantins* 1,28f.), und ebenso spricht auch Konstantin selbst in verschiedenen späteren Selbstzeugnissen davon, dass er den Sieg an der Milvischen Brücke seiner Hinwendung zum Christengott zu verdanken habe. Jedoch handelt es sich bei diesen Texten um retrospektive und wenig zuverlässige Darstellungen. Einzelne Forscher zweifeln generell an, dass es einen abrupten Einschnitt in Konstantins Religiosität gegeben habe, vielmehr habe er sich über einen längeren Zeitraum hinweg zu einem Förderer der Christen entwickelt; der entscheidende Schritt sei erst in den 320er-Jahren erfolgt (vgl. Bleicken 1992, S. 56ff.). In diesem Zusammenhang wird darauf verwiesen, dass noch lange nach der Schlacht an der Milvischen Brücke heidnische Motive in der Münzprägung Konstantins auftauchen.

Selbstzeugnisse

Jedoch gibt es einige Indizien dafür, dass Konstantin seine Hinwendung zum Christentum zwar nicht vor, aber unmittelbar nach dem Sieg über Maxentius für alle sichtbar demonstrierte (von einem „qualitativen Sprung" spricht Girardet 2006, S. 57): Der Umstand, dass Konstantin bei seinem feierlichen Einzug in Rom am Tag nach der Schlacht nicht das traditionelle Opfer für Iupiter Optimus Maximus vollzog, lässt sich noch damit erklären, dass er formal keinen Triumphzug abhielt, in dessen Rahmen das Iupiteropfer ein obligatorischer Programmpunkt war (vgl. Brandt 2006, S. 46ff.). Doch der bereits Ende 312 einsetzende Kirchenbau und die Tatsache, dass Konstantin die eigentlich für 313 angesetzten Säkularfeiern – unter zahlreichen heidnischen Opfern durchgeführte Jahrhundertfeiern

Hinwendung zum Christentum

Roms (→ KAPITEL 10.2) – ausfallen ließ, waren ein deutlicher Hinweis auf eine neue Religionspolitik. Auch wenn Konstantin nicht getauft war, musste allen Betrachtern klar werden, dass er das Christentum angenommen hatte. Das häufig in diesem Zusammenhang erwähnte „Toleranzedikt von Mailand" ist dagegen kein Indiz: Dabei handelt es sich um eine 313 gemeinsam mit Licinius ausgehandelte Regelung, welche von diesem in seinem Herrschaftsbereich bekannt gemacht wurde. Die enthaltenen Bestimmungen, etwa die Tolerierung aller Religionen, d. h. den Verzicht auf Christenverfolgungen, blieben weit hinter den prochristlichen Maßnahmen zurück, die Konstantin im Westen bereits durchgeführt hatte.

Ein Indiz für Konstantins Hinwendung zum Christentum ist auch das Christogramm auf dem eingangs des Kapitels abgebildeten Medaillon. Solche Medaillons waren kein reguläres Umlaufgeld, sondern Sonderprägungen, die aus bestimmten Anlässen an dem Kaiser nahestehenden Personen und Personengruppen ausgegeben wurden. Die Größe der Emission ist kaum zu bestimmen: Es haben sich lediglich drei Exemplare erhalten, aber diese sind von jeweils unterschiedlichen Stempelpaaren geprägt worden – die gesamte Emission kann durchaus viele Tausend Exemplare umfasst haben. In jedem Fall aber war die Reichweite ihrer Bilder geringer als diejenige von regulären Münzprägungen.

Christogramm

Im konkreten Fall wurden die Medaillons 315, zum zehnjährigen Thronjubiläum Konstantins und zu den offiziellen Feiern des Sieges über Maxentius, hergestellt und wohl an hohe Offiziere und Beamte verschenkt. An ihnen lässt sich exemplarisch Konstantins Bekenntnis zum Christentum ablesen – das Christogramm an seinem Helm war für eingeweihte Betrachter klar zu erkennen und einzuordnen –, aber auch das Bemühen, die Anhänger heidnischen Glaubens nicht zu verprellen, denn natürlich wäre es ebenso möglich gewesen, eine christliche Botschaft viel massiver zu platzieren. Die Rücksichtnahme auf die Heiden, die nach wie vor die Mehrheit unter den römischen Führungsschichten bildeten, wird auch am Bildprogramm des Konstantinsbogens deutlich (→ KAPITEL 13.3), und die Weiterbenutzung heidnischer Motive in der Münzprägung wird ebenfalls auf diese Rücksichtnahme zurückzuführen sein.

Rücksichtnahme auf Heiden

Während aus Sicht der christlichen Autoren die Hinwendung Konstantins zum Christentum selbstverständlich durch den persönlichen Glauben bedingt war, vermuten einige moderne Forscher als Ursache reines Machtkalkül: Konstantin habe die im Osten verhältnismäßig starken Christen für sich gewinnen und damit die Position seines Ri-

Glauben oder Machtkalkül?

valen Licinius unterminieren wollen (vgl. Bleicken 1992, S. 56ff.). Dagegen wurde eingewandt, dass es antikem Denken widerspreche, machtpolitisches Kalkül von religiösem Empfinden zu trennen (vgl. Girardet 2006, S. 81ff.). Konstantin wuchs in einer Zeit auf, in der Religion im Denken der politischen Protagonisten eine zentrale Rolle spielte. Bei seinen Vorgängern ist die Vorstellung greifbar, dass der Kaiser und sein Schutzgott eine unauflösbare Einheit zum Schutz des Imperium Romanum bildeten, und diese Vorstellung war nicht nur eine Facette der Herrschaftsdarstellung, sondern von einem tatsächlichen religiösen Impetus der Kaiser gespeist. Dass Konstantin seine Hinwendung zum Christentum allein zur Stabilisierung seiner Herrschaft inszeniert habe, erscheint vor diesem Hintergrund fraglich, zumal er sich mit dieser Wende auch zahlreiche Probleme schuf (s. u.).

13.3 Das Christentum unter Konstantin

Privilegierung des Christentums

Zu den Maßnahmen, mit denen Konstantin nach dem Sieg über Maxentius das Christentum förderte, gehörte neben dem Kirchenbau (hier ist insbesondere die riesige Lateransbasilika in Rom zu nennen) die Heiligung des Sonntags. Dies war ein Novum, denn einen wöchentlichen allgemeinen Ruhetag hatte es in der römischen Tradition zuvor nicht gegeben. Des Weiteren schenkte Konstantin den christlichen Gemeinden große Landgüter und ermöglichte und unterstützte es, dass auch Privatleute Schenkungen oder testamentarische Verfügungen zugunsten der Kirche vornahmen. Die Verteilung von Getreide an die städtischen Kirchen führte dazu, dass die Christen ihre Rolle als Versorger von Notleidenden ausbauen konnten.

Außerdem wurde die rechtliche Stellung der Bischöfe gestärkt. Konstantin erlaubte ihnen, in den Kirchen Freilassungen von Sklaven durchzuführen; daneben wurde Privatpersonen, die sich in einem Gerichtsverfahren befanden, gestattet, das Verfahren vor den Bischof zu bringen – dessen Urteil war rechtsgültig. Und schließlich nahm Konstantin Steuererleichterungen für Kleriker vor, eine Maßnahme, die einen Andrang in den Klerus zur Folge hatte. Von manchen Kirchenvätern wurden diese Folgen der Privilegien durchaus kritisch gesehen: Zwar sei das Christentum durch die Politik Konstantins mächtiger geworden, gleichzeitig hätten die ökonomisch motivierten Übertritte es aber auch ausgehöhlt.

Trotz aller Bevorzugung der Christen ging Konstantin nicht gegen das Heidentum vor. Die traditionellen Kulte durften weiterhin betrie-

DAS CHRISTENTUM UNTER KONSTANTIN

Abbildung 38: Rom, Konstantinsbogen – Arco di Constantino (315 n. Chr. geweiht nach dem Sieg Konstantins über Maxentius an der Milvischen Brücke), Gesamtansicht der Nordseite

ben werden, und Konstantin legte gegenüber der mehrheitlich heidnischen römischen Führungsschicht große religiöse Zurückhaltung an den Tag. Ein monumentales Zeugnis dafür ist der Konstantinsbogen in Rom , der im Spätsommer 315 eingeweiht wurde. Der Anlass war (wie bei den oben genannten Silbermedaillons) ein doppelter: Zum einen wurde an das zehnjährige Thronjubiläum Konstantins erinnert, zum anderen der drei Jahre zurückliegende Sieg über Maxentius offiziell gefeiert. Die Bedeutung dieser Feierlichkeiten wird daran ersichtlich, dass Konstantin eigens dafür nach Rom fuhr – Rom war in dieser Zeit nicht mehr Kaiserresidenz, Konstantin hielt sich in jenen Jahren bevorzugt in Trier auf.

Konstantinsbogen

Die Inschrift auf dem Bogen gibt Auskunft über die offizielle Lesart des Sieges über Maxentius:

„Für den Imperator Caesar Flavius Constantinus, den größten, frommen und glückbringenden Augustus, haben Senat und Volk von Rom, weil er durch Eingebung einer Gottheit mit der Größe seines Geistes und mit seinem Heer gleichzeitig den Staat an dem

Tyrannen als auch an der gesamten Anhängerschaft mit gerechten Waffen gerächt hat, diesen durch Triumphe ausgezeichneten Bogen geweiht."

Die Formel „durch Eingebung einer Gottheit" (*instinctu divinitatis*) ist eine Anspielung an die Unterstützung des christlichen Gottes, doch es wird hier darauf verzichtet, diesen Gott konkret zu benennen. Vielmehr war diese uneindeutige Formulierung auch für Heiden akzeptabel. Der Sieg wird in der Inschrift auch nicht als Niederwerfung von Ungläubigen dargestellt, und Maxentius wird in traditioneller Weise als Tyrann und damit als Feind aller Römer bezeichnet; Konstantins Sieg erscheint somit als eine politisch motivierte Befreiungstat.

Religiöse Zurückhaltung

Auffällig ist außerdem die Verwendung des Plurals „Triumphe", weil sie deutlich macht, dass der Bogen in formaler Hinsicht nicht aus Anlass eines konkreten – im Singular aufzuführenden – Triumphes errichtet wurde. Diese Textaussage korrespondiert mit der Ikonografie des Reliefschmucks: Eine der sechs Szenen, die Konstantins Sieg über Maxentius abbilden, zeigt Konstantins Einzug in Rom nach der Schlacht. Dabei hatten „die entwerfenden Meister viel Sorgfalt investiert, um klar zu stellen, dass hier eben kein Triumph dargestellt werden sollte" (Giuliani 2000, S. 276): Im Gegensatz zu Triumphzügen steht Konstantin nicht, sondern sitzt; sein Wagen ist nicht ein-, sondern zweiachsig; er trägt keine Toga, sondern einen Soldatenmantel. Außerdem fehlt oberhalb des Bogenmonumentes die traditionelle Quadriga.

Kein Triumphbogen

Der Bogen ist offenbar das Ergebnis eines Aushandlungsprozesses zwischen Volk und Senat von Rom – den offiziellen Errichtern – auf der einen Seite und Konstantin, gegen dessen Willen das Monument sicher nicht entworfen werden konnte, auf der anderen. Einen Triumph konnte nach römischer Lesart nur ein Sieger über Barbaren feiern, der Sieg über Maxentius gehörte nicht zu dieser Kategorie. Konstantin war sorgsam darauf bedacht, seinen Respekt vor der traditionellen Regelung zum Ausdruck zu bringen: auf die Größe seiner Macht und seiner Siege wurde verwiesen, jedoch alles vermieden, was als Anmaßung eines unrechtmäßigen Triumphes hätte verstanden werden können. Falls seine Hinwendung zum Christentum die mehrheitlich heidnischen Römer gegen ihn aufgebracht haben sollte, wollte er sich hier demonstrativ den Traditionen unterordnen.

Verwendung älterer Bauglieder

Der Bogen enthält eine Vielzahl von Baugliedern älterer Monumente, die teilweise für die Wiederverwendung umgearbeitet wurden. Rundreliefs aus hadrianischer Zeit (117–138) zeigen Szenen von Opfern an Diana, Hercules und Apollon (→ ABBILDUNG 39). Außerdem

DAS CHRISTENTUM UNTER KONSTANTIN

Abbildung 39: Jagdtondo (Opfer an Apollon) vom Konstantinsbogen (Medaillon von der Nordseite)

waren am Bogen auch die Mondgöttin Luna und der Sonnengott Sol dargestellt. Offensichtlich hielt es Konstantin für geboten, „bis zu einem bestimmten Grade nicht nur Toleranz gegenüber den herkömmlichen Kulten walten zu lassen, sondern sogar eine gewisse persönliche Nähe seiner Person zu bestimmten traditionellen Gottheiten zu konzedieren" (Brandt 2006, S. 65). Wie auch immer es um seinen persönlichen Glauben bestellt gewesen sein mag, keinesfalls wollte er als Feind heidnischer Traditionen betrachtet werden.

Durch seine Hinwendung zum Christentum hatte Konstantin, ohne dies zu wollen, auch die Rolle eines Schiedsrichters in innerchristlichen Konflikten übernommen. Schon bald nach seinem Sieg über Maxentius musste er eine Entscheidung im sogenannten Donatistenstreit in der römischen Provinz Africa (im heutigen Tunesien) herbeiführen. Im Zuge von Verfolgungen war es unter den dortigen Christen zu einer Spaltung gekommen: Es ging um die Frage, ob Weihungen, die von Bischöfen durchgeführt worden waren, welche mit den Christenverfolgern kooperiert hatten, gültig seien oder nicht. Konstantin berief mehrfach Versammlungen ein, die eindeutige Entscheidungen trafen, und ließ schließlich aufsässige Bischöfe, die sich dem Urteil nicht beugen wollten, verbannen; es gelang aber nicht, die Spaltung in Africa zu überwinden.

Im Osten war ein großer Streit um die Trinität (Dreifaltigkeit) entbrannt. Ein gewisser Arius hatte die menschliche Natur von Christus besonders betont und ihn Gott, seinem Vater, nachgeordnet. Dies verstieß gegen die Lehre der Wesensgleichheit von Gott und Christus, weswegen Arius exkommuniziert wurde. Doch da er viele Anhänger gewonnen hatte, musste schließlich auch hier der Kaiser eingreifen. Konstantin selbst hielt solche Feinheiten christlicher Dogmatik für vollkommen nebensächlich, ihm ging es allein um die Eintracht in seinem Reich; nach Eusebius brachte er in einem Brief an die Konfliktparteien deutlich zum Ausdruck, dass er solche Diskussionen höchstens als intellektuelle Übung akzeptiere, nicht aber als ernsthaft geführte Auseinandersetzungen:

„Es war weder von vornherein recht, solche Fragen zu stellen noch auf diese Fragen zu antworten. Denn solche Fragen, die nicht der Zwang irgendeines Gesetzes befiehlt, sondern ein Streit, der in unnützer Muße entsteht, vorlegt, selbst wenn sie um der natürlichen Übung gestellt werden, müssen wir dennoch in das Innere unseres Denkens einschließen und dürfen sie nicht ohne weiteres in öffentliche Versammlungen heraustragen und auch unüberlegt den Ohren der Bevölkerung anvertrauen. Denn wie selten gibt es jemanden, der die Bedeutung so wichtiger und so überaus schwieriger Dinge entweder präzise überschauen oder angemessen deuten kann? Und wenn einer in dem Rufe steht, dass er das leicht schaffen kann, einen wie großen Teil der Bevölkerung wird er dann überzeugen? Oder wer könnte sich den präzisen Aussagen solcher Problemstellungen entgegenstellen, ohne in die Gefahr des Abgleitens zu geraten?"
(Eusebius, *Leben Konstantins* 2,69,2f.)

Im Konzil von Nizäa (325), dem Ersten Ökumenischen Konzil, wurde eine Entscheidung gegen die Arianer gefällt, indem die Wesensgleichheit von Gott und Christus ins Glaubensbekenntnis aufgenommen wurde, aber auch hier konnte keine Eintracht erzielt werden. Das Christentum blieb gespalten, dogmatische Streitfragen sollten römische Kaiser in der Folgezeit noch häufig beschäftigen (→ KAPITEL 14.2).

Konzil von Nizäa

Fragen und Anregungen

- Aus welchen Gründen wurden Christen von römischen Magistraten verfolgt?
- Überlegen Sie, welche Gründe aus machtpolitischer Sicht für und welche gegen eine Bevorzugung des Christentums durch Konstantin sprachen.
- Erläutern Sie die Folgen der Religionspolitik Konstantins für die Christen.
- Setzen Sie sich mit der Frage auseinander, ob Konstantins Hinwendung zum Christentum für die Geschichte Roms ein entscheidender Einschnitt oder eher nebensächlich war.

Lektüreempfehlungen

- **Das frühe Christentum bis zum Ende der Verfolgungen: eine Dokumentation**, Übersetzungen von Peter Guyot, Auswahl und Kommentar von Richard Klein, Darmstadt 1993/94 [gr./lat./dt.]. *Thematisch gegliederte Quellensammlung zur Geschichte des Christentums vor Konstantin (mit Übersetzung und Kommentar).*

Quellen

- **Quellensammlung zur Religionspolitik Konstantins des Großen**, übersetzt und herausgegeben von Volkmar Keil [gr./lat./dt.], Darmstadt 1989, 2., durchgesehene und korrigierte Auflage 1995.

- **Fontes Christiani: zweisprachige Neuausgabe christlicher Quellentexte aus Altertum und Mittelalter** [gr./lat./dt.], Turnhout seit 1990. *Neue Editionen und Übersetzungen wichtiger christlicher Texte, z. B.:*

  - **Laktanz: De mortuis persecutorum / Die Todesarten der Verfolger**, übersetzt und eingeleitet von Alfons Städele (Bd. 43, 2003).

- Eusebius: De vita Constantini / Über das Leben Konstantins, eingeleitet von Bruno Bleckmann, übersetzt und kommentiert von Horst Schneider (Bd. 83, 2007).

- Eusebius: Kirchengeschichte, herausgegeben und eingeleitet von Heinrich Kraft, übersetzt von Philipp Haeuser und Hans Armin Gärtner [dt.], München 1967, 5., unveränderte Auflage (unveränderter Nachdruck der 3. Auflage 1989) Darmstadt 2006.

Forschung

- Peter Brown: Autorität und Heiligkeit. Aspekte der Christianisierung des Römischen Reiches, Stuttgart 1998. *Sammlung von drei Aufsätzen eines der führenden Experten zum frühen Christentum; großen Einfluss haben vor allem die Überlegungen zu „Heiligen Männern" und deren Stellung in der Gesellschaft ausgeübt.*

- Alexander Demandt / Josef Engemann (Hg.): Konstantin der Große, Mainz 2007. *Katalog einer großen Trierer Ausstellung mit Präsentation neuer Forschungsergebnisse; die beiliegende CD-ROM enthält reiches Bildmaterial und eine umfangreiche Bibliografie. Empfehlenswert ist auch der zur Ausstellung erschienene Kolloquiumsband.*

- Elizabeth DePalma Digeser: The Making of a Christian Empire. Lactantius and Rome, Ithaca 2000. *Interpretation von Laktanz' Schrift „Heilige Unterweisung" vor dem Hintergrund des religiösen Umbruchs im frühen 4. Jahrhundert.*

- Luca Giuliani: Des Siegers Ansprache an das Volk. Zur politischen Brisanz der Frieserzählung am Konstantinsbogen, in: Christoff Neumeister / Wulf Raeck (Hg.), Rede und Redner. Bewertung und Darstellung in den antiken Kulturen, Möhnesee 2000, S. 269–287. *Provokante Deutung des Monuments als Nicht-Triumph-Bogens.*

- Christoph Markschies: Das antike Christentum. Frömmigkeit, Lebensformen, Institutionen, München 2006. *Darstellung der Organisationsstrukturen sowie der individuellen und kollektiven Lebensformen im frühen Christentum.*

- Bernhard Overbeck: Das Silbermedaillon aus der Münzstätte Ticinum. Ein erstes numismatisches Zeugnis zum Christentum Constantins I., Mailand 2000. *Handliche Besprechung des viel diskutierten Stückes, Einordnung in den historischen und ikonografischen Kontext.*

14 Das Ende Westroms – Ostrom unter Justinian

Abbildung 40: Diptych Barberini (ca. 532 n. Chr.) (Elfenbeintafel mit Darstellung des triumphierenden Justinian (?). Aufgrund von stilistischen und ikonografischen Argumenten ist eine Entstehung in den frühen Regierungsjahren Justinians wahrscheinlich (vgl. Joseph D. Alchermes, in: Maas 2005, S. 345f.)).

Als Diptychon wurde ursprünglich eine zusammenlegbare Schreibtafel bezeichnet, in der Spätantike entwickelte sich daraus eine Schmuckform, für die kostbare Materialien verwendet wurden. Im Zentrum dieses Elfenbeinreliefs (Maße: 34,2 × 26,6 Zentimeter) ist der Kaiser abgebildet, der durch die Position im Bild und durch die Größe der Figur optisch dominiert. Er stößt, mit Rüstung und Krone geschmückt, seinen Speer nach unten, sein Pferd bäumt sich kraftvoll auf; Ross und Reiter wenden ihren Blick zum Betrachter. Zu Füßen des Kaisers kauert eine Personifikation der Fruchtbarkeit, über der Mähne des Pferdes ist eine Siegesgöttin zu sehen. Im linken (und wahrscheinlich auch im verlorenen rechten) Bildfeld trägt ein Mann dem Kaiser eine Statuette der Siegesgöttin entgegen. Unten eilen von beiden Seiten Angehörige unterworfener Völker herbei, um ihren Tribut zu entrichten. Diese Bildsprache militärischer Sieghaftigkeit steht in einer langen römischen Tradition, im oberen Bildfeld jedoch ist deutlich eine neue Komponente greifbar: Christus, mit einem Kreuzzepter in der linken Hand und von Engeln flankiert, gibt seinen Segen – dass sich dieser Segen nicht nur auf das dargestellte Geschehen im Allgemeinen, sondern in erster Linie auf die Person des Kaisers bezieht, wird durch die Nähe von Christus' rechter Hand zu dessen Kopf ausgedrückt. Das Elfenbeinrelief ist ein Zeugnis für den Christianisierungsschub, der mit der Herrschaft Justinians (527–565) einherging. In diesem Kaiser verband sich das Sendungsbewusstsein, das Römische Reich wieder zu alter Größe zu führen, mit der Vorstellung, Gottes Stellvertreter auf Erden zu sein.

Seit dem 4. Jahrhundert setzten sich germanische Stämme, die militärische Schwäche Roms ausnutzend, dauerhaft in dem Gebiet des Römischen Reiches fest. Die Versuche, die Germanen zurückzuschlagen oder unter römischer Kontrolle anzusiedeln, blieben erfolglos; seit dem 5. Jahrhundert bildeten sich in Italien, Gallien, Spanien und Nordafrika eigenständige Königtümer heraus. Das Ostreich dagegen bestand fort. Unter Kaiser Justinian wurde sogar der Versuch unternommen, die Macht Roms wieder auf das gesamte Mittelmeergebiet auszudehnen. Justinian gilt nicht nur wegen seiner Kriege, sondern auch wegen seiner regen Rechts-, Religions- und Baupolitik als eine der dynamischsten Herrscherfiguren der Spätantike.

14.1 **Die „Völkerwanderung" und das Ende Westroms**
14.2 **Kaiser Justinian und der „Christianisierungsschub"**

14.1 Die „Völkerwanderung" und das Ende Westroms

Die Herrschaft des römischen Kaisers Konstantin, der an allen Grenzen die Feinde Roms niederhalten konnte, markiert einen letzten Höhepunkt römischer Macht; bald nach dem Ende der von ihm begründeten Dynastie verschlechterte sich die militärische Situation Roms dramatisch. Germanen aus dem Hinterland von Rhein und Donau fielen, selbst bedrängt von Reiterheeren aus Zentralasien, dauerhaft in römisches Gebiet ein und konnten sich dort festsetzen, ein Prozess, der gemeinhin als „Völkerwanderung" bezeichnet wird. Die Germanen standen dem Römischen Reich nicht prinzipiell feindselig gegenüber, vielmehr strebten sie danach, am Reichtum der römischen Provinzen teilzuhaben.

„Völkerwanderung"

Zunächst versuchte Rom, die Germanen hinter die Grenzen zurückzudrängen, doch dies scheiterte in der Schlacht von Adrianopel 378: Die Römer erlitten gegen den germanischen „Stamm" (zur Problematik des Begriffs s. u.) der Goten eine verheerende Niederlage, der Kaiser Valens, zahlreiche Offiziere und ein großer Teil des römischen Heeres verloren dabei ihr Leben. Nach diesem empfindlichen Aderlass war Rom nicht mehr in der Lage, der Goten militärisch Herr zu werden, und versuchte diese nun ins Reich zu integrieren: Den Goten wurde Land zugewiesen, und damit siedelten sich Germanen dauerhaft und unter Wahrung der Autonomie auf dem Gebiet des Römischen Reiches an.

Ansiedlung von Germanen

Seit 395 war das Imperium Romanum dauerhaft in ein Ost- und ein Westreich geteilt. Im Osten gelang es, den militärischen Druck von außen zu mildern – neben der Ansiedlung von Germanen im Reichsgebiet bestand eine weitere Strategie in der Zahlung von hohen Tributen, vor allem an den Hunnenfürsten Attila. Im Westen hingegen gingen nach und nach alle Gebiete verloren: 406/07 überschritten Germanen den Rhein und drangen nach Gallien und Spanien vor, 410 wurde Rom selbst durch die Westgoten eingenommen. Wiederum versuchten die Römer, die Germanen kontrolliert in bestimmten Gebieten anzusiedeln – den Westgoten wurde 418 Aquitanien zugewiesen –, aber eine dauerhafte Stabilisierung gelang hier nicht: 429 setzten Vandalen über die Straße von Gibraltar und begannen mit der Eroberung von Nordafrika. Damit ging eine reiche Region für Rom verloren, was gravierende Auswirkungen auf die Finanzkraft des Reiches und auf die Schlagkraft des Heeres hatte; zudem

Teilung des Reiches

stellte die starke Flotte der Vandalen eine ständige Gefahr für die Küsten Italiens dar. Im Jahre 455 plünderten die Vandalen sogar Rom selbst.

Ende Westroms — Das Ende des weströmischen Reiches kam 476, als der letzte Kaiser Romulus Augustulus von dem germanischen Fürsten Odoaker abgesetzt wurde. Dieses Ereignis gilt traditionell als Wasserscheide zwischen Antike und Mittelalter, für die Zeitgenossen allerdings besaß es geringere Bedeutung: Die Germanen in Italien erkannten auch weiterhin die nominelle Oberhoheit des (ost-)römischen Kaisers an, die zivile Verwaltung des Römischen Reiches bestand fort, es gab weiterhin einen Senat, und die Konsuln gaben nach wie vor den Jahren ihren Namen (→ KAPITEL 7.2).

Dies führt zu der Frage, wie tief die politischen und kulturellen Veränderungen waren, die sich mit dem Eindringen der Germanen in römisches Gebiet vollzogen. Älteren Vorstellungen, dass rohe und ungebildete Germanenhaufen die hoch entwickelte römische Zivilisation zerstört und damit das ‚finstere Mittelalter' eingeleitet hätten, setzten

Transformationsmodell — seit den 1970er-Jahren einige Historiker das Modell eines sanften Übergangs entgegen: Auf allen gesellschaftlichen Gebieten hätten römische Traditionen fortbestanden; der bedeutendste kulturelle Wandel, der Aufstieg des Christentums, habe bereits begonnen, als das Römische Reich noch in voller Blüte stand. Die „Völkerwanderung" sei daher nur ein Aspekt eines Transformationsprozesses, der sich zwischen 250 und 800 vollzogen habe (besonders einflussreich vgl. Brown 1971). Auch lasse sich das Eindringen von Germanen in römisches Gebiet besser als Integration denn als Eroberung und Zerstörung beschreiben (vgl. Goffart 1980).

Solche Sichtweisen wurden in den vergangenen Jahrzehnten häufig vertreten, in jüngster Zeit ist jedoch wieder eine Gegenbewegung

Niedergangsmodell — erkennbar (vgl. Heather 2007; Ward-Perkins 2007). Der britische Historiker und Archäologe Bryan Ward-Perkins brachte seinen Gegenentwurf zum – seiner Ansicht nach verniedlichenden – Transformationsmodell bereits im Titel zum Ausdruck: „The End of Civilization". Der Zerfall des weströmischen Reiches ist in seiner Darstellung zugleich die Zerstörung einer Hochkultur, begleitet von einem politischen, kulturellen und ökonomischen Niedergang; die Germaneneinfälle führten demnach zu Gewalt und Chaos. Ward-Perkins kam nach einer Auswertung von Daten der Infrastruktur und der Ökonomie zu dem Ergebnis, dass der Verlust technischer Fertigkeiten und der Niedergang der städtischen Verwaltung den Verfall von Brücken und Wasserleitungen zur Folge hatten. Der Zusammenbruch des römischen Währungssystems habe den Güteraustausch erschwert, es sei zu einer drastischen Verschlechterung des Lebensstandards gekommen. Dieses Untergangsszenario ist sicherlich übertrieben – Ward-Perkins konzentriert sich zu einseitig auf die Brüche und klammert Kontinuitäten aus –, doch bereichert seine Interpretation als pointierte Herausforderung für die Anhänger des Transformationsmodells die Forschungsdiskussion.

Ein weiteres Forschungsfeld betrifft die innere Struktur der Germanen. Die Vorstellung von „Stämmen", die geschlossen gewandert und über Generationen hinweg stabil geblieben seien, ist seit der bahnbrechenden Studie von Reinhard Wenskus überholt (vgl. Wenskus 1961). Was die Römer als „Vandalen" oder „Westgoten" bezeichneten, waren sich ständig wandelnde, ethnisch inhomogene Gruppen, die sich über gemeinsame aktuelle Ziele und Anführer definierten, nicht über eine Stammeszugehörigkeit. Erst mit der Bildung germanischer Königreiche auf ehemals römischem Boden kam es zur Herausbildung einer stabilen Identität größerer Gruppen. Doch wurden, vor allem von dem Ostgotenkönig Theoderich (493–526), auch Römern tragende Rollen in den neuen Reichen zugewiesen.

Germanische „Stämme"

Die Gesellschaft im westlichen Mittelmeerraum des 5. und 6. Jahrhunderts kann nicht mit dem Dualismus Römer versus Germanen beschrieben werden. Verschiedene Versuche, Gräber anhand der Beigaben Römern oder Germanen zuzuweisen – Germanen etwa erkenne man an Halsringen oder Hosen –, haben zu keinen überzeugenden Ergebnissen geführt. Vielmehr waren die genannten Kleidungsstücke und Accessoires schon lange von Römern getragen worden und sind deshalb für eine Unterscheidung nicht tauglich (vgl. Rummel 2007). Auch wurden Germanenfürsten durch Titel wie Patrizier oder Konsul in die traditionelle römische Ordnung eingebunden, welche ihre legitimierende Kraft auch nach dem Ende des weströmischen Reiches behielt.

Römer und Germanen

Getrennt waren Römer und Germanen durch ihr unterschiedliches Bekenntnis. Die Germanen hatten bei ihrer Christianisierung den arianischen Glauben angenommen, die meisten Römer im Westen folgten dem „orthodoxen" oder „katholischen" Bekenntnis des Konzils von Nizäa (→ KAPITEL 13.3). Einen Sonderfall bilden die Franken: König Chlodwig (466–511) ließ sich in Reims auf das katholische Bekenntnis taufen und verbesserte damit die Voraussetzungen für eine Integration von Römern und Germanen in seinem Reich. Der große Erfolg der Franken, die sich als Vormacht auf dem Gebiet des weströmischen Reiches durchsetzten, liegt auch darin begründet.

Arianer versus Katholiken

DAS ENDE WESTROMS – OSTROM UNTER JUSTINIAN

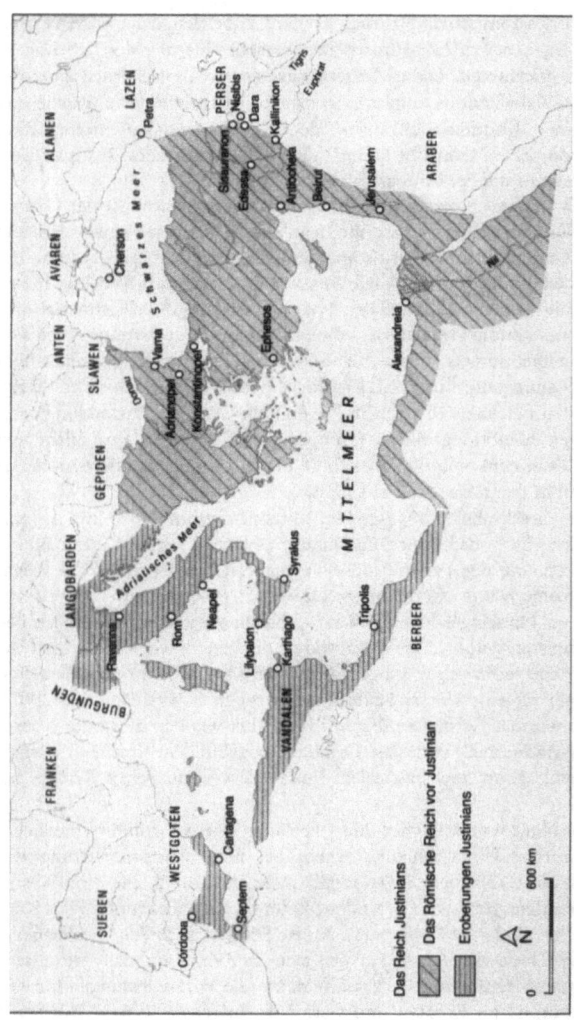

Abbildung 41: Das Reich Justinians (Regierungszeit 527–565)

Im Gegensatz zum Westen war das oströmische Reich weitgehend von Germaneneinfällen verschont geblieben. Es konnte sogar unter Justinian einen letzten großen Versuch unternehmen, das Römische Reich in seinem alten Umfang wiederherzustellen (→ ABBILDUNG 41). 533/34 wurden die Vandalen in Nordafrika unterworfen, 535-53 die Ostgoten in mehreren langen Kriegen niedergerungen und Italien wieder dem Reich einverleibt; 553-55 wurde der Südosten Spaniens erobert. Diese Erfolge waren aber nur von kurzer Dauer. Die teuren Kriege hatten die Ressourcen des Reiches überfordert, zumal mit den Persern ein weiterer starker Feind zu bekämpfen war und die seit 540 grassierende Pest zu einem starken Rückgang der Bevölkerung geführt hatte. Die Eroberungen im Westen gingen noch im 6. Jahrhundert wieder verloren, und die Situation im Osten änderte sich fundamental mit der religiösen Einigung arabischer Stämme durch Mohammed. Bald nach dessen Tod (632) begann eine rasante Expansion: Bereits 636 ging Syrien dem oströmischen Reich verloren, 641 Ägypten.

Justinians Eroberungspolitik

14.2 Kaiser Justinian und der „Christianisierungsschub"

Die ersten Jahre von Justinians langer Regierungszeit (527-565) waren von einer rastlosen Tätigkeit auf allen Gebieten geprägt – er selbst betonte seine beständige Sorge um das Reich, indem er auf seine „Schlaflosigkeit" als Herrschertugend hinwies. Sein Ziel war die Wiederherstellung des Römischen Reiches in seinem alten Glanz. Dazu zählte nicht nur die Rückeroberung von Territorien, sondern auch eine Festigung im Innern. Als zentrales Element in dem Vorhaben, das Römische Reich wieder zu einer kraftvollen Einheit zu formen, galt die religiöse Homogenisierung der Bevölkerung. Justinian ließ Heiden systematisch bekämpfen: Kurz nach Regierungsantritt, 528/29, kam es zu einer reichsweiten Verfolgung, in deren Verlauf Vermögen konfisziert und Heiden aus öffentlichen Ämtern entfernt wurden. Auch gegen die Juden ging er scharf vor; so verfügte er nach der Eroberung Nordafrikas (535) eine Umwandlung von Synagogen in Kirchen. Ebenso wurde der Druck auf christliche Häretiker erhöht.

Rastlosigkeit

In dem schwierigsten dogmatischen Konflikt des Ostens schlug Justinian allerdings einen versöhnlichen Kurs ein. Die Miaphysiten (oder Monophysiten) lehrten, dass in Christus eine göttliche und eine

Miaphysiten

menschliche Natur nicht nur vereint, sondern zu *einer* Natur verschmolzen seien. Das Konzil von Chalkedon (451) hatte diese Lehre für häretisch erklärt, doch in Ägypten und Syrien waren die Miaphysiten auch danach eine starke Gruppierung geblieben. Justinian selbst folgte der Formel von Chalkedon von den zwei Naturen Christi, aber seine Frau Theodora stand den Miaphysiten nahe. Sie bot prominenten Vertretern dieser Glaubensrichtung in Konstantinopel Schutz und sorgte dafür, dass vakante Bischofsposten mit ihnen besetzt wurden. In dieser Konstellation bemühte sich Justinian um eine Lösung der – für das römische Reich stark desintegrativen – Spaltung, konnte jedoch keinen Erfolg erzielen; auch Religionsgespräche mit Vertretern der Miaphysiten blieben ergebnislos.

Rechtskodifikation

Eine herausragende Leistung stellt die Rechtskodifikation dar, die Justinian im Februar 528, nur wenige Monate nach seinem Herrschaftsbeginn, mit der Einsetzung einer Kommission vorantrieb. Unter Leitung des Juristen Tribonianus wurden in erstaunlich kurzer Zeit die juristischen Texte durchgesehen, exzerpiert, überarbeitet und geordnet: Zwischen 529 und 534 erschienen der *Codex Iustinianus*, eine Sammlung der kaiserlichen Gesetze seit der Zeit Hadrians, die *Digesten* oder *Pandekten*, welche Auszüge aus den Schriften der großen Juristen enthielten und als Orientierung für die Richter Gesetzeskraft besaßen, sowie die *Institutionen*, ein knappes juristisches Lehrbuch. Diese drei Werke, in lateinischer Sprache verfasst, übten einen großen Einfluss auf das mittelalterliche und neuzeitliche Recht aus; seit dem 16. Jahrhundert wurden sie unter dem Begriff *Corpus Iuris Civilis* zusammengefasst. Nach 534 erließ Justinian, zumeist in griechischer Sprache, noch eine Reihe weiterer Gesetze, die sogenannten *Novellen*. Diese sollten nach dem Willen des Kaisers zu einer eigenen Sammlung zusammengestellt werden, doch dieses Projekt wurde nicht mehr verwirklicht.

Das *Corpus Iuris Civilis* ist die wichtigste Quelle für die antike Rechtsgeschichte, einzelne Passagen geben aber auch Aufschluss über das Selbstverständnis des Kaisers. Justinian leitete seine Herrschaft direkt von Gott ab, er stellte sich als Herrscher von Gottes Gnaden dar, der sich dessen Willen demütig unterwirft. Ein Beispiel dieser Auffassung ist ein den *Digesten* vorangestelltes Schreiben des Kaisers an Tribonianus vom 15. Dezember 530, das die Einrichtung einer neuen Kommission anordnet:

Kaiser von Gottes Gnaden

„Imperator Caesar Flavius Justinianus, der Fromme, Erfolgreiche, Ruhmreiche, der Sieger und Triumphator, immer Augustus, grüßt seinen Quästor Tribonianus.

Aus Gottes Vollmacht regieren wir das Reich, das uns von der himmlischen Majestät übergeben ist, und wir bringen Kriege erfolgreich zu ihrem Ende, verleihen dem Frieden Glanz, wahren den Bestand der *res publica*. Und so richten wir unseren Sinn auf die Hilfe des allmächtigen Gottes, so dass wir weder den Waffen vertrauen noch unseren Soldaten noch den Anführern des Krieges noch unserer Fähigkeit. Vielmehr setzen wir unsere Hoffnung allein auf die Fürsorge der höchsten Dreieinigkeit; von daher sind auch die Elemente der ganzen Welt gekommen und wurde ihre Ordnung zum Weltkreis eingerichtet."
(*Corpus Iuris Civilis, Constitutio Deo auctore – De conceptione Digestorum*)

Das Christentum war zu diesem Zeitpunkt bereits ein halbes Jahrtausend alt, und seit der „Konstantinischen Wende" waren über 200 Jahre vergangen; doch diese ausschließliche Herleitung der kaiserlichen Herrschaft von Gott ist neu. In einer Passage der *Novellen* aus dem Jahr 536 bezeichnet Justinian sich als denjenigen Menschen, „dem Gott die Gesetze selbst eingegeben hat und ihn als lebendiges Gesetz unter die Menschen sandte" (*Novelle* 105,2,4) Justinian ordnet sein Gesetzeswerk in die göttliche Ordnung ein: Nicht nur das Kaisertum und damit das Recht, Gesetze zu erlassen, habe er von Gott erhalten, sondern auch der Inhalt der Gesetze entspringe dem Willen Gottes.

Das christlich inspirierte Sendungsbewusstsein, das auch am Barberini-Diptychon ablesbar ist (→ ABBILDUNG 40) – wahrscheinlich entweder als Geschenk des Kaisers an Würdenträger oder als Geschenk an den Kaiser in Auftrag gegeben –, hatte Auswirkungen auf das Verhältnis des Kaisers zu anderen Gruppen. Das Volk von Konstantinopel büßte unter Justinian seine Rolle als Stifter von Legitimität teilweise ein; dies lässt sich bereits beim Herrschaftsantritt Justinians anhand der Krönungsprotokolle aufzeigen. Diese Berichte über den Verlauf seiner und anderer Kaisererhebungen sind im *Zeremonienbuch* erhalten, einer Schrift über das byzantinische Hofzeremoniell, die auf Veranlassung des Kaisers Konstantinos VII. Porphyrogennetos (905–959) erstellt wurde – in diesen Text gingen Exzerpte von Berichten aus dem 6. Jahrhundert ein.

Zeremonienbuch

Der traditionelle Ort der Krönung war das Hippodrom von Konstantinopel. Hier fanden nicht nur Wagenrennen, Tierhatzen und artistische, musikalische und theatralische Aufführungen statt, das Hippodrom war auch der wichtigste Raum für die Kommunikation zwischen dem Kaiser und dem Volk (vgl. Heucke 1994). Der Kaiser maß an der Stärke des Applauses seine Popularität, das Volk konnte in Sprechchören Forderungen artikulieren. Bei einem Krönungsakt im Hippodrom gab das Volk, sofern nicht besondere Umstände vorlagen, seine Zustimmung zum Krönungsakt kund, und es konnte sich zugleich in seiner Bedeutung bestätigt sehen, selbst an der Einsetzung des neuen Herrschers beteiligt gewesen zu sein. Anders bei Justinian, dessen Thronerhebung gemäß dem *Zeremonienbuch* in zwei Etappen ablief: Am 1. April 527 erhob der schwerkranke Kaiser Justin im Palast von Konstantinopel seinen Neffen Justinian zum Mitkaiser; drei Tage später krönte der Patriarch von Konstantinopel Justinian zum Kaiser, und zwar ebenfalls im Palast. Anwesend waren Würdenträger des Hofes, Senatoren und Soldaten der Garde; das Volk jedoch war ausgeschlossen. Mag man die Verlegung der Krönung vom Hippodrom in den Palast noch mit der Krankheit Justins erklären, so ist bemerkenswert, dass nicht einmal ausgewählte Vertreter des Volkes geladen waren. Es ist hier ein Wandel im Herrschaftsverständnis ablesbar: Die Quelle kaiserlicher Legitimität ist Gott, nicht das Volk (vgl. Trampedach 2005, S. 282ff.).

Jedoch blieb das Volk von Konstantinopel ein Faktor in der Politik, und 532 kam es zu einer Eruption von Gewalt in der Hauptstadt. Krawalle waren im spätantiken Konstantinopel keine Seltenheit, doch dieser war besonders heftig. Die Ursachen sind schwer zu bestimmen: Dass sich das Volk vom Kaiser in seiner Bedeutung zurückgesetzt fühlte, mag ebenso eine Rolle gespielt haben wie der verstärkte Steuerdruck, den der kaiserliche ‚Finanzminister' Johannes der Kappadoker ausübte. Ausgangspunkt der Gewalt waren die sogenannten Zirkusparteien, welche die Wagenrennen veranstalteten, deren Bedeutung aber weit darüber hinausging: Sie waren als offizielle Organisation der hauptstädtischen Massen in die Stadtverwaltung eingebunden. Es gab zwei Parteien, die „Blauen" und die „Grünen", die einander heftig befehdeten, wobei es regelmäßig zu Krawallen kam. Als sich im Januar 532 heftige Auseinandersetzungen auf den Straßen Konstantinopels ereigneten, griff der Stadtpräfekt hart durch und verurteilte sieben Rädelsführer zum Tode. Bei der Hinrichtung brach jedoch der Galgen, sodass zwei der Delinquenten, ein „Grüner" und ein „Blauer", überlebten, deren Begnadigung die Zirkusparteien nun forderten. Damit hatten die beiden rivalisierenden Organisationen in diesem Punkt ein gemeinsames Interesse, sodass sich die Gewalt nicht mehr gegeneinander, sondern gegen die Regierung richtete.

Als drei Tage später Wagenrennen im Hippodrom stattfanden, erhoben sich Sprechchöre mit der Forderung, die beiden Verurteilten zu begnadigen. Als der Kaiser keine Reaktion zeigte, eskalierte die Situation: Unter der Parole „Nika" (griechisch für „Siege!") zogen Aufständische, ohne dass sie durch eingesetzte Truppen gebremst werden konnten, durch die Straßen und legten Brände – große Teile der Stadt, darunter Kirchen, Bäder und Teile des Palastes wurden dabei zerstört. Die erhobenen Forderungen lösten sich vom Anlass. Schließlich wurde verlangt, dass der Kaiser unbeliebte hohe Beamte – unter anderem Johannes den Kappadoker und Tribonianus – entlasse. Hier gab der Kaiser nach, doch wurde die Gewalt dadurch nicht gestoppt; vielmehr stachelten Gerüchte über die bevorstehende Flucht des Kaisers die Aufständischen noch weiter an. Höhepunkt und Ende des Aufstandes ereigneten sich im Hippodrom. Das Volk erhob einen Gegenkaiser, einen Neffen des früheren Kaisers Anastasios, mehrere Senatoren sicherten diesem ihre Unterstützung zu. Doch dann wurde das Hippodrom von kaisertreuen Truppen gestürmt, die den Befehl hatten, alle Menschen zu töten – die Zahl der Opfer wird auf ungefähr 30 000 geschätzt.

Nika-Aufstand

Sowohl die Einzelheiten des Verlaufs als auch die generelle Bewertung des Aufstandes werden in der Forschung kontrovers diskutiert. Dies liegt auch an den Widersprüchen zwischen den Darstellungen verschiedener antiker Gewährsleute – hier stehen sich die Geschichtsschreiber Prokop (ca. 500–555), der über die Beratungen und Entscheidungen im Umfeld Justinians berichtet und der Kaisergattin Theodora eine wichtige Rolle einräumt, und Johannes Malalas (ca. 490–565), der ausführlicher auf die Ursachen des Aufstandes eingeht, gegenüber. Zumeist ist die Forschung eher der Version Prokops gefolgt und hat Justinians Handeln im Nika-Aufstand als schwach und wankelmütig charakterisiert; ihm sei das Heft des Handelns aus der Hand geglitten, und nur durch die Festigkeit Theodoras und anderer Personen seines Hofes sei er an der Herrschaft geblieben (vgl. Mazal 2001, S. 351ff.). Dagegen hat Mischa Meier die These aufgestellt, dass die Eskalation vom Kaiser selbst gesucht worden sei: Justinian habe sich zu Beginn des Aufstandes unentschlossen gestellt, um seine versteckten Gegner aus der Reserve zu locken. Das abschließende Massaker sei von ihm von langer Hand geplant worden, um seine Unbeugsamkeit zu demonstrieren und zugleich jeglichen senatorischen Widerstand zu brechen (vgl. Meier 2003a).

Kalkül Justinians?

Eine wichtige Facette der Regierung Justinians war die Baupolitik. Justinian ließ Festungsanlagen errichten und die Wasserversorgung verbessern, vor allem aber ließ er im ganzen Reich zahlreiche Kirchen erbauen. Unter diesen sticht die Hagia Sophia in Konstantinopel

Baupolitik

durch ihre Monumentalität hervor. Der Vorgängerbau war während des Nika-Aufstandes abgebrannt, und Justinian trieb sofort die Errichtung einer neuen Kirche voran, die schon 537 eingeweiht werden konnte. Typologisch stellt sie eine Kombination von Langhaus und Zentralbau dar, das prägende Merkmal ist die gewaltige Kuppel, deren Last auf vier in den Fels gegründeten Pfeilern ruht. Mit dieser zentralen Kuppel repräsentiert sie die monumentale Ausbildung eines neuen Bautypus und diente vielen späteren Kirchen und Moscheen als Vorbild. Der heutige Zustand ist Resultat mehrfacher Umwandlungen: Bereits 558 stürzte, wohl infolge eines Erdbebens, die erste Kuppel ein, weitere Umbaumaßnahmen erfolgten im 9. und 10. Jahrhundert. 1453, nach der Eroberung Konstantinopels durch die Osmanen, wurde sie in eine Moschee umgewandelt.

Die Überlieferungslage für die Erforschung des justinianischen Bauprogramms ist günstig, da es nicht nur durch die erhaltene Architektur selbst, sondern auch durch eine Schrift Prokops dokumentiert wird. Prokop definiert im Vorwort seiner *Bauten* als Ziel, die Gebäude, die während Justinians Herrschaft errichtet wurden, zu nennen, zu beschreiben und zu loben und somit den Ruhm des Kaisers zu verkünden. Die Schrift entstand am Kaiserhof in Konstantinopel und kann als Ausdruck von Justinians eigener Sicht seines Bauprogramms gelesen werden. Ihr Wert besteht also nicht nur darin, dass sie Informationen über die Architektur enthält, die aus der materiellen Überlieferung heraus nicht erschlossen werden könnten; sie liefert darüber hinaus auch Aufschluss über die Zielsetzung des Erbauers.

Für die Hagia Sophia berichtet Prokop von technischen Schwierigkeiten bei der Errichtung der Mauern, welche die Kuppel tragen sollten, und von Planänderungen, als erste Risse im Mauerwerk sichtbar wurden. Vor allem aber lobt er den Bau in höchsten Tönen und ordnet ihn in den göttlichen Heilsplan ein:

> „Gott aber ließ ihre Schandtat [d. h. das Abbrennen des Vorgängerbaus im Nika-Aufstand 532, Anm. d. Verf.] geschehen, da er schon voraussah, zu welcher Pracht sich dieses Heiligtum wandeln sollte [...] Wer könnte die Pracht der Säulen und Steine aufzählen, mit denen die Kirche geschmückt ist? Man könnte sich in eine Blumenwiese zur Frühlingszeit versetzt fühlen. Denn was die Steine anbelangt, so möchte mit Recht der Betrachter an diesem den Purpur, an jenem das Grün, hier das aufblühende Rot und dort das blitzende Weiß bewundern, dazu noch jene Stücke, welche die Natur einem Maler vergleichbar in den buntesten Farben erstrahlen lässt. Wenn einer das Heiligtum zum Beten betritt, so wird

ihm alsbald bewusst, dass nicht menschliche Kraft oder Kunst, sondern Gottes Hilfe dieses Werk gestaltet hat; sein Sinn aber erhebt sich zu Gott und wandelt in der Höhe und glaubt daran, dass der Herr nicht ferne ist, sondern am liebsten in den Räumen weilt, die er sich selbst ausgewählt hat."
(Prokop, *Bauten* 1,1)
Wie in der Gesetzgebung Justinians erblickte man auch in dessen Bauten das Wirken Gottes.

Mit dem Bau der Kirche San Vitale in Ravenna war noch unter ostgotischer Herrschaft begonnen worden; nachdem die Stadt – zu dieser Zeit die bedeutendste in Italien – 540 von den Truppen Justinians erobert worden war, wurden die Arbeiten fortgesetzt und 547 war die Kirche fertiggestellt. Es handelt sich um einen Ziegelbau mit orthogonalem Grundriss; berühmt geworden ist er vor allem durch die Mosaiken der Apsis, die auf gegenüberliegenden Seiten das Kaiserpaar Justinian und Theodora jeweils mit ihrem Gefolge zeigen. Justinian (→ ABBILDUNG 42) ist – ebenso wie seine Gattin auf dem Mosaik vis-à-vis – durch einen Nimbus hervorgehoben, der ihn die anderen Personen überragen lässt. Seine Bedeutung wird auch durch die zentrale Position und kaiserlichen Attribute – Krone und Purpurmantel

Kirche San Vitale in Ravenna

Abbildung 42: Justinian mit seinem Gefolge, Mosaikbild aus San Vitale in Ravenna, 6. Jahrhundert (ca. 547 n. Chr.)

– unterstrichen; in den Händen trägt er eine goldene liturgische Schale, vielleicht eine Schenkung an die Kirche. Auf seiner, vom Betrachter aus gesehen, rechten Seite stehen kirchliche Würdenträger, unter denen der Erzbischof von Ravenna, Maximianus, durch eine Namensinschrift hervorgehoben ist. Auf der linken Seite sind Patrizier und Soldaten der kaiserlichen Leibwache abgebildet.

Justinian
und Maximianus Die Hervorhebung von zwei Personen, Justinian und Maximianus, lässt verschiedene Deutungen zu. Auf der einen Seite kann die Darstellung des Kaisers inmitten von weltlichen und geistlichen Würdenträgern als Betonung seiner universalen Macht gelesen werden: „Der Kaiser vereinigt die weltliche und geistliche Gewalt in sich; er verleiht die Macht, die ihm von Gott zukommt." (Mazal 2001, S. 587f.) Auf der anderen Seite ist Maximianus als einzige Person namentlich gekennzeichnet; außerdem ist er, zieht man den Nimbus ab, größer als der Kaiser und steht, betrachtet man die Position der Füße, vor diesem. Nach Deichmann „hat sich hier Maximian selbst ein Denkmal gesetzt" (Deichmann 1969, S. 242) und strebte das Ziel an, seine Autorität in Italien durch die ins Bild gesetzte Nähe zum Kaiser zu stärken. Er war als Erzbischof von Ravenna dem Bau weitaus näher als das Kaiserpaar selbst, das Italien nie betreten hat; inwieweit er über Details der Darstellungen entscheiden konnte, bleibt allerdings offen.

Fragen und Anregungen

- Beschreiben Sie den Verlauf der „Völkerwanderung" und die Strategien der Römer, den Germanen entgegenzutreten.

- Welche Modelle hat die Forschung entwickelt, um die Veränderungen im westlichen Mittelmeer im 5. und 6. Jahrhundert darzustellen?

- Erläutern Sie die Ziele der Religions-, Rechts- und Eroberungspolitik Justinians.

- Vergleichen Sie: Wie integrierten Konstantin und Justinian die christliche Religion in ihre Herrschaftsdarstellung?

Lektüreempfehlungen

Quellen
- **Prokop: Werke,** herausgegeben und übersetzt von Otto Veh [gr./dt.], 5 Bände, München 1961–77.

FRAGEN UND LEKTÜREEMPFEHLUNGEN

- **John Malalas: The Chronicle,** übersetzt von Elizabeth Jeffreys/
Michael Jeffreys/Roger Scott [engl.], Melbourne 1986.

- **Corpus iuris civilis:** Text und Übersetzung; auf der Grundlage der
von Theodor Mommsen und Paul Krüger besorgten Textausgaben
herausgegeben von Okko Behrends [lat./dt.], bislang 4 Bände,
Heidelberg 1990–2005.

- **Constantini Porphyrogenneti Imperatoris Constantinopolitani Libri
Duo De Cerimoniis Aulae Byzantinae:** prodeunt nunc primum
Graece cum Latina interpretatione et commentariis curarunt Ioannes. Henricus Leichius et Ioannes Iacobus Reiskius [gr.], 2 Bände,
Leipzig 1829/30. *Griechischer Text mit lateinischem Kommentar;
eine vollständige neuere Ausgabe bzw. eine deutsche Übersetzung
des „Zeremonienbuches" liegen nicht vor.*

- **Otto Mazal: Justinian und seine Zeit,** Köln u. a. 2001. *Gesamtschau über die Regierung Justinians; ausführlich, aber nicht immer
auf dem neuesten Forschungsstand.*   Forschung

- **Mischa Meier: Das andere Zeitalter Justinians. Kontingenzerfahrung und Kontingenzbewältigung im 6. Jahrhundert n. Chr.,** Göttingen 2003. *Theoretisch anspruchsvolle Arbeit, die Krisen und
Krisenbewusstsein als Phänomene der Zeit Justinians untersucht
und insbesondere die Brüche in dessen Politik herausarbeitet.*

- **Philipp von Rummel: Habitus barbarus. Kleidung und Repräsentation spätantiker Eliten im 4. und 5. Jahrhundert,** Berlin 2007.
*Umfassende Untersuchung literarischer und archäologischer Zeugnisse; das Tragen „barbarischer" Kleidung wird nicht als Zeugnis
von Stammeszugehörigkeit betrachtet, sondern als Ausdrucksform
einer neuen Elite, die sich nicht mehr an der traditionellen senatorischen Repräsentation orientiert.*

- **Bryan Ward-Perkins: Der Untergang des Römischen Reiches und
das Ende der Zivilisation,** Stuttgart 2007. *Gegen Vorstellungen
eines sanften Übergangs von der Antike zum Mittelalter wird das
Ende des weströmischen Reiches als katastrophaler Niedergang
beschrieben.*

15 Serviceteil

15.1 Einführungen, Bibliografien und Lexika

Einführungen

- Hartmut Leppin: Einführung in die Alte Geschichte, München 2005. *Knappe Charakterisierung der einzelnen Epochen mit einführenden Bemerkungen zu Quellengattungen und Methoden; dazu kommen prägnante Erläuterungen zu Studienverlauf und Berufsfeldern.*

- Hans-Joachim Gehrke / Helmuth Schneider (Hg.): Geschichte der Antike. Ein Studienbuch, Stuttgart 2000, 2., erweiterte Auflage 2006. *Problemorientierter Überblick über die griechisch-römische Geschichte, sehr gut als Einführung und zum Nachschlagen geeignet.*

- Hartmut Blum / Reinhard Wolters: Alte Geschichte studieren, Konstanz 2006. *Als Begleitung für Proseminare konzipierte Einführung in Gegenstand und Methoden der Alten Geschichte; der Schwerpunkt liegt auf Grundwissenschaften und Arbeitstechniken.*

- Hans-Joachim Gehrke: Kleine Geschichte der Antike, München 1999. *Abriss der antiken Geschichte (unter Einschluss des Vorderen Orients) mit zahlreichen Abbildungen; das Buch ist auch in einer Taschenbuchausgabe ohne Abbildungen erschienen.*

- Hermann A. Schlögl: Das Alte Ägypten. Geschichte und Kultur von der Frühzeit bis zu Kleopatra, München 2006. *Darstellung der Kultur- und Ereignisgeschichte Ägyptens bis zur römischen Eroberung.*

- Dietz Otto Edzard: Geschichte Mesopotamiens von den Sumerern bis zu Alexander dem Großen, München 2004. *Abriss der Geschichte des Alten Orients.*

- Oliver Dickinson: The Aegean Bronze Age, Cambridge (UK) 1994. *Einführung in die minoisch-mykenische Kultur, mit Überlegungen zu spezifischen methodologischen Fragen.*

- Tonio Hölscher: Klassische Archäologie. Grundwissen, Darmstadt 2002, 2., überarbeitete Auflage Darmstadt 2006. *Einführende Beschreibung der wichtigsten Sachgebiete der Klassischen Archäologie.*

- Ulrich Sinn: Einführung in die Klassische Archäologie, München 2000. *Den größten Raum nehmen 24 exemplarische Interpretationen antiker Denkmäler ein, anhand derer die verschiedenen Fragestellungen und methodischen Herangehensweisen demonstriert werden.*

- Susan E. Alcock / Robin Osborne (Hg.): Classical Archaeology, Oxford 2007. *Die Gliederung der Materie erfolgt nicht wie üblich nach Denkmälergattungen, sondern nach Kontexten („Housing and Households", „Cult and Ritual" usw.).*

- Manfred K. H. Eggert: Archäologie. Grundzüge einer historischen Kulturwissenschaft, Tübingen 2006. *Systematische Darstellung der wichtigsten archäologischen Einzelfächer, außerdem allgemeine Überlegungen zu Vielfalt und Einheit der Archäologie aus methodologischer Perspektive.*

- Thomas Fischer (Hg.): Die römischen Provinzen. Eine Einführung in ihre Archäologie, Stuttgart 2001. *Einführung in Gegenstand und Methoden der Provinzialrömischen Archäologie, die sich mit den materiellen Zeugnissen der Römer außerhalb Italiens befasst.*

- Friedrich Wilhelm Deichmann: Einführung in die christliche Archäologie, Darmstadt 1983. *Die Christliche Archäologie befasst sich mit den materiellen Zeugnissen des antiken Christentums; hier wird ein Überblick über die Fragestellungen des Faches geboten.*

Philologie

- Peter Riemer / Michael Weißenberger / Bernhard Zimmermann: Einführung in das Studium der Gräzistik, München 2000. *Kurze Erläuterungen zu Geschichte, Inhalten und Methoden des Faches, enthalten sind auch Ratschläge für die Organisation des Studiums.*

- Peter Riemer / Michael Weißenberger / Bernhard Zimmermann: Einführung in das Studium der Latinistik, München 1998. *Kommentar s. o.*

- Michael von Albrecht: Geschichte der römischen Literatur. Von Andronicus bis Boethius, 2 Bände, Bern 1992, 2., verbesserte und erweiterte Auflage 1994. *Umfangreiche Einführung in die antike lateinische Literatur; aufgrund des übersichtlichen Aufbaus auch zum Nachschlagen geeignet.*

- Albrecht Dihle: Griechische Literaturgeschichte. Von Homer bis zum Hellenismus, Stuttgart 1967, 2. durchgesehene und erweiterte Auflage München 1991. *Überblicksdarstellung zum Oeuvre einzelner Autoren und der Entwicklung der literarischen Gattungen.*

- Louis Robert: Die Epigraphik der klassischen Welt, Bonn 1970. *Grundwissenschaften*
  *Klassische Einführung von einem der führenden Epigraphiker des
  20. Jahrhunderts.*

- Manfred G. Schmidt: Einführung in die lateinische Epigraphik,
  Darmstadt 2004. *Gute moderne Einführung.*

- Gerhard Pfohl (Hg.): Das Studium der griechischen Epigraphik.
  Eine Einführung, Darmstadt 1977. *Lesenswert ist vor allem der
  Beitrag über die Suche und Bearbeitung von Inschriften vor Ort.*

- Karl Christ: Antike Numismatik. Einführung und Bibliographie,
  Darmstadt 1967, 3. Auflage 1991. *Informative Einführung in
  Gegenstand und Methoden der Numismatik, leider fehlen Abbildungen zur Veranschaulichung.*

- Christopher Howgego: Geld in der Antike. Was Münzen über Geschichte verraten, Stuttgart 2000. *Einführung in die Numismatik
  mit Schwerpunktsetzung in der Geldgeschichte.*

- Hans-Albert Rupprecht: Kleine Einführung in die Papyruskunde,
  Darmstadt 1994. *Systematische Darstellung des Quellenwertes der
  Papyri; diese werden nach gesellschaftlichen Sektoren geordnet diskutiert, wobei der Schwerpunkt auf dem Rechtswesen liegt.*

- Roger S. Bagnall: Reading Papyri, Writing Ancient History, London/New York 1995. *Dieser sehr empfehlenswerte Band liefert
  anhand von gut ausgewählten Beispielen einen Einblick in die
  papyrologische Forschungspraxis und in allgemeine methodische
  Probleme.*

- Joachim Eibach / Günther Lottes (Hg.): Kompass der Geschichtswissenschaft, Göttingen 2002. *Einführung in die verschiedenen
  Methoden und Forschungstraditionen der Geschichtswissenschaft.* *Theorie und Methodik*

- Thomas A. Schmitz: Moderne Literaturtheorie und antike Texte.
  Eine Einführung, Darmstadt 2002. *Moderne literaturwissenschaftliche Ansätze werden erklärt und ihr Potenzial für die Klassische
  Philologie erläutert.*

- Balbina Bäbler: Archäologie und Chronologie. Eine Einführung,
  Darmstadt 2004. *Verschiedene Methoden der relativen Chronologie (Stratigraphie, Stilanalyse) und der absoluten Chronologie
  (z. B. C14-Methode) werden vorgestellt, vor allem aber die fest
  datierten antiken Denkmäler systematisch behandelt.*

Bibliografien

- **L'Année Philologique. Bibliographie critique et analytique de l'antiquité gréco-latine (APh)**, Paris seit 1928. Web-Adresse: http://www.annee-philologique.com/aph. *Gesamtbibliografie für die klassische Altertumswissenschaft, erscheint in Jahresbänden jeweils mit einer Verzögerung von ca. zwei Jahren. Die entsprechende Online-Datenbank ist lizenzpflichtig.*

- **Gnomon Online.** Web-Adresse: http://www.gnomon-online.de. *Diese laufend aktualisierte Bibliografie für die klassische Altertumswissenschaft enthält aktuelle Forschungsliteratur; sie ist frei im Internet verfügbar.*

- **Dyabola Online.** Web-Adresse: http://www.dyabola.de. *Lizenzpflichtige bibliografische Datenbank zu Altertums- und Kunstwissenschaft, wird vor allem von Archäologen benutzt.*

- **AIGYPTOS.** Web-Adresse: http://www.aigyptos.uni-muenchen.de. *Literaturdatenbank zur Ägyptologie, frei im Internet verfügbar.*

Lexika

Allgemeine Lexika zur Antike

- **Paulys Realencyclopädie der classischen Altertumswissenschaft (RE)**, neue Bearbeitung begonnen von Georg Wissowa, fortgeführt von Wilhelm Kroll und Karl Mittelhaus, zuletzt von Konrat Ziegler und Hans Gärtner, Stuttgart 1893–1980. *Umfangreichstes Lexikon zur griechisch-römischen Antike. Als kommentierte Quellensammlungen sind viele Artikel auch heute noch lesenswert, selbst wenn die darin vertretenen Forschungspositionen überholt sind.*

- **Der Neue Pauly (DNP)**, herausgegeben von Hubert Cancik und Helmuth Schneider, Stuttgart 1996–2003; es existiert auch eine lizenzpflichtige Online-Version, Web-Adresse: http://www.brillonline.nl. *Das momentan wichtigste Nachschlagewerk zur Antike (Bände 1–12) und ihrer Rezeption (Bände 13–15). Von den Supplementbänden sind bislang erschienen:*

  - Band 1: Herrscherchronologien der antiken Welt. Namen, Daten, Dynastien, herausgegeben von Walter Eder und Johannes Renger, Stuttgart 2004.
  - Band 2: Geschichte der antiken Texte. Autoren- und Werklexikon, herausgegeben von Manfred Landfester, Stuttgart 2007.

- **Band 3: Historischer Atlas der antiken Welt**, herausgegeben von Anne-Maria Wittke, Eckart Olshausen und Richard Szydlak, Stuttgart 2007.

- **Reallexikon für Antike und Christentum (RAC)**, in Verbindung mit Franz Joseph Dölger und Hans Lietzmann und unter besonderer Mitwirkung von Jan Hendrik Wasznik und Leopold Wenger herausgegeben von Theodor Klausner, Stuttgart seit 1950. *Sachwörterbuch zur Auseinandersetzung des Christentums mit der antiken Welt, deckt auch Bereiche der Judaistik und der Orientalistik ab.*

- **The Oxford Classical Dictionary (OCD³)**, Oxford 1949, 3. Auflage, herausgegeben von Simon Hornblower und Antony Spawforth, Oxford 1996. *Dieses hervorragende einbändige Lexikon liefert einen kompakten Überblick auf dem aktuellen Forschungsstand.*

- **Metzler Lexikon Antike**, herausgegeben von Kai Brodersen und Bernhard Zimmermann, Stuttgart/Weimar 2000, 2., überarbeitete und erweiterte Auflage 2006. *Kompaktes deutschsprachiges Lexikon zur griechisch-römischen Antike.*

- **Metzler Lexikon antiker Autoren (MLAA)**, herausgegeben von Oliver Schütze, Stuttgart/Weimar 1997. *Porträts von 450 griechischen und römischen Autoren von Homer bis in die Spätantike.*

  Antike Autoren

- **Lexicon Iconographicum Mythologiae Classicae (LIMC)**, herausgegeben von Hans Christoph Ackermann und Jean-Robert Gisler, Zürich 1981–99. *Sammlung der Bilddarstellungen von Göttern, Heroen und Personifikationen; jeder Band gliedert sich in einen Text- und einen Bildband.*

  Mythologie und Kulte

- **Herbert Hunger: Lexikon der griechischen und römischen Mythologie mit Hinweisen auf das Fortwirken antiker Stoffe und Motive in der bildenden Kunst, Literatur und Musik des Abendlandes bis zur Gegenwart**, Wien 1953, 8. erweiterte Auflage 1988. *Lexikon der klassischen antiken Götter- und Heldenmythen.*

- **Thesaurus Cultus et Rituum Antiquorum (ThesCRA)**, Los Angeles 2004–06. *Reich bebildertes Lexikon antiker religiöser Kulte und Rituale.*

- **Wolfram Martini: Sachwörterbuch der Klassischen Archäologie**, Stuttgart 2003. *Illustrierte Auflistung und Erklärung archäologischer Fachbegriffe.*

  Klassische Archäologie

Ägyptologie
- **Lexikon der Ägyptologie (LÄ)**, herausgegeben von Wolfgang Helck / Eberhard Otto / Wolfhart Westendorf, Wiesbaden 1975–92. *Ausführliche Informationen zu Kultur und Geschichte des pharaonischen Ägypten.*

Orient
- **Reallexikon der Assyriologie und vorderasiatischen Archäologie (RLA)**, unter Mitwirkung zahlreicher Fachgelehrter begründet von Erich Ebeling und Bruno Meissner, herausgegeben von Dietz Otto Edzard, Berlin seit 1932. *Altorientalistisches Pendant zur RE.*

- **Encyclopaedia Iranica (EIr)**, herausgegeben von Ehsan Yarshater, London / Boston seit 1980. Web-Adresse: http://www.iranica.com. *Lexikon zur Geschichte Persiens in antiker Zeit; die bereits erschienenen Artikel können online abgerufen werden.*

Byzanz
- **Oxford Dictionary of Byzantium**, herausgegeben von Alexander P. Kazhdan / Alice-Mary Talbot / Anthony Cutler / Timothy E. Gregory / Nancy P. Sevcenko, Oxford 1991. *Exzellentes Nachschlagewerk zu Geschichte und Kultur des Byzantinischen Reiches, enthält auch zahlreiche Karten, Stammbäume und Abbildungen von Kunstwerken.*

Germanen
- **Reallexikon der germanischen Altertumskunde (RGA)**, begründet von Johannes Hoops, 2., völlig neu bearbeitete und stark erweiterte Auflage unter Mitwirkung zahlreicher Fachgelehrter herausgegeben von Heinrich Beck / Dieter Geuenich / Heiko Steuer, Berlin / New York 1973–2007. *Ausführliches Lexikon für die Kultur der Germanen im 1. vor- und 1. nachchristlichen Jahrtausend.*

15.2 Corpora und Handbücher

Literarische Texte
- **Thesaurus Linguae Graecae – A Digital Library of Greek Literature (TLG).** *Die CD-ROM enthält fast die gesamte antike griechische Literatur; die Abfrage geschieht, wie bei den Produkten des Packard Humanities Institute, mittels gesonderter Abfrageprogramme.*

- **The Packard Humanities Institute: Latin Texts (PHI 5.3).** *Entsprechende CD-ROM mit lateinischen Texten.*

- **Bibliothek der Kirchenväter (BKV).** Web-Adresse: http://www.unifr.ch/bkv/. *Sammlung deutscher Übersetzungen patristischer Texte, frei im Internet verfügbar.*

- **Felix Jacoby: Die Fragmente der griechischen Historiker (FGrHist)**, Berlin, später Leiden seit 1923. *Bietet neben den Texten auch ausführliche Kommentare.*

- **Poetarum Melicorum Graecorum Fragmenta**, herausgegeben von Malcolm Davies, Oxford seit 1991. *Aktuelle Sammlung von Fragmenten griechischer Lyrik unter Einschluss neuer Papyrusfunde.*

- **Die Fragmente der Vorsokratiker (DK)**, bearbeitet von Hermann Diels, herausgegeben von Walther Kranz, Berlin 1906/07, 11. Auflage Berlin 1964. *Texte und Übersetzungen der frühen griechischen Philosophen.*

- **Poetae comici Graeci (PCG)**, herausgegeben von Rudolf Kassel und Colin Austin, Berlin/New York seit 1983. *Neue Fragmentsammlung zu griechischen Komödienschreibern.*

- **Tragicorum Graecorum Fragmenta (TGF)**, herausgegeben von Bruno Snell/Richard Kannicht/Stefan Radt: Göttingen 1971–2004. *Neuausgabe der griechischen Tragikerfragmente.*

- **Edward Courtney: The Fragmentary Latin Poets**, Oxford 1993. *Texte und ausführliche Kommentierung.*

- **Inscriptiones Graecae (IG)**, Berlin seit 1873. *Traditionsreiche Reihe mit Editionen der griechischen Inschriften auf dem Gebiet des heutigen Griechenland.*

Inschriften

- **Supplementum Epigraphicum Graecum (SEG)**, Leiden, später Amsterdam seit 1923. *Publikation von Neufunden griechischer Inschriften.*

- **Inschriften griechischer Städte in Kleinasien (IK)**, Bonn seit 1972. *Editionen und Übersetzungen, nach Poleis sortiert.*

- **The Packard Humanities Institute: Greek Documentary Texts (PHI 7)**. Web-Adresse: http://epigraphy.packhum.org/inscriptions. *Umfangreiche Sammlung griechischer Inschriften auf CD-ROM; eine im Aufbau befindliche Datenbank des PHI ist frei im Internet verfügbar.*

- **Corpus Inscriptionum Latinarum (CIL)**, Berlin seit 1862. *Zentrale Edition aller lateinischen Inschriften des Römischen Reiches, geografisch geordnet.*

- **Epigraphische Datenbank Heidelberg (EDH)**. Web-Adresse: http://www.uni-heidelberg.de/institute/sonst/adw/edh/index.html.de. *Datenbank von Inschriften des Imperium Romanum mit einer Informationsdichte, die über das bei Textdatenbanken Übliche weit hinausgeht; frei im Internet verfügbar.*

- **Epigraphik-Datenbank Clauss / Slaby (EDCS)**. Web-Adresse: http://www.manfredclauss.de. *Umfangreiche Datenbank lateinischer Inschriften, frei im Internet verfügbar.*

Münzen
- **Catalogue of Greek Coins in the British Museum (BMC)**. *Diese Reihe ist die wichtigste Referenz für griechische Münzen.*

- **Sylloge Nummorum Graecorum (SNG)**. *Reihe von Publikationen griechischer Münzen, nach Ländern und Sammlungen gegliedert.*

- **Michael Crawford: Roman Republican Coinage (RRC)**, 2 Bände, Cambridge (UK) 1974. *Standardwerk für die Münzen der Römischen Republik.*

- **The Roman Imperial Coinage (RIC)**, herausgegeben von Harold Mattingly / Angela Sydenham / Carol H. V. Sutherland / Percy H. Webb / Patrick Bruun / John Kent / J. W. E. Pearce / Robert A. G. Carson / Andrew M. Burnett, London 1926–94. *Referenzwerk für die Reichsprägungen der Kaiserzeit.*

- **Andrew M. Burnett / Michel Amandry / Pere Pau Ripollès: The Roman Provincial Coinage**, London seit 1992. *Referenzwerk für die städtischen Prägungen der Provinzen.*

Papyri
- **Heidelberger Gesamtverzeichnis der griechischen Papyrusurkunden Ägyptens (HGV)**. Web-Adresse: http://www.rzuser.uni-heidelberg.de/~gv0/gvz.html. *Sammlung der in Ägypten gefundenen griechischen und lateinischen Papyri, frei im Internet verfügbar.*

- **Oxyrhynchus Online (POxy)**. Web-Adresse: http://163.1.169.40/cgi-bin/library?site=localhost&a=p&p=about&c=POxy&ct=0&l=en&w=utf-8. *Datenbank zu den zahlreichen im ägyptischen Oxyrhynchus gefundenen Papyri, frei im Internet verfügbar.*

Sonstige
- **Handbuch der Altertumswissenschaft (HdAW)**, begründet von Iwan von Müller, erweitert von Walter Otto, fortgeführt von Hermann Bengtson, herausgegeben von Hans-Joachim Gehrke und Berhard Zimmermann, München seit 1885. *Wichtige Handbuch-*

reihe zu allen Gebieten der Altertumswissenschaft; vollständig überarbeitete Neuausgaben mancher Bände sind in den letzten Jahren erschienen oder noch in Bearbeitung.

- **The Cambridge Ancient History (CAH)**, begründet von John B. Bury, 12 Bände, Cambridge (UK) 1923–39, völlige Neubearbeitung seit 1970. *Ausführliche Darstellung der antiken Geschichte.*

- **Prosopographia Imperii Romani (PIR)**, Berlin/Leipzig seit 1897, 2. Auflage, herausgegeben von Edmund Groag und Werner Eck, Berlin 1933–2006. *Personenlexikon zur Führungsschicht des Römischen Reiches.*

- **Dietmar Kienast: Römische Kaisertabelle. Grundzüge einer römischen Kaiserchronologie**, Darmstadt 1990, 3. Auflage Darmstadt 2004. *Zusammenstellung von Schlüsseldaten der einzelnen Kaiser; für die Datierung von Inschriften der Kaiserzeit ein unverzichtbares Hilfsmittel.*

- **Arachne: Datenbank des Forschungsarchivs für Antike Plastik Köln und des Deutschen Archäologischen Instituts.** Web-Adresse: http://www.arachne.uni-koeln.de. *Objektdatenbank zur Klassischen Archäologie mit reichem Bildmaterial, frei im Internet verfügbar, Registrierung erforderlich.*

- **Richard J. A. Talbert: Barrington Atlas of the Greek and Roman World**, 3 Bände, Princeton 2000. *Großformatiger Atlas mit präzisen Karten des antiken Mittelmeerraumes; über Indices lassen sich alle bekannten antiken Orte lokalisieren.*

- **Elias J. Bickerman: Chronology of the Ancient World**, London 1968, 2. Auflage 1980. *Handbuch zu Fragen der antiken Datierung.*

15.3 Forschungsinstitutionen und Web-Adressen

- **Deutsches Archäologisches Institut (DAI).** Web-Adresse: www.dainst.de. *Zentrale Institution der deutschen Archäologien, zu der neben der Zentrale in Berlin zahlreiche Auslandsabteilungen gehören; dem DAI angegliedert sind auch die* Kommission für Alte Geschichte und Epigraphik *in München, deren Arbeitsgebiet die gesamte Alte Geschichte, besonders in Verbindung mit archäologischen Forschungen, umfasst, sowie die* Römisch-Germanische

Forschungsinstitutionen

Kommission *in Frankfurt a. M. mit dem Schwerpunkt Vor- und Frühgeschichte Europas.*

- **Denkmalämter.** Web-Adresse zur Übersicht: www.landesarchaeologen.de/. *In Deutschland wird die Denkmalpflege von den Ländern organisiert, einen Überblick über die zuständigen Adressen liefert der Verband der Landesarchäologen.*

Web-Adressen

- **Propylaeum – Virtuelle Fachbibliothek Altertumswissenschaften.** Web-Adresse: www.propylaeum.de. *Fachportal für die Fächer Ägyptologie, Alte Geschichte, Klassische Archäologie, Klassische Philologie und Ur- und Frühgeschichte.*

- **Perseus Project.** Web-Adresse: www.perseus.tufts.edu oder perseus.mpiwg-berlin.mpg.de. *Reiches Angebot an Material zu den antiken Kulturen, unter anderem zahlreiche lateinische und griechische Texte mit englischer Übersetzung.*

- **Kirke.** Web-Adresse: www.kirke.hu-berlin.de. *Katalog von Internetadressen für die Klassische Philologie, kooperiert eng mit Propylaeum.*

- **Sisyphos.** Web-Adresse: http://sisyphos.uni-hd.de. *Sammlung archäologischer und ägyptologischer Internetquellen.*

- **Geschichte der Antike. Ein multimedialer Grundkurs.** Web-Adresse: www.hist.unizh.ch/eag. *Online-Kurs der Universität Zürich mit Fragen zur Prüfungsvorbereitung.*

- **Antiquit@s.** Web-Adresse: http://elearning.unifr.ch/antiquitas. *Interaktive altertumswissenschaftliche Lernplattform; hier kann beispielsweise das Entziffern von Inschriften geübt werden.*

16 Anhang

16.1 Zitierte Literatur

Quellen

Aristophanes, Ritter Aristophanes: Komödien, nach der Übers. v. Ludwig Seeger hg. und eingel. v. Hans-Joachim Newiger, München 1990.

Arrian, Der Alexanderzug Arrian: Alexanderzug/Indische Geschichte, hg. und übers. v. Gerhard Wirth u. Oskar von Hinüber, München/Zürich 1985.

Augustus, Res Gestae Augustus: Meine Taten, nach dem Monumentum Ancyranum, Apolloniense und Antiochenum. Übers. v. Ekkehard Weber, München 1970, 6., überarb. Aufl. Darmstadt 1999.

Cicero, An Atticus Marcus Tullius Cicero: Atticus-Briefe, übers. v. Helmut Kasten, München 1959, 5. Aufl. 1998.

Cicero, An seine Freunde Marcus Tullius Cicero: An seine Freunde, übers. v. Helmut Kasten, München 1964, 6. Aufl. 2004.

Corpus Iuris Civilis Corpus iuris civilis: Text und Übersetzung; auf der Grundlage der v. Theodor Mommsen u. Paul Krüger besorgten Textausgaben hg. v. Okko Behrends, bislang 4 Bde., Heidelberg 1990–2005.

Degrassi Attilio Degrassi (Hg.): Inscriptiones latinae liberae Rei Publicae, Bd. 1 Florenz 1957, editio altera aucta et emendata Florenz 1965; Bd. 2 1963.

Der griechische Alexanderroman Leben und Taten Alexanders des Großen. Der griechische Alexanderroman nach der Handschrift L, hg. u. übers. v. Helmut van Thiel, Darmstadt 1974, 2., durchges. und erg. Aufl. 1983.

Euripides, Hiketiden Euripides: Ausgewählte Tragödien, übers. v. Ernst Buschor, hg. v. Bernhard Zimmermann, 2 Bde., Darmstadt 1996.

Eusebius, Leben Konstantins Eusebius: De vita Constantini/Über das Leben Konstantins, eingel. v. Bruno Bleckmann, übers. u. kommentiert v. Horst Schneider, Turnhout 2007.

Flavius Josephus, Der jüdische Krieg Flavius Josephus: Der jüdische Krieg, hg. u. eingel. sowie mit Anm. versehen v. Otto Michel u. Otto Bauernfeind, 3 Bde. Darmstadt 1959–69.

Gymnasiarchiegesetz aus Beroia Gauthier, Philippe/Hatzopoulos, Miltiades: La loi gymnasiarchique de Beroia, Athen 1993.

Hesiod, Werke und Tage/Theogonie Hesiod: Werke, übers. v. Luise u. Klaus Hallof, Berlin/Weimar 1994.

Historische Griechische Inschriften Kai Brodersen/Wolfgang Günther/Hatto H. Schmitt (Hg.): Historische Griechische Inschriften in Übersetzung, 3 Bde., Darmstadt 1992–99.

Homer, Ilias Homer: Ilias, übers. v. Wolfgang Schadewaldt, Frankfurt a. M. 1975, 9. Aufl. 1992.

Horaz, Carmen Saeculare Horaz: Sämtliche Werke. Teil I: Carmina; Oden und Epoden; nach Kayser, Nordenflycht und Burger hg. v. Hans Färber. Teil II: Sermones et Epistulae; übers. u. zus. mit Hans Färber bearb. v. Wilhelm Schöne, München 1957, 10. Aufl. 1985.

Laktanz, Über die Todesarten der Christenverfolger Laktanz: De mortuis persecutorum/Die Todesarten der Verfolger, übers. u. eingel. v. Alfons Städele, Turnhout 2003.

Lukian, Demonax Lucian: Works in eight volumes, transl. by Austin M. Harmon, London 1921–67.

Militärdiplom des Marcus Spedius Corbulo Übersetzung nach: Gerold Walser: Römische Inschriftkunst. Römische Inschriften für den Akademischen Unterricht und als Einführung in die lateinische Epigraphik, Stuttgart 1988, S. 234.

Ovid, Fasten Ovid: Fasti, übers. u. hg. v. Niklas Holzberg, München 1995.

Papyrus Londinensis 1912 Übersetzung nach: Klaus Bringmann: Geschichte der Juden im Altertum. Vom babylonischen Exil bis zur arabischen Eroberung, Stuttgart 2005, S. 231f.

Pindar, Erste Olympische Ode Pindar: Siegeslieder, hg. und übers. v. Dieter Bremer, München 1992.

Plinius, Briefe Gaius Plinius Caecilius Secundus: Briefe, übers. u. hg. von Helmut Kasten, München 1968, 7. Auflage München/Zürich 1995.

Polybios, Geschichte Polybios: Geschichte, Gesamtausgabe in zwei Bänden. Eingel. u. übertragen v. Hans Drexler, 2 Bde. Zürich 1961–63, 2. Aufl. 1978/79.

Prokop, Bauten Prokop: Werke, hg. u. übers. v. Otto Veh, 5 Bde., München 1961–77.

Pseudo-Herodian, Über sprachlichen Regelverstoß und Barbarismus Übersetzung nach: Thomas Schmitz: Bildung und Macht. Zur sozialen und politischen Funktion der zweiten Sophistik in der griechischen Welt der Kaiserzeit, München 1997, S. 87.

Sallust, Die Verschwörung des Catilina Gaius Sallustius Crispus: Werke, übers. v. Werner Eisenhut, München 1985, 2. Aufl. Zürich 1994.

Tacitus, Agricola Cornelius Tacitus: Agricola, hg., übers. u. erläutert v. Alfons Städele, Darmstadt 1991, 2., verb. Aufl. Düsseldorf 2001.

Vergil, Aeneis Vergil: Aeneis, hg. und übers. v. Maria u. Johannes Götte, Bamberg 1958, 8. Aufl. München 1994.

Forschungsliteratur

Alcock 1997 Susan E. Alcock (Hg.): The Early Roman Empire in the East, Oxford 1997.

Assmann 2002 Jan Assmann: Das kulturelle Gedächtnis. Schrift, Erinnerung und politische Identität in frühen Hochkulturen, München 1992, 4. Aufl. 2002.

Bagnall 1997 Roger S. Bagnall: The People of the Roman Fayum, in: Bierbrier 1997, S. 7–15.

Baltrusch 1989 Ernst Baltrusch: Regimen morum. Die Reglementierung des Privatlebens der Senatoren und Ritter in der römischen Republik und frühen Kaiserzeit, München 1989.

Bentz 1998 Martin Bentz: Panathenäische Preisamphoren. Eine athenische Vasengattung und ihre Funktion vom 6.–4. Jahrhundert v. Chr., Basel 1998.

Bichler 1983 Reinhold Bichler: ‚Hellenismus'. Geschichte und Problematik eines Epochenbegriffs, Darmstadt 1983.

Bierbrier 1997 Morris L. Bierbrier (Hg.): Portraits and Masks. Burial Customs in Roman Egypt, London 1997.

Binder 1971 Gerhard Binder: Aeneas und Augustus. Interpretationen zum 8. Buch der Aeneis, Meisenheim 1971.

Bleckmann 2002 Bruno Bleckmann: Die römische Nobilität im Ersten Punischen Krieg. Untersuchungen zur aristokratischen Konkurrenz in der römischen Republik, Berlin 2002.

ZITIERTE LITERATUR

Bleicken 1982   Jochen Bleicken: Zum Regierungsstil des römischen Kaisers. Eine Antwort auf Fergus Millar, Wiesbaden 1982.

Bleicken 1992   Jochen Bleicken: Constantin der Große und die Christen, München 1992.

Bleicken 1995   Jochen Bleicken: Die athenische Demokratie, Paderborn u. a. 1985, 4., völlig überarb. und wesentlich erw. Aufl. 1995.

Bleicken 1995   Jochen Bleicken: Die Verfassung der römischen Republik, Paderborn u. a. 1975, 7., völlig überarb. und erw. Aufl. 1995.

Bleicken 1998   Jochen Bleicken: Augustus. Eine Biographie, Berlin 1998.

Boedeker/Raaflaub 1998   Deborah Boedeker/Kurt Raaflaub (Hg.): Democracy, Empire, and the Arts in Fifth-Century Athens, Cambridge/Mass. 1998.

Borg 1996   Barbara Borg: Mumienporträts. Chronologie und kultureller Kontext, Mainz 1996.

Borg 1998   Barbara Borg: „Der zierlichste Anblick der Welt...". Ägyptische Porträtmumien, Mainz 1998.

Borg 2004   Barbara Borg (Hg.): Paideia. The World of the Second Sophistic, Berlin/New York 2004.

Boschung 1993   Dietrich Boschung: Die Bildnisse des Augustus, Berlin 1993.

Bowie 1970   Ewen L. Bowie: Greeks and Their Past in the Second Sophistic, Past & Present 46, 1970, S. 3–41.

Brandau/Schickert/Jablonka 2004   Birgit Brandau/Hartmut Schickert/Peter Jablonka: Troia. Wie es wirklich aussah, München/Zürich 2004.

Brandt 2006   Hartwin Brandt: Konstantin der Große. Der erste christliche Kaiser. Eine Biographie, München 2006.

Briant 1991   Pierre Briant: Alexander. Eroberer der Welt, Ravensburg 1991 [Alexandre le Grand, Paris 1974].

Bringmann 1995   Klaus Bringmann: Die Ehre des Königs und der Ruhm der Stadt. Bemerkungen zu königlichen Bau- und Feststiftungen, in: Wörrle/Zanker 1995, S. 93–102.

Bringmann 2005   Klaus Bringmann: Geschichte der Juden im Altertum. Vom babylonischen Exil bis zur arabischen Eroberung, Stuttgart 2005.

Bringmann/von Steuben 1995–2000   Klaus Bringmann/Klaus von Steuben (Hg.): Schenkungen hellenistischer Herrscher an griechische Städte und Heiligtümer, 2 Bde., Berlin 1995–2000.

Brown 1971   Peter Brown: The World of Late Antiquity. From Marcus Aurelius to Muhammad, London 1971.

Brown 1998   Peter Brown: Autorität und Heiligkeit. Aspekte der Christianisierung des Römischen Reiches, Stuttgart 1998 [Authority and the Sacred: Aspects of the Christianisation of the Roman World, Cambridge (UK) 1995].

Buchholz 1968–90   Hans-Günter Buchholz (Hg.): Archaeologia Homerica. Die Denkmäler und das frühgriechische Epos, Göttingen 1968–90.

Bundy 1962   Elroy L. Bundy: Studia Pindarica I + II, University of California Publications in Classical Philology 18, Berkeley 1962.

Cancik/Rüpke 1997   Hubert Cancik/Jörg Rüpke (Hg.): Römische Reichsreligion und Provinzialreligion, Tübingen 1997.

Champion 2004   Craige B. Champion (Hg.): Roman Imperialism. Readings and Sources, Oxford 2004.

Chaniotis 1995 Angelos Chaniotis: Sich selbst feiern? Städtische Feste des Hellenismus im Spannungsfeld von Religion und Politik, in: Wörrle/Zanker 1995, S. 147–172.

Christ 2004 Karl Christ: Pompeius. Der Feldherr Roms. Eine Biographie, München 2004.

Clauss 1999 Manfred Clauss: Kaiser und Gott. Herrscherkult im Römischen Reich, Stuttgart 1999.

Coarelli 2000 Filippo Coarelli: Rom. Ein archäologischer Führer, Freiburg 1975, erw. u. überarb. Neuaufl. Mainz 2000.

Colvin 2004 Stephen Colvin (Hg.): The Greco-Roman East. Politics, Culture, Society, Cambridge (UK) 2004.

Dahmen 2007 Karsten Dahmen: The Legend of Alexander the Great on Greek and Roman Coins, London/New York 2007.

Decker 1995 Wolfgang Decker: Sport in der griechischen Antike. Vom minoischen Wettkampf bis zu den Olympischen Spielen, München 1995.

Deichmann 1969 Friedrich Wilhelm Deichmann: Ravenna, Hauptstadt der spätantiken Abendlandes, Bd. 1, Wiesbaden 1969.

Demandt/Engemann 2007 Alexander Demandt/Josef Engemann (Hg.): Konstantin der Große, Mainz 2007.

Derda 2006 Tomasz Derda: ΑΡΣΙΝΟΙΤΗΣ ΝΟΜΟΣ. Administration of the Fayum under Roman Rule, Warschau 2006.

Digeser 2000 Elizabeth DePalma Digeser: The Making of a Christian Empire. Lactantius and Rome, Ithaca 2000.

Drexhage/Konen/Ruffing 2002 Hans-Joachim Drexhage/Heinrich Konen/Kai Ruffing: Die Wirtschaft des Römischen Reiches (1.–3. Jahrhundert). Eine Einführung, Berlin 2002.

Ebert 1998 Joachim Ebert: Zur neuen Bronzeplatte mit Siegerinschriften aus Olympia, in: Manfred Lämmer (Hg.), Agonistik in der römischen Kaiserzeit, St. Augustin 1998, S. 137–149.

Eck 2001 Werner Eck: Die Provinzen, in: Fischer 2001, S. 43–53.

Eckstein 2006 Arthur M. Eckstein: Mediterranean Anarchy, Interstate War, and the Rise of Rome, Berkeley u. a. 2006.

Edwards 2004 Anthony T. Edwards: Hesiod's Ascra, Berkeley u. a. 2004.

Erdkamp 2007 Paul Erdkamp: A Companion to the Roman Army, Malden 2007.

Errington 1972 Robert M. Errington: The Dawn of Empire. Rome's Rise to World Power, Ithaca 1972.

Eschbaumer 2001 Pia Eschbaumer: Terra Sigillata, in: Fischer 2001, S. 167–200.

Ferla 2005 Kleopatra Ferla (Hg.): Priene, Cambridge (Mass.)/London 2005.

Finley 1992 Moses Finley: Die Welt des Odysseus, Darmstadt 1968, 2. Aufl. Frankfurt a. M. 1992 [The World of Odysseus, New York 1954].

Fischer 2001 Thomas Fischer (Hg.): Die römischen Provinzen. Eine Einführung in ihre Archäologie, Stuttgart 2001.

Fittschen 1991 Klaus Fittschen: Pathossteigerung und Pathosdämpfung. Bemerkungen zu griechischen und römischen Porträts des 2. und 1. Jahrhunderts v. Chr., Archäologischer Anzeiger 1991, S. 253–270.

Flaig 2003 Egon Flaig: Ritualisierte Politik. Zeichen, Gesten und Herrschaft im Alten Rom, Göttingen 2003.

Frank 1914   Tenney Frank: Roman Imperialism, New York 1914.

Gagliardi/Packer 2006   Cristina M. Gagliardi/James E. Packer: A New Look at Pompey's Theater: History, Documentation, and Recent Excavation, American Journal of Archaeology 110, 2006, S. 93–122.

Gehrke 2007   Hans-Joachim Gehrke: Eine Bilanz: Die Entwicklung des Gymnasions zur Institution der Sozialisation in der Polis, in: Scholz/Kah 2007, S. 413–420.

Gelzer 2005   Matthias Gelzer: Pompeius. Lebensbild eines Römers, München 1949, Neudruck der Ausg. v. 1984 mit einem Forschungsüberblick von Elisabeth Hermann-Otto, Stuttgart 2005.

Gerber 1982   Douglas E. Gerber: Pindar's Olympian One. A Commentary, Toronto 1982.

Gilliver 2007   Kate Gilliver: The Augustan Reform and the Structure of the Imperial Army, in: Erdkamp 2007, S. 183–200.

Girardet 2006   Klaus Girardet: Die Konstantinische Wende. Voraussetzungen und geistige Grundlagen der Religionspolitik Konstantins des Großen, Darmstadt 2006.

Giuliani 1986   Luca Giuliani: Bildnis und Botschaft. Hermeneutische Untersuchungen zur Bildniskunst der römischen Republik, Frankfurt a. M. 1986.

Giuliani 2000   Luca Giuliani: Des Siegers Ansprache an das Volk. Zur politischen Brisanz der Frieserzählung am Konstantinsbogen, in: Christoff Neumeister/Wulf Raeck (Hg.), Rede und Redner. Bewertung und Darstellung in den antiken Kulturen, Möhnesee 2000, S. 269–287.

Goffart 1980   Walter Goffart: Barbarians and Romans, A.D. 418–584: the Techniques of Accommodations, Princeton 1980.

Goodman 1987   Martin Goodman: The Ruling Class of Judaea. The Origins of the Jewish Revolt against Rome A.D. 66–70, Cambridge (UK) 1987.

Goodman 2007   Martin Goodman: Judaism in the Roman World. Collected Essays, Leiden 2007.

Griffith 1983   Mark Griffith: Hesiod's Personality, Classical Antiquity 2, 1983, S. 37–65.

Gruen 1984   Erich S. Gruen: The Hellenistic World and the Coming of Rome, 2 Bde., Berkeley 1984.

Gruen 1990   Erich S. Gruen: Studies in Greek Culture and Roman Policy, Leiden 1990.

Habicht 1995   Christian Habicht: Athen. Die Geschichte der Stadt in hellenistischer Zeit, München 1995.

Hallof/Hallof 1994   Hesiod: Werke, übersetzt von Luise und Klaus Hallof [dt.], Berlin/Weimar 1994.

Harris 1979   William V. Harris: War and Imperialism in Republican Rome, 327–70 B.C., New York/Oxford 1979.

Harris 2004   William V. Harris: On War and Greed in the Second Century BC, in: Champion 2004, S. 17–30.

Heather 2007   Peter Heather: Der Untergang des Römischen Weltreichs, Stuttgart 2007 [The Fall of the Roman Empire, London 2005].

Heller 2007   Christoph Heller: Sic transit gloria mundi: Das Bild von Pompeius Magnus im Bürgerkrieg. Verzerrung – Stilisierung – historische Realität, St. Katharinen 2007.

Heucke 1994   Clemens Heucke: Circus und Hippodrom als politischer Raum. Untersuchungen zum großen Hippodrom von Konstantinopel und zu den entsprechenden Anlagen in spätantiken Kaiserresidenzen, Hildesheim u. a. 1994.

Hölkeskamp 1987   Karl-Joachim Hölkeskamp: Die Entstehung der Nobilität. Studien zur sozialen und politischen Geschichte der Römischen Republik im 4. Jh. v. Chr, Stuttgart 1987.

Hölkeskamp 2004   Karl-Joachim Hölkeskamp: Rekonstruktionen einer Republik. Die politische Kultur des antiken Rom und die Forschung der letzten Jahrzehnte, München 2004.

Holloway 1994   R. Ross Holloway: The Archaeology of Early Rome and Latium, London/New York 1994.

Hölscher 1987   Tonio Hölscher: Römische Bildsprache als semantisches System, Heidelberg 1987.

Hölscher 1998   Tonio Hölscher: Öffentliche Räume in frühen griechischen Städten, Heidelberg 1998.

Holt 2003   Frank Lee Holt: Alexander the Great and the Mystery of the Elephant Medaillons, Berkeley 2003.

Hoepfner 2005   Wolfram Hoepfner: Old and New Priene – Pythius and Aristotle, in: Ferla 2005, S. 29–47.

Hoyos 2007   Dexter Hoyos: The Age of Overseas Expansion (246–146 BC), in: Erdkamp 2007, S. 63–79.

Hutchinson 1998   Gregory Owen Hutchinson: Cicero's Correspondence. A Literary Study, Oxford 1998.

Jacques/Scheid 1998   François Jacques/John Scheid: Die Struktur des Reiches, Stuttgart 1998 (Rom und das Reich in der Hohen Kaiserzeit, Bd. 1) [Les structures de l'Empire romain, Paris 1990].

Jehne 2003   Martin Jehne: Integrationsrituale in der römischen Republik. Zur einbindenden Wirkung der Volksversammlungen, in: Karl-Joachim Hölkeskamp/Jörn Rüsen/Elke Stein-Hölkeskamp/Heinrich Theodor Grütter (Hg.): Sinn (in) der Antike. Orientierungssysteme, Leitbilder und Wertkonzepte im Altertum, Mainz 2003, S. 279–297.

Kienast 1999   Dietmar Kienast: Augustus. Prinzeps und Monarch, Darmstadt 1982, 3., durchges. u. erw. Aufl. 1999.

Kolb 1984   Frank Kolb: Die Stadt im Altertum, München 1984.

Kolb 2003   Frank Kolb: Ein neuer Troia-Mythos? Traum und Wirklichkeit auf dem Grabungshügel von Hisarlik, in: Hans-Joachim Behr/Gerd Biegel/Helmut Castritius (Hg.), Troia – ein Mythos in Geschichte und Rezeption. Tagungsband zum Symposion im Braunschweigischen Landesmuseum am 8. und 9. Juni 2001 im Rahmen der Ausstellung „Troia – Traum und Wirklichkeit", Braunschweig 2003, S. 8–39.

Korfmann 2006   Manfred Korfmann (Hg.): Troia. Archäologie eines Siedlungshügels und seiner Landschaft, Mainz 2006.

Kurke 1991   Leslie Kurke: The Traffic in Praise: Pindar and the Poetics of Social Economy, Ithaca/NY 1991.

Kyrieleis 2002   Helmut Kyrieleis (Hg.): Olympia 1875–2000. 125 Jahre deutsche Ausgrabungen, Mainz 2002.

Lane Fox 2004 [1973]   Robin Lane Fox: Alexander der Große. Eroberer der Welt, Stuttgart 2004 [Alexander the Great, London 1973].

Lang 1996   Franziska Lang: Archaische Siedlungen in Griechenland. Struktur und Entwicklung, Berlin 1996.

Latacz 2005   Joachim Latacz: Troia und Homer. Der Weg zur Lösung eines alten Rätsels, München 2001, 5., aktual. u. erw. Aufl. Leipzig 2005.

Le Bohec 1993   Yann Le Bohec: Die römische Armee. Von Augustus zu Konstantin dem Großen, Stuttgart 1993 [L'armée romaine sous le haut-empire, Paris 1989].

Lee 2001   H. M. Lee: The Program and Schedule of the Ancient Olympic Games, Hildesheim 2001.

Lepelley 2001 Claude Lepelley (Hg.): Die Regionen des Reiches, München 2001 (Rom und das Reich in der Hohen Kaiserzeit, Bd. 2) [Approches régionales du Haut-Empire romain, Paris 1998].

Lohmann 1993 Hans Lohmann: Atene. Forschungen zu Siedlungs- und Wirtschaftsstruktur des klassischen Attika. 2 Bde., Köln 1993.

Maas 2005 Michael Maas (Hg.): The Cambridge Companion to the Age of Justinian, Cambridge (UK) 2005.

Markschies 2006 Christoph Markschies: Das antike Christentum. Frömmigkeit, Lebensformen, Institutionen, München 2006.

Mazal 2001 Otto Mazal: Justinian und seine Zeit, Köln u. a. 2001.

Megow 2005 Wolf-Rüdiger Megow: Republikanische Bildnis-Typen, Frankfurt a. M. 2005.

Meier 1988 Christian Meier: Die politische Kunst der griechischen Tragödie, München 1988.

Meier 1997 Christian Meier: Res publica amissa. Eine Studie zu Verfassung und Geschichte der späten römischen Republik, Wiesbaden 1966, 3. Aufl. Frankfurt a. M. 1997.

Meier 2003 Mischa Meier: Das andere Zeitalter Justinians. Kontingenzerfahrung und Kontingenzbewältigung im 6. Jahrhundert n. Chr., Göttingen 2003.

Meier 2003a Mischa Meier: Die Inszenierung einer Katastrophe. Justinian und der Nika-Aufstand, in: Zeitschrift für Papyrologie und Epigraphik 142, 2003, S. 273–300.

Merkelbach 1977 Reinhold Merkelbach: Die Quellen des griechischen Alexanderromans, München 1954, 2., neu bearb. Aufl. 1977.

Mette-Dittmann 1991 Angelika Mette-Dittmann: Die Ehegesetze des Augustus. Eine Untersuchung im Rahmen der Gesellschaftspolitik des Princeps, Stuttgart 1991.

Millar 1984 Fergus Millar: The Political Character of the Classical Roman Republic, 200–151 B.C., in: Journal of Roman Studies 74, 1984, S. 1–19.

Millar 1992 Fergus Millar: The Emperor in the Roman World (31 BC – AD 337), Ithaca 1977, 2. Aufl. London 1992.

Millar 1998 Fergus Millar: The Crowd in Rome in the Late Republic, Ann Arbor 1998.

Millar 2002 Fergus Millar: Rome, the Greek World, and the East, hg. v. Hannah M. Cotton/Guy M. Rogers. Bd. 1: The Roman Republic and the Augustan Revolution, Chapel Hill/London 2002.

Millett 1984 Paul Millett: Hesiod and his World, in: Proceedings of the Cambridge Philological Society 210 (Neue Serie 30), 1984, S. 84–115.

Mommsen 1976 [1854–85] Theodor Mommsen: Römische Geschichte, Leipzig/Berlin 1854–85, vollst. Ausg. (Nachdruck der 9. Ausg. v. 1902–04) in acht Bänden, München 1976.

Morris/Powell 1997 Ian Morris/Barry Powell (Hg.): A New Companion to Homer, Leiden 1997.

Münkler 2005 Herfried Münkler: Imperien. Die Logik der Weltherrschaft – vom Alten Rom bis zu den Vereinigten Staaten, Berlin 2005.

Neils 2001 Jenifer Neils: The Parthenon Frieze, Cambridge 2001.

Nora 1984–92 Pierre Nora: Les lieux de mémoire, 3 Bde., Paris 1984–92.

O'Brien 1992 John Maxwell O'Brien: Alexander the Great: The Invisible Enemy, London 1992.

Overbeck 2000 Bernhard Overbeck: Das Silbermedaillon aus der Münzstätte Ticinum. Ein erstes numismatisches Zeugnis zum Christentum Constantins I., Mailand 2000.

Parlasca 1966 Klaus Parlasca: Mumienporträts und verwandte Denkmäler, Wiesbaden 1966.

Parry 1928   Milman Parry: L'epithète traditionelle dans Homère, Diss. Paris 1928 (in engl. Übers. erschienen in: ders. (Hg.), The Making of Homeric Verse, Oxford 1971).

Patzek 1992   Barbara Patzek: Homer und Mykene. Mündliche Dichtung und Geschichtsschreibung, München 1992.

Price 1984   Simon Price: Rituals and Power. The Roman Imperial Cult in Asia Minor, Cambridge (UK) 1984.

Putnam 1965   Michael C. J. Putnam: The Poetry of the Aeneid. Four Studies in Imaginative Unity and Design, Cambridge/Mass. 1965.

Rich 2004   John Rich: Fear, Greed, and Glory: The Causes of Roman War Making in the Middle Republic, in: Champion 2004, S. 46–67.

Roisman 2003   Joseph Roisman (Hg.): Brill's Companion to Alexander the Great, Leiden 2003.

Rosenstein/Morstein-Marx 2006   Nathan Rosenstein/Robert Morstein-Marx (Hg.): A Companion to the Roman Republic, Oxford 2006.

Rummel 2007   Philipp von Rummel: Habitus barbarus. Kleidung und Repräsentation spätantiker Eliten im 4. und 5. Jahrhundert, Berlin 2007.

Rüpke 1990   Jörg Rüpke: Domi militiae. Die religiöse Konstruktion des Krieges in Rom, Stuttgart 1990.

Schäfer 1989   Thomas Schäfer: Imperii Insignia – sella curulis und fasces. Zur Repräsentation römischer Magistrate, Mainz 1989.

Schmal 2001   Stephan Schmal: Sallust, Darmstadt 2001.

Schmitz 1997   Thomas Schmitz: Bildung und Macht. Zur sozialen und politischen Funktion der zweiten Sophistik in der griechischen Welt der Kaiserzeit, München 1997.

Schmitz 2004   Winfried Schmitz: Nachbarschaft und Dorfgemeinschaft im archaischen und klassischen Griechenland, Berlin 2004.

Schmitz 2004a   Winfried Schmitz: Griechische und nahöstliche Spruchweisheit. Die *Erga kai hemerai* Hesiods und nahöstliche Weisheitsliteratur, in: Robert Rollinger/Christoph Ulf (Hg.), Griechische Archaik. Innere Entwicklungen – externe Impulse, Innsbruck 2004, S. 311–333.

Schmitzer 2001   Ulrich Schmitzer: Ovid, Darmstadt 2001.

Schneider/Höcker 1990   Lambert Schneider/Christoph Höcker: Die Akropolis von Athen. Antikes Heiligtum und modernes Reiseziel, Köln 1990.

Scholz/Kah 2007   Peter Scholz/Daniel Kah (Hg.): Das hellenistische Gymnasion, Berlin 2004, 2. Aufl. 2007.

Seybold/von Ungern-Sternberg 1993   Klaus Seybold/Jürgen von Ungern-Sternberg: Amos und Hesiod. Aspekte eines Vergleichs, in: Kurt Raaflaub (Hg.): Anfänge politischen Denkens in der Antike. Die nahöstlichen Kulturen und die Griechen, München 1993, S. 215–239.

Sinn 2004   Ulrich Sinn: Das antike Olympia. Götter, Spiel und Kunst, München 2004.

Southern 2006   Pat Southern: Pompeius, Essen 2006 [Pompey the Great, Stroud 2002].

Stahl 1998   Hans-Peter Stahl (Hg.): Vergil's *Aeneid*. Augustan Epic and Political Context, London 1998.

Stewart 2003   Andrew Stewart: Alexander in Greek and Roman Art, in: Roisman 2003, S. 31–66.

Suerbaum 1999   Werner Suerbaum: Vergils „Aeneis". Epos zwischen Geschichte und Gegenwart, Stuttgart 1999.

Tarn 1948   William W. Tarn: Alexander the Great, Cambridge (UK) 1948.

ZITIERTE LITERATUR

Trampedach 2005 — Kai Trampedach: Kaiserwechsel und Krönungsritual im Konstantinopel des 5. bis 6. Jahrhunderts, in: Marion Steinicke/Stefan Weinfurter (Hg.), Investitur- und Krönungsrituale, Köln u. a. 2005, S. 275–290.

Troia-Katalog 2001 — Troia – Traum und Wirklichkeit. Begleitband zur Ausstellung, Darmstadt 2001.

Ulf 2003 — Christoph Ulf (Hg.): Der neue Streit um Troia. Eine Bilanz, München 2003.

Walbank 1990 — Frank W. Walbank: Polybius, Berkeley 1972, 2. Aufl. 1990.

Walter 2004 — Uwe Walter: Memoria und res publica. Zur Geschichtskultur im republikanischen Rom, Frankfurt a. M. 2004.

Ward-Perkins 2007 — Bryan Ward-Perkins: Der Untergang des Römischen Reiches und das Ende der Zivilisation, Stuttgart 2007 [The Fall of Rome and the End of Civilization, Oxford 2005].

Weber 2006 — Gregor Weber: Neue Kämpfe um Troia. Genese, Entwicklung und Hintergründe einer Kontroverse, Klio 88, 2006, S. 7–33.

Weber 2007 — Gregor Weber (Hg.): Kulturgeschichte des Hellenismus. Von Alexander dem Großen bis Kleopatra, Stuttgart 2007.

Welwei 1999 — Karl-Wilhelm Welwei: Das klassische Athen. Demokratie und Machtpolitik im 5. und 4. Jahrhundert, Darmstadt 1999.

Wenskus 1961 — Reinhard Wenskus: Stammesbildung und Verfassung. Das Werden der frühmittelalterlichen gentes, Köln u. a. 1961.

West 1978 — Hesiod: Works and Days, edited with prolegomena and commentary by Martin L. West [gr. mit engl. Kommentar], Oxford 1978.

West 1997 — Martin L. West: The East Face of Helicon. West Asiatic Elements in Greek Poetry and Myth, Oxford 1997.

Wiemer 2005 — Hans-Ulrich Wiemer: Alexander der Große, München 2005.

Wiemer 2007 — Hans-Ulrich Wiemer: Alexander – der letzte Achaimenide? Eroberungspolitik, lokale Eliten und altorientalische Traditionen im Jahr 323, Historische Zeitschrift 284, 2007, S. 281–309.

Wilker 2007 — Julia Wilker: Für Rom und Jerusalem. Die herodianische Dynastie im 1. Jahrhundert n. Chr., Frankfurt a. M. 2007.

Winterling 2003 — Aloys Winterling: Caligula. Eine Biographie, München 2003.

Woolf 1994 — Greg Woolf: Becoming Roman, Staying Greek: Culture, Identity and the Civilizing Process in the Roman East, Proceedings of the Cambridge Philological Society 40, 1994, S. 116–143.

Wörrle 1995 — Michael Wörrle: Vom tugendsamen Jüngling zum ‚gestreßten' Euergeten. Überlegungen zum Bürgerbild hellenistischer Ehrendekrete, in: Wörrle/Zanker 1995, S. 241–250.

Wörrle/Zanker 1995 — Michael Wörrle/Paul Zanker (Hg.): Stadtbild und Bürgerbild im Hellenismus, München 1995.

Zanker 1997 — Paul Zanker: Augustus und die Macht der Bilder, München 1987, 3. Aufl. 1997.

Zimmermann 2006 — Bernhard Zimmermann: Die griechische Komödie, Frankfurt a. M. 2006.

16.2 Abbildungsverzeichnis

Abbildung 1: Versmaß Hexameter.

Abbildung 2: Hypothetische Ausdehnung und Befestigungsanlagen von Troia VI, aus: Joachim Latacz, Troia und Homer, Koehler & Amelang Verlag, Leipzig 2005, S. 53.

Abbildung 3: Siedlung Zagora auf Andros, Rekonstruktion des Raumes H19 (Pithoi mit Vorräten, präsentiert auf Podesten an den Wänden des repräsentativsten Raumes des zusammenhängenden Komplexes H 19-21-22-28). Wolfram Hoepfner, Berlin.

Abbildung 4: Die griechische Kolonisation (750–550 v. Chr.), aus: Werner Dahlheim, Die Antike: Griechenland und Rom von den Anfängen bis zur Expansion des Islam, Ferdinand Schöningh, Paderborn u. a. 2002, S. 68.

Abbildung 5: Stadtplan von Selinunt (Sizilien; Anlage der Stadt). Zeichnung von Dieter Mertens, Rom, aus: Adolf H. Borbein/Tonio Hölscher/Paul Zanker, Klassische Archäologie. Eine Einführung, Reimer Verlag, Berlin 2000, S. 236.

Abbildung 6: Olympia: Plan des Heiligtums, aus: DER NEUE PAULY. Enzyklopädie der Antike. Bd. 8: Mer–Op. Herausgegeben von Hubert Cancik und Helmuth Schneider, Sp. 1173–1174, J.B. Metzlersche Verlagsbuchhandlung und Carl Ernst Poeschel Verlag GmbH in Stuttgart 2000.

Abbildung 7: Olympische Disziplinen, nach: Wolfgang Decker, Sport in der griechischen Antike. Vom minoischen Wettkampf bis zu den Olympischen Spielen, München 1995, S. 45.

Abbildung 8: Panathenäische Preisamphore: Läufer (ca. 530–20 v. Chr.), aus: Martin Bentz, Panathenäische Preisamphoren: Eine athenische Vasengattung und ihre Funktion vom 6.–4. Jahrhundert v. Chr., Vereinigung d. Freunde antiker Kunst, Basel 1998, Taf. 13 Nr. 6.050.

Abbildung 9: Panathenäische Preisamphore: Siegerehrung (340/39 v. Chr.). Musée du Louvre, Paris.

Abbildung 10: Schwarzfigurige Pelike: „Rededuell" zwischen Odysseus und Aias (ca. 500 v. Chr.). Piazza Museo, Napoli, Inv. 81083.

Abbildung 11: Ostrakon gegen Kimon, Kerameikos Inv. O 6874. Deutsches Archäologisches Institut Athen, Kerameikosgrabung.

Abbildung 12: Parthenonfries (447–432 v. Chr.), Ostfries, Ausschnitt: Poseidon, Apollon, Artemis. akg-images/Erich Lessing.

Abbildung 13: Die Feldzüge Alexanders des Großen, aus: Klaus Bringmann, Römische Geschichte, C. H. Beck Wissen Bd. 2012, Verlag C. H. Beck, München 2006. Die Karte wurde gezeichnet von Peter Scholz, Frankfurt a. M.

Abbildung 14: Silbermünze Alexanders des Großen (Silver decadrachm of Alexander the Great), Nr. 00031104001. The Trustees of the British Museum.

Abbildung 15: Tetradrachme des Lysimachos (Silver tetradrachm of Lysimachus), Nr. 00031026001. The Trustees of the British Museum.

Abbildung 16: Tetradrachme des Agathokles von Baktrien (Silver tetradrachm of Agathokles of Baktria). Fotoarchiv LHS Numismatik Zürich, aus den Auktionen Numismatic Fine Arts 25, 29.November 1990, 225 und Leu 18, 5.Mai 1977, 265.

Abbildung 17: Mantelstatue aus Rhodos. Deutsches Archäologisches Institut Athen, Neg.Nr.: D – DAI – ATH – 1971/1436, Foto Gösta Hellner.

Abbildung 18: Priene: Stadtplan. Roy Georges.

ABBILDUNGSVERZEICHNIS

Abbildung 19: Priene: Plan der Agora, aus: Kleopatra Ferla (ed.), Priene, Cambridge University Press, Cambridge 2005, Foundation of the Hellenic World, Athens-Greece.

Abbildung 20: Die Verfassung der römischen Republik („Senatus populusque Romanus"), aus: Hermann Kinder/Werner Hilgemann/Manfred Hergt, dtv-Atlas Weltgeschichte Bd. 2, Grafische Gestaltung der Abbildungen: Harald und Ruth Bukor. Deutscher Taschenbuch Verlag, München 1964.

Abbildung 21: 16644 Togastatue eines Mannes mit Ahnenbüsten und nicht zugehörigem Kopf, sogenannter Brutus Barberini (B. Malter Mal475). Forschungsarchiv für Antike Plastik, Köln.

Abbildung 22: 13139 Grabaltar des Ser. Sulpicius Galba, aus: Thomas Schäfer, Imperii Insignia. Sella curulis und Fasces (1989). Forschungsarchiv für Antike Plastik, Köln.

Abbildung 23: Die römische Expansion im Mittelmeerraum bis 146 v. Chr., aus: Ingomar Weiler (Hg.), Grundzüge der politischen Geschichte des Altertums. Böhlau Verlag, Wien/Köln 1990, S. 118.

Abbildung 24: Goldstater mit Porträt des Titus Quinctius Flamininus (Gold stater in the name of Titus Quinctius Flamininus), Nr. 00031034001. The Trustees of the British Museum.

Abbildung 25: Monument des Lucius Aemilius Paullus in Delphi, aus: Tonio Hölscher, Römische Bildsprache als semantisches System, Carl Winter Universitätsverlag, Heidelberg 1987.

Abbildung 26: 8670 Portraitkopf des Pompeius Magnus – G. Fittschen-Badura Fitt72-25-11. Forschungsarchiv für Antike Plastik, Köln.

Abbildung 27: Luftbild des Pompeiustheaters (aerial view of the Theatre of Pompeii). American Academy in Rome, Photographic Archive.

Abbildung 28: Rom, Marsfeld: Theater und Porticus des Pompeius [I3], 61–55 v. Chr. (rekonstruierter Grundriss), aus: DER NEUE PAULY. Enzyklopädie der Antike. Bd. 12/1: Tam-Vel. Herausgegeben von Hubert Cancik und Helmuth Schneider. Sp. 275–276. J. B. Metzlersche Verlagsbuchhandlung und Carl Ernst Poeschel Verlag GmbH in Stuttgart 2002.

Abbildung 29: 19620 Panzerstatue des Augustus von Prima Porta (FA-Scan FA-S4984-01). Forschungsarchiv für Antike Plastik, Köln.

Abbildung 30: Panzerstatue des Augustus von Prima Porta (FA-S4985-02_19620,33) [Kopf]. Forschungsarchiv für Antike Plastik, Köln.

Abbildung 31: Osteinfriedung der Ara Pacis – 0003788601, Szene 1: Ara Pacis, Ost, ‚Tellus'-Relief – B.Malter Mal2271-0. Forschungsarchiv für Antike Plastik, Köln.

Abbildung 32: Das Römische Reich im 2. Jahrhundert n. Chr., aus: Jochen Bleicken, Verfassungs- und Sozialgeschichte des Römischen Kaiserreiches, Bd. I, Ferdinand Schöningh, Paderborn u. a. 1995.

Abbildung 33: Militärdiplom des Marcus Spedius Corbulo. Dyptichon aeneum ignoto oreintis loco rep. Römisch-Germanisches Zentralmuseum, Bildarchiv, Mainz.

Abbildung 34: Amphore des Typus Dressel 20. E. Rodíguez-Almeida, Il Monte Testaccio: ambiente, storia, materiali, Rom 1984, S. 176 fig. 71.

Abbildung 35: Mumienportrait H 2197. Martin von Wagner Museum der Universität Würzburg. Foto Karl Öhrlein.

Abbildung 36: Mumienporträt. Staatliche Antikensammlung und Glyptothek, München, Inv. 15013.

Abbildung 37: Silbermedaillon Konstantins, Münzstätte Ticinum, 315 n. Chr., Durchmesser 25 mm, Gewicht 6,40 g, Stempelstellung 6. Staatliche Münzsammlung München.

Abbildung 38: Rom, Konstantinsbogen-Arco di Costantino (315 n. Chr. geweiht nach dem Sieg Konstantins über Maxentius an der Milvischen Brücke), Gesamtansicht der Nordseite. Foto undatiert. akg-images/Pirozzi.

Abbildung 39: Rom, Konstantinsbogen, Medaillon, Opfer an Apollo. Faraglia, Neg. D DAI – Rom 1 1932.0054.

Abbildung 40: Diptych Barberini (ca. 532 n. Chr.).

Abbildung 41: Das Reich Justinians, aus: Mischa Meier, Justinian. Herrschaft, Reich und Religion. C. H. Beck Wissen Bd. 2332, Verlag C. H. Beck oHG, München 2004. cartomedia, Angelika Solibieda, Karlsruhe.

Abbildung 42: Justinian I. mit seinem Gefolge, Mosaikbild aus St. Vitale in Ravenna, 6. Jahrhundert.

Abbildung 43: Zeittafel. Zeichnung: Ines Blümel. Grafik-Design. Layout. Illustration, Berlin.

(Der Verlag hat sich um die Einholung der Abbildungsrechte bemüht. Da in einigen Fällen die Inhaber der Rechte nicht zu ermitteln waren, werden rechtmäßige Ansprüche nach Geltendmachung abgegolten.)

16.3 Verzeichnis antiker Personen, Heroen und Götter

Achämeniden (persische Königsdynastie) 71
Achilleus (Held des troianischen Sagenkreises) 10, 13, 17–19, 52, 73, 147
Aelius Aristeides (Redner) 169, 181
Aeneas (Held des troianischen Sagenkreises) 97, 146f.
Agamemnon (Held des troianischen Sagenkreises) 10, 17, 19, 170
Agathokles (König in Baktrien) 78
Aias (Held des troianischen Sagenkreises) 51f.
Aischylos (griechischer Tragiker) 61, 64f.
Alexander der Große 67–80, 82f., 90, 94, 124, 128
Ammon (ägyptischer Gott) 68, 77
Anastasios (römischer Kaiser) 207
Antigoniden (hellenistische Herrscherdynastie) 71
Antiochos III. (seleukidischer König) 113
Antonius, Marcus (römischer Politiker) 139, 173, 177
Aristophanes (griechischer Komödienschreiber) 61, 63f.
Arius (christlicher Lehrer) 194, 201
Arrian (Alexanderbiograf) 72–74, 79
Artemis (griechische Göttin) 61, 192
Athena (griechische Göttin) 17, 46, 59f., 77, 87
Attalos III. (König von Pergamon) 114
Atticus, Titus Pomponius (Freund Ciceros) 132, 134
Attila (König der Hunnen) 199
Augustus (römischer Kaiser) 137–150, 157, 173, 177

Bakchylides (griechischer Dichter) 43

Caesar, Gaius Iulius (römischer Politiker) 127, 131, 134, 139, 146, 148, 173
Caligula (römischer Kaiser) 142
Caracalla (römischer Kaiser) 161
Chlodwig (König der Franken) 201
Cicero, Marcus Tullius (römischer Politiker und Philosoph) 132–136
Cincinnatus, Lucius Quinctius (römischer Dictator) 98
Claudius (römischer Kaiser) 174f.
Clodius, Publius (römischer Politiker) 134
Constantius Chlorus (römischer Kaiser) 187
Crassus, Marcus Licinius (römischer Politiker) 127, 134, 138
Curtius Rufus (Alexanderbiograf) 72f.

Dareios III. (persischer König) 70, 74
David (jüdischer König) 172f.
Diana s. Artemis
Diocletian (römischer Kaiser) 186f.
Diodor (griechischer Geschichtsschreiber) 72, 128
Diomedes (Held des troianischen Sagenkreises) 18
Dion von Prusa (griechischer Redner) 169
Dionysios von Halikarnassos (griechischer Geschichtsschreiber) 97

Elpinike (Halbschwester Kimons) 56f.
Euripides (griechischer Tragiker) 61f.
Eusebius (griechischer Kirchenhistoriker) 188, 194

Flamininus, Titus Quinctius (römischer Politiker) 111, 114, 119f.
Flavius Josephus (jüdischer Geschichtsschreiber) 175f.

Glaukos (Held des troianischen Sagenkreises) 18
Gracchus, Gaius Sempronius (römischer Politiker) 125
Gracchus, Tiberius Sempronius (römischer Politiker) 125

Hadrian (römischer Kaiser) 155, 178, 192, 204
Hasmonäer (jüdische Königsdynastie) 172
Hektor (Held des troianischen Sagenkreises) 10, 16, 19
Hera (griechische Göttin) 38, 41
Herakles/Hercules (Heros und Gottheit) 78, 192
Herodes (König der Juden) 173, 175
Hesiod (griechischer Dichter) 23f., 27–36
Hieron (Tyrann von Syrakus) 43–45
Homer (griechischer Dichter; Existenz umstritten) 9–22, 24f., 29f., 33–35, 69, 73, 93, 107, 146, 148
Horaz (römischer Dichter) 144f.

Iupiter s. Zeus

Jesus von Nazareth 185
Johannes der Kappadoker (Finanzexperte Justinians) 206f.
Johannes Malalas (spätantiker Geschichtsschreiber) 207

Justin (römischer Kaiser) 206
Justinian (römischer Kaiser) 197f., 202–211

Kallisthenes (Alexanderbiograf) 72
Kimon (athenischer Politiker) 56f.
Kleisthenes (athenischer Politiker) 53
Kleon (athenischer Politiker) 63
Kleopatra (ägyptische Königin) 139, 177
Konstantin (römischer Kaiser) 183–185, 187–196, 199, 205, 210
Konstantinos VII. Porphyrogennetos (byzantinischer Kaiser) 205
Kyros I. (König der Perser) 172

Laktanz (Kirchenvater) 187f., 196
Licinius (römischer Kaiser) 187, 189f.
Livius (römischer Geschichtsschreiber) 97f.
Lukian (griechischer Schriftsteller) 170
Lysimachos (hellenistischer König) 77f.

Maecenas (Freund des Augustus) 145
Maxentius (römischer Kaiser) 184, 187–193
Maximianus (Erzbischof von Ravenna) 210
Megakles (athenischer Politiker) 56
Mithridates VI. Eupator (König von Pontos) 125, 133, 172
Mohammed 203

Nizami (persischer Dichter) 75

Octavianus s. Augustus
Odysseus (Held des troianischen Sagenkreises) 19, 51f.
Olympias (Mutter Alexanders des Großen) 74
Ovid (römischer Dichter) 145, 147–149

Paullus, Lucius Aemilius (römischer Politiker) 113, 120
Paulus (Apostel) 168
Pausanias (Reiseschriftsteller) 41, 59, 171
Pelops (griechischer Heros) 38, 40, 45
Penelope (Frau des Odysseus) 19
Perses (Bruder Hesiods) 23f., 29f., 32–34
Perseus (makedonischer König) 25
Phäaken (Volk bei Homer) 25
Philipp II. (makedonischer König) 69, 72, 78
Philipp V. (makedonischer König) 111, 113
Pindar (griechischer Dichter) 42–45, 48

Platon (griechischer Philosoph) 26
Plinius der Jüngere (römischer Politiker und Schriftsteller) 164, 186
Plutarch (griechischer Biograf) 72
Polybios (griechischer Geschichtsschreiber) 105, 110, 113f., 116
Pompeius, Gnaeus (römischer Politiker) 123–136, 158, 172
Poros (indischer König) 76f., 79
Poseidon (griechischer Gott) 45, 60f.
Priamos (König von Troia) 10, 13
Prokop (spätantiker Geschichtsschreiber) 207–209
Ptolemäer (hellenistische Herrscherdynastie) 71, 73f., 177, 179

Remus (Bruder des Romulus) 97, 148, 184
Romulus (mythologischer Gründer Roms) 97, 140, 148, 184
Romulus Augustulus (letzter römischer Kaiser) 200

Sallust (römischer Geschichtsschreiber) 117f.
Salomo (jüdischer König) 172f.
Seleukiden (hellenistische Herrscherdynastie) 71, 82, 110, 113, 172
Septimius Severus (römischer Kaiser) 155
Sokrates (griechischer Philosoph) 56, 63
Sophokles (griechischer Tragiker) 61f.
Sulla, Lucius Cornelius (römischer Politiker) 125–128, 130

Tacitus (römischer Geschichtsschreiber) 162
Theoderich (König der Ostgoten) 201
Theodora (Frau Justinians) 204, 207, 209
Theodosius (römischer Kaiser) 40, 180
Theseus (athenischer Heros) 62
Tiberius (römischer Kaiser) 142, 178
Tribonianus (spätantiker Jurist) 204, 207
Turnus (Held der römischen Mythologie) 147

Venus (römische Göttin) 130
Vergil (römischer Dichter) 145–148
Vespasian (römischer Kaiser) 175

Zeus (griechischer Gott) 38–41, 60, 76–78, 81, 188

16.4 Verzeichnis der Orte und Völker

Achaia, Achaier (Landschaft in Griechenland) 83, 113f.
Actium (Schlacht 31 v. Chr.) 139
Adrianopel (Schlacht 378 n. Chr.) 199
Ägina (Insel bei Athen) 27
Ägypten, Ägypter 33, 58, 70f., 74, 139, 160, 168, 176–181, 185, 203f.
Aitolien, Aitoler (Landschaft in Griechenland) 83
Alamannen 158
Alexandria (Stadt in Ägypten) 74, 172, 174
Askra (Stadt in Boiotien) 24, 27, 32
Assyrer 172
Athen, Athener 43, 46, 51–65, 69, 92, 96, 106, 162

Babylon 77, 172
Baktrien, Baktrer (Landschaft im heutigen Afghanistan) 78
Beroia (Stadt in Makedonien) 91, 93
Bithynien (Landschaft in Kleinasien) 186
Boiotien, Boioter (Landschaft in Griechenland) 24, 32

Chaironeia (Schlacht 338 v. Chr.) 69
Chalkedon (Konzil 451 n. Chr.) 204

Donau 155, 158f., 199

Eboracum (York) 187
Elis (Stadt auf der Peloponnes) 40
Ephesos (Stadt in Kleinasien) 92
Etrurien, Etrusker 97, 139, 169

Franken 201

Gallien, Gallier 159f., 198f.
Gaugamela (Schlacht 331 v. Chr.) 70
Germanen 198–201, 203, 210
Goten 199, 201, 203

Hunnen 203

Ilion/Ilium s. Troia
Indien, Inder 68, 70, 72
Issos (Schlacht 333 v. Chr.) 70
Ithaka (Heimat des Odysseus) 11

Jerusalem 168, 172f., 175f.
Juden 168, 172–176, 181f., 185, 203

Karthago, Karthager 74, 110f., 114f., 118, 169
Kilikien (Landschaft in Kleinasien) 126, 168
Konstantinopel 204–208
Kyme (Stadt in Kleinasien) 32

Makedonien, Makedonen 42, 68–72, 76, 78, 91, 110f., 113f., 120, 177
Masada (Festung in Palästina) 176
Messina (Stadt in Sizilien) 111
Milet (Stadt in Kleinasien) 82, 84f.
Mykene, mykenische Zeit 14, 19, 22, 25

Nil 177
Nizäa (Stadt in Kleinasien) 194, 201

Oase Fayum 177
Oase Siwa 68, 77
Olympia, Olympische Spiele 37–46, 49f., 92, 102, 173

Peloponnes 39, 58
Pergamon (Stadt in Kleinasien) 84, 113f.
Persien, Perser 58–60, 68–71, 74f., 172
Priene (Stadt in Kleinasien) 85, 87–94
Punier s. Karthager

Ravenna 209f.
Reims 201
Rhein 155, 158–160, 199
Rhodos 86, 113
Rhone 158

Salamis (Stadt auf Zypern) 20
Sizilien 26, 44, 58, 74, 111, 125
Sparta 27, 53, 58
Syrakus (Stadt in Sizilien) 43, 45

Tarsos (Stadt in Kleinasien) 168
Theben (Stadt in Griechenland) 69
Ticinum (Pavia) 183f.
Tomis (Stadt am Schwarzen Meer) 148
Troia, Troianer 10f., 13–19, 22, 25, 52, 60, 97, 146

Vandalen 199–201, 203

Xanthos (Stadt in Kleinasien) 81f.

Zagora (Siedlung auf Andros) 20f.
Zypern 20, 58

16.5 Glossar: Sachen und Begriffe

Ädil Römischer Magistrat; seine Aufgabe bestand in der Überwachung der Märkte und Straßen und in der Organisation der Spiele. → KAPITEL 7.2

Agon [griech. „Wettkampf, Wettstreit"]. → KAPITEL 3

Agora Öffentlicher Platz einer griechischen Polis, gleichermaßen für politische Versammlungen, Märkte und Repräsentationszwecke genutzt. → KAPITEL 2.1, 4.1, 6.2

Akropolis [griech. „Hohe Stadt"]. Befestigter Hügel innerhalb einer Polis. → KAPITEL 4.2, 6.2

Annuität Prinzip der politischen Ordnung Roms: Ein Amt soll nicht länger als ein Jahr bekleidet werden, zwischen zwei Ämtern oder der Bekleidung desselben Amtes soll ein mehrjähriger Zeitraum verstreichen. → KAPITEL 7.2

Aöde [griech. = „Sänger"]. Fahrende Vorträger epischer Gesänge. → KAPITEL 1.1

Archon (Plural Archonten) Im antiken Griechenland Bezeichnung für hohe Amtsträger. In Athen amtierten jährlich neun Archonten für verschiedene Aufgabenbereiche; das Amt verlor an Bedeutung, als 487 die Auslosung der Archonten das Wahlverfahren ersetzte. Der oberste Archon gab dem Jahr seinen Namen. → KAPITEL 4

Arianer Christliche Gruppierung, benannt nach Arius, der in seiner Lehre die menschliche Natur Christi betonte. → KAPITEL 13.3, 14.1

Buleuterion Rathaus einer griechischen Polis. → KAPITEL 6.2

Cursus honorum Karriereleiter römischer Senatoren. → KAPITEL 7.2

Diadochen [griech. „Nachfolger"]. Bezeichnung für die Generäle Alexanders des Großen, die nach dessen Tod um die Nachfolge kämpften. → KAPITEL 5.1

Dictator Römischer Sondermagistrat, der in militärischen Notlagen mit der Kriegführung beauftragt wurde und umfassende Vollmachten erhielt; seine Amtszeit war auf sechs Monate begrenzt. → KAPITEL 7

Ekklesiasterion Gebäude für Volksversammlungen. → KAPITEL 6.2

Enkaustik Maltechnik, bei der in Wachs gelöste Pigmente mit dem Malgrund verbunden wurden. → KAPITEL 12.3

Epinikion Von professionellem Dichter verfasstes Siegeslied anlässlich eines Wettkampferfolges. → KAPITEL 3.2

Euergetismus [griech. „Wohltätigkeit"]. System, in dem die Elite ihre Großzügigkeit durch Leistungen für die Gemeinschaft unter Beweis stellt und damit ihren Führungsanspruch legitimiert. → KAPITEL 6

Fasces s. Liktor

Gymnasion Institution der griechischen Polis. Ursprünglich eine Stätte des sportlichen Trainings, übernahm es auch Funktionen für Bildung und militärische Ausbildung der Bürger. → KAPITEL 6.3

Gymnasiarch Vorsteher des Gymnasion.

Häresie, Häretiker Bezeichnung der christlichen Großkirche für Irrlehren und deren Anhänger. → KAPITEL 14.2

Ikonographie Wissenschaft von der Bestimmung und Deutung von Motiven in der Bildkunst.

Imperator Ehrentitel, der einem siegreichen Feldherrn von seinen Soldaten verliehen wurde; in der Kaiserzeit Teil der kaiserlichen Titulatur.

GLOSSAR: SACHEN UND BEGRIFFE

Klientelverhältnis Soziale Bindung zwischen einem sozial Höherrangigen (*patronus*) und einem sozial Niederrangigen (*cliens*) in Rom. → KAPITEL 7.3

Kollegialität Prinzip der politischen Ordnung Roms. Jeder Magistrat sollte einen oder mehrere gleichrangige Kollegen haben, damit die Macht des Einzelnen eingeschränkt wird. → KAPITEL 7.2

Konsul Höchster Magistrat der römischen Republik.

Legion Einheit der römischen Armee mit ca. 5 000 Fußsoldaten; die Legion untergliederte sich in zehn Kohorten bzw. 60 (Republik) oder 59 (Kaiserzeit) Zenturien. → KAPITEL 8.2, 11.1

Liktor Amtsdiener der Magistraten; Liktoren trugen Fasces (Rutenbündel mit Beil), welche die Amtsgewalt des Magistraten symbolisierten. → KAPITEL 7.2

Metöken Ansässige Freie ohne Bürgerrecht in Athen → KAPITEL 4.1

Metope Glatte oder mit Relief geschmückte Steinplatte im Fries eines dorischen Tempels. → KAPITEL 4.2

Miaphysiten oder Monophysiten Christliche Gruppierung, nach deren Lehre die göttliche und menschliche Natur Christi untrennbar verschmolzen seien. → KAPITEL 14.2

Nekropole Grabbezirk außerhalb der Stadt. → KAPITEL 2.1, 6.2

Nimbus Betonung der Macht oder Heiligkeit einer dargestellten Person durch die Hinzufügung einer Scheibe hinter dem Kopf (Heiligenschein). → KAPITEL 14.2

Nobilität Seit den Ständekämpfen die Gruppe der führenden Familien Roms. → KAPITEL 7.2

Oikos [griech. „Haus, Haushalt"]. Schließt neben dem Hausherrn und seiner Familie auch das Gesinde ein. → KAPITEL 1.2

Ostrakismos Institution der athenischen Demokratie. Einmal im Jahr konnte das Volk durch Abstimmung mittels Tonscherben (Ostraka) einen Politiker für zehn Jahre aus der Polis vertreiben. → KAPITEL 4.1

Panathenäen Alle vier Jahre stattfindendes Fest für Athena. → KAPITEL 3.3

Panhellenismus Idee der Einheit aller Griechen. → KAPITEL 3.1, 5.1, 6.3

Parthenon Tempel für die „Jungfrau" [griech. *parthenos*) Athena in Athen. → KAPITEL 4.2

Patrizier Aristokratie in der Frühzeit der römischen Republik; nach den Ständekämpfen bildeten die Patrizier gemeinsam mit den führenden Familien der Plebejer die neue Führungsschicht der Nobilität. → KAPITEL 7

Peripteros Typus eines Tempels mit umlaufender Säulenreihe. → KAPITEL 4.2

Phylen [griech. „Stamm"]. Unterabteilung der Bürgerschaften griechischer Poleis. In Athen gab es seit den Reformen des Kleisthenes zehn Phylen, die sich jeweils aus Distrikten der Stadt, des Binnenlandes und der Küste zusammensetzten. → KAPITEL 4

Pithos (Plural Pithoi) Großes tönernes Vorratsgefäß. → KAPITEL 1.3

Plateia Breite Längsstraßen im Schema einer orthogonal angelegten griechischen Stadt. → KAPITEL 6.2

Plebejer In Rom zunächst Bezeichnung für alle Nicht-Patrizier; nach den Ständekämpfen verliert die Gegenüberstellung Plebejer vs. Patrizier an Bedeutung; das stadtrömische Volk wird als „plebs" bezeichnet. → KAPITEL 7

Prätor Römischer Magistrat, zuständig für die Rechtsprechung; seit 227 werden Prätoren auch mit der Verwaltung von Provinzen beauftragt. → KAPITEL 7.2

Priamel Rhetorische Figur: Beispielreihung mit Schlusspointe. → KAPITEL 3.2

ANHANG

Princeps Offizielle Bezeichnung für den römischen Kaiser. → KAPITEL 10

Prytaneion Zentrales öffentliches Gebäude einer griechischen Polis, Sitz der geschäftsführenden Magistrate und Aufbewahrungsort des „Herdfeuers" der Polis. → KAPITEL 6.2

Quästor Römischer Magistrat, für die Verwaltung der öffentlichen Kassen zuständig. → KAPITEL 7.2

Rhapsode Berufsmäßiger Rezitator. → KAPITEL 1.1

Senat Römisches Gremium zur Beratung der Amtsträger; in republikanischer Zeit Zentrum der politischen Ordnung Roms.

Stenopos Schmale Quergasse im Schema einer orthogonal angelegten griechischen Stadt. → KAPITEL 6.2

Stoa Säulenhalle; auch Bezeichnung für eine Philosophenschule (nach deren ursprünglichen Treffpunkt, einer Stoa in Athen). → KAPITEL 6.2

Terra Sigillata Hochwertiges, glänzend rotes Tafelgeschirr der römischen Kaiserzeit. → KAPITEL 11.2

Tetrarchie System einer Herrschaft von vier Kaisern, von Diokletian eingerichtet. → KAPITEL 13.2

Toga Gewand des römischen Bürgers. → KAPITEL 7.2, 9.2, 12.3, 13.3

Tributkomitien Form der Volksversammlung, in der nach territorialen Stimmkörperschaften (*tribus*) gegliedert abgestimmt wurde. → KAPITEL 7.2

Trittyen Untereinheiten der Phylen in Athen. → KAPITEL 4.1

Volkstribun Römischer Magistrat, in den Ständekämpfen als revolutionäres Amt zum Schutz der Rechte des Volkes entstanden. → KAPITEL 7.2

Zensor Römischer Magistrat (für fünf Jahre gewählt), zuständig für die Führung der Senatslisten und für die Einteilung der Bürger in Steuerklassen. → KAPITEL 7.2

Zenturiatkomitien Volksversammlung, in der nach Vermögensklassen gegliedert abgestimmt wurde; entspricht der alten Heeresversammlung. → KAPITEL 7.2

ANHANG

16.6 Zeittafel

Zeit	Griechische Geschichte	Römische Geschichte	Literatur und Kunst
1500	ca. 1400–1200 Mykenische Palastkultur		
	ca. 1200–1050 Postpalatiale Epoche		
1000	ca. 1050–750 „Dunkle Jahrhunderte"		ca. 700 Dichtungen von „Homer" und Hesiod
	ca. 750–510 **Archaische Epoche**; ca. 750 Beginn der griechischen Kolonisation; ca. 700 Beginn der Olympischen Spiele; ca. 510–322 **Klassische Epoche**; 508 Reformen des Kleisthenes in Athen; 490, 480/79 Feldzüge der Perser gegen Griechenland; 478 Gründung des sogenannten Attisch-delischen Seebundes; 431–404 Peloponnesischer Krieg zwischen Sparta und Athen	ca. 500 Vertreibung der etruskischen Könige	ca. 525–455 Aischylos; ca. 509 Weihung des Kapitolinischen Tempels in Rom; ca. 496–406 Sophokles; ca. 485–406 Euripides; 476 Pindar: Erste Olympische Ode; 447–432 Bau des Parthenon; 427–347 Platon; 424 Aristophanes: *Ritter*; 399 Tod des Sokrates
500			
450			
400		ca. 390 Zerstörung Roms durch die Kelten	
		367/66 Plebejer zum Konsulat zugelassen	
350	360–336 Philipp II. König von Makedonien; 338 Sieg der Makedonen über eine Koalition griechischer Poleis; 334–323 Alexanderzug; 323–30 **Hellenistische Epoche**; 306/05 Diadochen nehmen Königstitel an; 281 Seleukos besiegt Lysimachos; Etablierung des Systems der drei Königreiche	326–304; 298–291 Kriege zwischen Rom und den Samniten	
300		264–241; 218–201 Kriege zwischen Rom und Karthago	
		227 Sizilien, Sardinien und Korsika werden als Provinzen durch Prätoren verwaltet	
250			
200	200–197; 171–168 Römisch-makedonische Kriege; 192–188 Sieg Roms über den Seleukiden Antiochos III.		ca. 200–120 Polybios
150	167–164 Aufstand der Juden gegen die Seleukidenherrschaft		
	148 Makedonien römische Provinz; 146 Zerstörung von Karthago		
125	133 König Attalos III. von Pergamon vererbt sein Reich dem römischen Volk	133 Volkstribunat des Tiberius Sempronius Gracchus	
100			
80		88 Publius Cornelius Sullas Marsch auf Rom; 67 Piratenkrieg; 63 Konsulat Ciceros; Niederschlagung einer Verschwörung unter Lucius Sergius Catilina	86–35 Gaius Sallustius Crispus; 70–19 Publius Vergilius Maro
	66–62 Pompeius' Feldzüge im Osten		ca. 60 v. Chr.–10 n. Chr. Dionysios von Halikarnassos; ca. 59 v. Chr.–17 n. Chr. Titus Livius; 55 Einweihung des Pompeius-Theaters
60		60 Bündnis zwischen Gaius Caesar, Pompeius und Crassus (so genanntes Erstes Triumvirat); 53 Niederlage des Crassus gegen die Parther; 49/48 Bürgerkrieg zwischen Caesar und Pompeius	
50			
45		44 Ermordung Caesars; 43 Zweites Triumvirat zwischen Gaius Julius Caesar Octavianus, Marcus Antonius und Marcus Aemilius Lepidus; 42 Sieg der Triumvirn über die Caesarmörder; 31 Schlacht bei Actium: Sieg Octavians über Marcus Antonius und	43 v. Chr.–17 n. Chr. Publius Ovidius Naso
40			
35			

ZEITTAFEL

vor Christus / nach Christus	Ereignis
30	Ägypten dem Römischen Reich einverleibt
27	Beginn des **Prinzipats**
17	Säkularfeier
13–9 v. Chr.	Ara Pacis
4 v. Chr.	Tod Herodes' des Großen
14 n. Chr.	Tod des Augustus; 38 Antijüdischer Pogrom in Alexandria
ca. 10–62 n. Chr.	Paulus
68	Tod Neros: Ende der julisch-claudischen Dynastie
66–70	Jüdischer Aufstand; Zerstörung des 2. Tempels
ca. 40–110	Dion von Prusa
ca. 55–120	Tacitus
98–117	Kaiser Trajan; größte Ausdehnung des Römischen Reiches
ca. 90–170	Arrian von Nikomedia
212	Constitutio Antoniniana: Verleihung des römischen Bürgerrechtes an alle freien Reisbewohner; 260 Aufgabe des obergermanisch-rätischen Limes; 284–305 Diocletianus; 293 Einrichtung der Tetrarchie; 303 Beginn der letzten großen Christenverfolgung; 306 Konstantin zum Augustus ausgerufen; 311 Beendigung der Christenverfolgung durch Galerius; 312 Sieg Konstantins über Maxentius; Hinwendung Konstantins zum Christentum; 324 Konstantin besiegt Licinius; Alleinherrschaft im Römischen Reich; 325 Konzil von Nizäa; 330 Konstantinopel wird kaiserliche Residenz; 337 Tod Konstantins; 378 Schlacht bei Adrianopel; Niederlage Roms gegen die Goten; 393 Ende der Olympischen Spiele; 395 Teilung des Römischen Reiches
ca. 260–339	Eusebius von Caesarea
315	Konstantinsbogen in Rom
410	Einnahme Roms durch die Westgoten; 429 Wandalen dringen nach Nordafrika vor; 451 Konzil von Chalkedon; 476 Ende des Weströmischen Reiches
527–565	Justinian
ca. 500–555	Prokopios von Caesarea; 537 Einweihung der Hagia Sophia; 547 Einweihung von San Vitale in Ravenna
632	Tod Mohammeds; Beginn der Ausbreitung des Islam

Abbildung 43: Zeittafel

www.ingramcontent.com/pod-product-compliance
Lightning Source LLC
Chambersburg PA
CBHW020407230426
43664CB00009B/1213